YINGKE® 盈科

盈科全国业务指导委员会系列丛书

企业刑事合规指南

制度建设、风险识别和风险防范

盈科律师事务所 / 编

代现峰 / 著

GUIDELINES FOR CORPORATE CRIMINAL COMPLIANCE

INSTITUTIONAL CONSTRUCTION

RISK IDENTIFICATION AND RISK PREVENTION

法律出版社 LAW PRESS · CHINA

北京

图书在版编目(CIP)数据

企业刑事合规指南:制度建设、风险识别和风险防范/盈科律师事务所编;代现峰著. -- 北京:法律出版社,2023

ISBN 978-7-5197-7989-4

Ⅰ.①企… Ⅱ.①盈… ②代… Ⅲ.①企业法-研究-中国②刑法-研究-中国 Ⅳ.①D922.291.914 ②D924.04

中国国家版本馆 CIP 数据核字(2023)第 101661 号

企业刑事合规指南:制度建设、风险识别和风险防范
QIYE XINGSHI HEGUI ZHINAN: ZHIDU JIANSHE、FENGXIAN SHIBIE HE FENGXIAN FANGFAN

盈科律师事务所 编
代现峰 著

策划编辑 朱海波
责任编辑 朱海波
装帧设计 汪奇峰 臧晓飞

出版发行 法律出版社
编辑统筹 法律应用出版分社
责任校对 蒋 橙
责任印制 刘晓伟
经　　销 新华书店

开本 710 毫米×1000 毫米 1/16
印张 21.25 **字数** 350 千
版本 2023 年 6 月第 1 版
印次 2023 年 6 月第 1 次印刷
印刷 天津嘉恒印务有限公司

地址:北京市丰台区莲花池西里 7 号(100073)
网址:www.lawpress.com.cn
投稿邮箱:info@lawpress.com.cn
举报盗版邮箱:jbwq@lawpress.com.cn

销售电话:010-83938349
客服电话:010-83938350
咨询电话:010-63939796

书号:ISBN 978-7-5197-7989-4 **定价**:80.00 元

凡购买本社图书,如有印装错误,我社负责退换。电话:010-83938349

盈科全国业务指导委员会系列丛书编委会

总 主 编 李 华

出版统筹 郭 琪 丁 萌 张思媛 张静彤

本书编著者

代现峰 著

序　一

恭喜代现峰律师的新作《企业刑事合规指南:制度建设、风险识别和风险防范》一书即将付梓,可喜可贺!

盈科律师事务所是一家全球化法律服务机构,总部位于北京,目前在中国区拥有110家分所,盈科全球法律服务网络覆盖法国、德国、英国、意大利、瑞士、波兰、新加坡等95个国家的164个国际城市。在盈科平台上涌现了一批优秀的专业律师,他们深耕某些法律服务领域,孜孜追求,代现峰律师便是其中的优秀代表。代现峰律师执业以来,一直专注于刑事辩护、公司法律事务、企业合规等专业领域,为中央企业、民营企业、行业协会等众多企事业单位提供过法律服务,致力于打造专业、一流、卓越的企业刑事合规法律服务团队。

2020年,我国企业合规进入刑事激励阶段。为稳企业稳预期、保就业保民生,避免办了一个案子、垮了一个企业、下岗一批职工,是年3月,最高人民检察院开始进行企业合规相对不起诉的改革探索,在上海浦东、金山,江苏张家港,山东郯城,广东深圳南山、宝安六家基层人民检察院试点开展"企业犯罪相对不起诉适用机制改革"。作为中国企业刑事合规法律服务领域的开拓者和领军者,盈科于2021年5月29日成立了盈科北京刑事合规研究中心,由代现峰律师担任研究中心的执行主任。研究中心致力于开展企业刑事合规理论研究和实务建设,精准有效地解决企业刑事合规需求中的难点、痛点和盲区,为企业刑事合规打造全方位盈科解决方案。

本书历时一年多,经过前后多次修订、完善最终成稿。全书共分为四编,第一编对企业刑事合规的概念、价值进行了系统论述,并对我国企业刑事合规的发展历程和涉案企业合规的适用进行了详细介绍。第二编为静态部分。重点介绍了企业刑事合规制度建设的基本内容,为企业建立合规制度提供了思路和建议。第三编为动态部分。从企业刑事合规动态运行的角度,系统梳理了企业经营过程中常见的刑事法律风险,为企业识别和预防刑事风险提供方向和指引。第四编为企业刑事合规文化建设。重点分析了企业刑事合规文化的概念、地位及培育合规文化的方法。同时,本书在附录部分也系统梳理了我国现有的合规政策、法律体系、国家标准,便于企业及实务人员了解当前我国刑事合规的趋势。

总体来说,本书较为详细地梳理了现有刑事合规方面的法律法规,为企业建设刑事合规制度,识别和预防刑事法律风险提供了全面的指引。期待代现峰律师团队以本书的出版作为新的契机,为国内企业合规建设提供盈科方案、盈科智慧!

梅向荣

盈科律师事务所全球董事会主任

2023 年 3 月 19 日

序　二

在复杂的国内、国际形势的当下，孕育了伟大的习近平法治思想。它既是马克思主义法治理论中国化的智慧凝聚，更是中国特色社会主义法治理论上的伟大发展；既是习近平新时代中国特色社会主义思想的脊梁，还是新时代全面依法治国的精神与旗帜、全民行动的指南，更是现实生活当中的每一个细节问题的根本立场、观点和方法。

为此，遵照习近平法治思想指引，本着科学的理论依据和深厚的实践依据，从其科学性、人民性、实践性、时代性的要求出发，本书以企业刑事合规为研究对象，立足于现实当下实践，并对企业诸多相关经营实践活动从刑事合规性视角进行检验和验证。

客观言之，刑事法律规范不仅构成行为人实施行为的正当性理由，即行为人实施行为的指南。同时，它更是一种合法性的排他性理由（Exclusionary Reasons）。此种排他性以一种“不得”为内核，要求人们不要选择实施与之相背离的行为及其行为方式的抉择理由。此种抉择理由对于其他行为或行为方式具有排斥性作用。同时，对于行为人自身而言，它构成了对行为人自身的一种约束性理由。不管是排斥性作用，还是约束性理由在理论上均归结为有效性要求。由于这种要求体现出一种普遍性，且具实效性，因而决定了其所具有的排他性是绝对性，而非相对性。最终，决定刑事规范效力的权威性。

由此推理，法律规范不仅构成了行为人实施行为的法律上的理由，同时也是司法裁判的理由。对刑事合规性审查不仅是诸如企业法人、自然人活动的有效性法律要求，更是司法裁判活动合法性与文明性的核心内涵。本书所著内容基本体现了此种规范内涵：首先，本书从企业刑事合规概述起笔，详细论述了企业刑事合规的内涵、发展历程、基本问题，为读者构建起一个关于刑事合规的认知世界；其次，本书从企业刑事合规静态管理和动态管理行笔，系统论述了企业刑事合规的各项制度建设和风险识别与防范，为企业刑事合规建设提供制度指引；

最后,本书以企业刑事合规文化建设落笔,重点论述了刑事合规文化的概念、地位及培育刑事合规文化的方法,对企业培育刑事合规文化具有极大的参考和借鉴价值。

刘国良

海南大学法学院教授、博士生导师、中欧比较法研究中心主任

癸卯年二月廿十二　于南海琼州之东坡湖畔

序　三

生态文明建设是关系中华民族永续发展的根本大计,生态兴则文明兴。党的十八大以来,以习近平同志为核心的党中央高度重视生态文明建设,将其作为统筹推进"五位一体"总体布局和协调推进"四个全面"战略布局的重要内容。习近平总书记在党的十九大报告中进一步指出,必须树立和践行"绿水青山就是金山银山"的理念,坚持节约资源和保护环境的基本国策,要以最严格的制度、最严密的法治保护生态环境。

近年来,国家始终保持对破坏环境资源保护犯罪依法从严惩治的高压态势。根据2023年6月最高人民检察院发布的《生态环境和资源保护检察白皮书(2018-2022)》显示,2018至2022年,受理审查起诉破坏环境资源保护犯罪案件209,957件、涉案人数353,223人,比五年前案件数和涉案人数分别上升112.75%和92.66%。涉案罪名主要集中在污染环境罪、非法捕捞水产品罪、非法采矿罪、非法占用农用地罪、非法狩猎罪、滥伐林木罪等六个罪名。五年来,受理审查起诉这六种罪名案件共171,013件、291,981人,分别占受理破坏环境资源保护犯罪案件总件数和人数的81.66%和82.88%。

在国家环境法治不断健全和完善的态势下,如何避免触犯破坏环境资源保护犯罪是当前企业经营面临的重要问题。本书将破坏环境资源保护犯罪独立成章,分三部分对破坏环境资源保护犯罪进行论述:第一部分是破坏环境资源保护犯罪概述,详细介绍了破坏环境资源犯罪的概念、分类、案发趋势等;第二部分是破坏环境资源保护犯罪领域常见的刑事法律风险识别,以破坏环境资源保护犯罪中的高发犯罪——污染环境罪为例,结合具体案件,系统介绍了企业面临的常见刑事法律风险;第三部分是破坏环境资源保护犯罪领域常见的刑事法律风险防范,通过文字+表格的形式重点介绍了企业防范破坏环境资源保护犯罪的一般措施和特别措施。另外,本书对其他领域的企业刑事合规也采取了相同的方法进行论述,还对企业的刑事合规制度建设提供了一些模版供企业参考,特别实用。总的来说，本书在实务方面具有独到价值，可以为企业建立刑事合规体系、识别和防范刑事法律风险提供有效指引。

王灿发
中国政法大学教授、博士生导师
中国政法大学检察公益诉讼研究基地主任
2023年6月11日

序　四

企业作为最重要的市场主体,对于推动经济社会发展具有重要作用,如何构建现代化的企业制度,保障企业行稳致远是企业治理体系和治理能力现代化的重要标志。开展企业刑事合规改革试点是检察机关促进市场主体健康发展,营造良好营商环境的重要举措。自2020年3月,最高人民检察院部署在4个省份的六家基层人民检察院开展涉案企业合规改革试点以来,引发检察官、法官、学者、企业家、律师等各行业人员的关注,全国掀起了企业刑事合规的学习浪潮。在涉案企业合规改革试点开展的同时,新型冠状病毒肺炎在全球范围内大流行,企业的经营环境更加困难,笔者一边通过研习国家出台的各项企业刑事合规政策、法律法规、国家标准等文件,一边也深入企业走访调研,了解企业的经营风险,本书正是在这样的背景下产生。笔者以律师的视角为企业识别和预防刑事法律风险,建立刑事合规体系提供解决方案,以期给予实务人员以参考。

笔者对我国企业刑事合规的研究经历了深入学习、实践积累、自我总结的三个阶段。第一个阶段是最高人民检察院推行的涉案企业合规改革试点。这个阶段的刑事合规范围小,难于市场化,主要适用于涉案企业。检察机关针对企业涉嫌的具体罪名,结合办案实际,督促企业作出合规承诺并积极整改落实,促进企业合规经营,预防企业犯罪。第二个阶段是当前我国企业合规的相关立法,尤其是国务院国有资产监督管理委员会在中央企业推行的合规体系建设。2021年12月3日,国资委召开专题工作部署会,宣布2022年为中央企业"合规管理强化年"。正是这个阶段的学习,笔者认为企业刑事合规应当是企业合规管理体系的一部分或是企业合规管理体系的一个分支,企业刑事合规的发展离不开企业合规管理体系,两者是一般与特殊的关系,正如普通法与特别法。第三个阶段是构建适用于参与市场经营的所有企业的合规体系。工信部发布的数据显示,截至2021年年末,全国中小微企业数量达4800万户,中小微企业法人单位数量占全部规模企业法人单位数量的99.8%。正如富人可以聘请私人医生一样,央企、国企、上市公司等大型企业资金雄厚，有实力建设全面的合规管理体系。而对于中小微企业来说，它们规模小、自有资金不足，同时抗风险能力又差，对建立刑事合规管理体系迫切且急需。因此，笔者认为企业刑事合规作为专项合规内容，不仅仅是适用于部分有实力、有条件的重要企业，而是要适用于所有企业；不仅仅是中大型企业需要，微小企业更需要。应让所有的企业都意识到企业刑事合规对企业发展的重要性。实践和经验表明，企业刑事合规是企业家通过企业内部法治实现自我保护、终身保护的盾牌；是企业家保护自己人身、财产安全不受非法权力侵害的终极武器；是企业家防止本企业人员刑事犯罪的最有效手段；是企业核心人员涉嫌刑事犯罪时不予批捕、不予起诉或量刑从轻、减轻的决定性条件；是企业的防火墙，也是企业健康、可持续性发展的根本保障。笔者以刑法分则章节为纲，以具体罪名为例，详细地介绍了企业经营中常见的刑事法律风险，并在书中梳理了企业刑事风险识别与防范的常见方法，以求为企业预防刑事法律风险提供思路和建议。在此，也衷心感谢梅向荣主任、刘国良教授对本书的推荐以及助理孙士英律师为本书如期出版的默默付出。由于笔者水平有限，本书错误疏漏在所难免，欢迎读者批评指正！

代现峰

2023 年 3 月 16 日

目录

第1编 企业刑事合规概述

第2编 企业刑事合规的静态管理

第3编 企业刑事合规的动态管理

第4编

企业刑事合规文化建设

第5编

附录

第1编

企业刑事合规概述

第一章　企业刑事合规的内涵

一、什么是企业刑事合规

什么是企业刑事合规？企业刑事合规的概念是什么？不同的学者对其有不同的定义。对外经济贸易大学博士研究生陶朗道认为，企业刑事合规是指企业为应对刑事风险建立的内部合规计划①。南京大学法学院孙国祥教授认为，刑事合规是指为避免因企业或企业员工相关行为给企业带来的刑事责任，国家通过刑事政策上的正向激励和责任归咎，推动企业以刑事法律的标准来识别、评估和预防公司的刑事风险，制定并实施遵守刑事法律的计划和措施②。北京大学法学院陈瑞华教授认为，刑事合规是指对于那些已经构成犯罪的企业，刑事执法机关以企业建立合规机制为依据，对其做出宽大刑事处理的法律制度③。

企业刑事合规不是孤立存在的，它源于全面合规，又与全面合规有所区别，它是以强调“刑事”为主的合规体系。合规的本质是合规管理，《企业境外经营合规管理指引》中合规的定义为：“本指引所称合规，是指企业及其员工的经营管理行为符合有关法律法规、国际条约、监管规定、行业准则、商业惯例、道德规范和企业依法制定的章程及规章制度等要求。”《中央企业合规管理办法》中对合规和合规管理的定义为：“本办法所称合规，是指企业经营管理行为和员工履职行为符合国家法律法规、监管规定、行业准则和国际条约、规则，以及公司章程、相关规章制度等要求。本办法所称合规管理，是指企业以有效防控合规风险为目的，以提升依法合规经营管理水平为导向，以企业经营管理行为和员工履职行为为对象，开展的包括建立合规制度、完善运行机制、培育合规文化、强化监督问责等有组织、有计划的管理活动。”由此，我们可以对企业刑事合规下一个定

---

① 陶朗道：《民营企业刑事合规的解构与展望》，载《浙江工商大学学报》2021 年第 1 期。

② 孙国祥：《刑事合规的理念、机能和中国的构建》，载《中国刑事法杂志》2019 年第 2 卷第 2 期。

③ 陈瑞华：《论企业合规的性质》，载《浙江工商大学学报》2021 年第 1 期。

义，即企业刑事合规实质是指企业刑事合规管理，是指以有效防控刑事合规风险为目的，以企业和员工经营管理行为为对象，开展包括制度制定、风险识别、合规审查、风险应对、责任追究、考核评价、合规培训等有组织、有计划的管理活动。

二、建立企业刑事合规的必要性

企业刑事合规是企业可持续发展的基石。近年来，国际社会和各国政府都致力于建立和维护开放、透明、公平的社会秩序，我国也将依法治国和企业刑事合规改革试点向纵深推进。这样的背景凸显出了企业建立刑事合规体系的必要性，但仍有很多民营企业家还没有认识到这一点，还固守被动的、事后防御的思维模式。为什么说企业建立刑事合规是必需的，下面笔者从几个角度来分析。

一是从典型事件来看。近年来，我国企业在境外屡遭刑事制裁，国内企业刑事犯罪的案件数量也在不断增加。在这种情况下，建立刑事合规体系成为企业无法避免的问题。例如，瑞幸咖啡事件。2019 年 5 月瑞幸咖啡赴美上市，2020 年 4 月，瑞幸咖啡发布公告，“自爆”其 2019 年第二季度至第四季度存在财务造假，虚假交易销售额 22 亿元，2020 年 5 月瑞幸咖啡收到纳斯达克退市通知。通过研究，我们可以看出瑞幸咖啡在董监高内部管理制度、财务管理制度、信息披露制度等多方面存在严重漏洞。表明其对刑事合规风险无法正确认知和识别，暴露出其在刑事合规体系建设方面的缺失和不足，这是造成危机发生的根本原因。瑞幸咖啡事件为我国企业“走出去”提供了宝贵的经验和教训。

二是对标国际水平。作为企业合规理念与实践的发端国，美国于 20 世纪 30 年代开始了关于企业合规的理论研究与实践探索。英国也于 2007 年和 2010 年先后颁布《法人无预谋杀人法》和《贿赂法案》，并将企业刑事合规作为显著标志[①]。虽然我国于 2005 年 10 月 27 日已正式加入《联合国反腐败公约》，但实践中更多的是倾向惩治企业犯罪，而对企业犯罪预防的理念比较薄弱。虽然我国国家层面建立刑事合规体系的起步较晚，但在实践中，早有一些地方做出了一些有益性探索。例如，我国企业刑事合规第一案——雀巢员工侵犯公民个人信息

---

① 赵赤、王力：《全球视野下我国企业合规的完善研究》，载《湖南广播电视大学学报》2020 年第 2 期。

案。一审法院判决雀巢员工犯侵犯公民个人信息罪。5 名员工经一审判决后，向兰州市中级人民法院提起上诉，上诉理由是所实施的行为是职务行为，本案应是单位犯罪。兰州市中级人民法院经审理后认为，单位犯罪是为本单位谋取非法利益之目的，在客观上实施由本单位集体决定或者由负责人决定的行为。雀巢公司手册、员工行为规范等证据表明，雀巢公司禁止员工从事侵犯公民个人信息的违法犯罪行为，各上诉人也没有得到管理层的授权，故各上诉人违反公司规定，为提升个人业绩而实施的犯罪是个人行为①。回顾本案，雀巢（中国）作为瑞士雀巢产品有限公司在中国设立的全资子公司，其积极按照国际标准建立了完善的合规体系，并以此作为本案抗辩的根据，证明这些员工的行为是为了追求业绩所实施的个人行为，从而实现单位责任与员工个人责任的有效切割。雀巢事件对我国企业建立刑事合规体系具有重要实践意义，推进我国企业刑事合规体系建设向国际看齐。

三是看企业发展和利益。《中央企业合规管理指引（试行）》第十三条规定，要加强对商业伙伴的合规管理，对重要商业伙伴开展合规调查，通过签订合规协议、要求作出合规承诺等方式促进商业伙伴行为合规。越来越多的国企、央企以及大型民营企业愈加重视商业伙伴的合规管理，在选择商业合作伙伴时都会考察其是否具备合规管理体系，尤其对于央企来说，对商业合作伙伴的合规建设情况是有强制要求的。因此，对于民营企业家来说建立合规体系尤其是刑事合规体系是必需的，也是迫切的。

我国目前正处于企业刑事合规建设起步阶段，有的企业家对建立刑事合规有很多疑问，认为建立刑事合规体系是国家变相增加企业成本，因为建立刑事合规体系是需要投入成本的，并且是一个持续的过程。事实上，这是国家通过建立一套完善的制度在保护企业家，保护企业家的财富。

三、企业刑事合规的价值

当前我国正在推进企业刑事合规改革试点工作，刑事合规的理念在我国得到了认可，建立刑事合规体系是未来一定程度上预防、制止企业犯罪的必然趋

---

① 陈瑞华:《合规视野下的企业刑事责任问题》，载《环球法律评论》2020 年第 42 卷第 1 期。

势。对推动企业持续健康发展,维护社会经济环境具有重要价值。第一,预防刑事法律风险。对于企业家来说,刑事合规体系是企业家通过企业内部法治实现自我保护、终身保护的盾牌;是企业家保护自己人身、财产安全不受非法权力侵害的终极武器;是企业家防止本企业人员刑事犯罪的最有效手段。第二,减轻涉诉后的责任。没有建立刑事合规体系的企业,难以预防自身或者高管犯罪行为的发生。而企业一旦涉罪,现实中往往是“办了案子,垮了企业”。建立有效的合规体系是企业涉罪时不起诉、暂缓起诉或量刑从轻、减轻的决定性条件。第三,提升企业形象。企业建立刑事合规体系,有利于企业获得良好的商业信誉,树立良好的企业形象。在当前国家推进刑事合规改革试点和央企、国企已经率先建立合规体系的情况下,民营企业建立刑事合规体系是与国家政策方针保持一致,有利于提高企业的知名度。第四,维护社会经济的有序健康运行。企业作为国民经济的基本单位,是市场经济活动的主要参加者;是发展社会生产力的主要承担者。企业涉罪,尤其是上市公司、国有企业等规模大的企业一旦涉及犯罪,其对国家经济的发展,对民生的影响都是巨大的。

总体来说,刑事合规不是成本耗费,而是战略投资,它能够重塑企业的市场高度与发展格局。刑事合规是企业的防火墙,也是企业健康、可持续性发展的根本保障。

第二章　我国企业刑事合规的发展历程

一、我国企业刑事合规制度发展概况

合规最早可以追溯至20世纪初期。成立于1906年的美国食品和药物管理局在对食品医药企业的监管过程中发现上述企业在生产经营过程中存在大量的不合规行为和不合规产品，严重危害了大众的生命健康。美国食品和药物管理局先是通过行政处罚、刑事惩罚、派驻官员进驻企业等一系列措施对食品、医药企业进行监管，但效果不佳。于是，美国食品和药物管理局想到了一个新办法，让企业自己进行合规管理，建立一套有效的自我约束的机制。现代企业合规规则正式出现于20世纪五六十年代的美国反垄断大潮中，当时众多美国电气设备行业的龙头企业及其高管遭遇传统抬价、瓜分市场等反垄断指控。仅1961年，就有29家公司和45名个人接受反垄断罚款。与此同时，美国联邦交易委员会也宣称，如果一家企业建设并执行严密的合规体系，证明其能够迅速纠正违规行为，那么该企业就是可信的。美国政府在反垄断领域的重拳出击和监管部门对合规体系的重视，促使很多企业开始建立反垄断合规①。

进入20世纪70年代以后，水门事件爆发，检察官在调查中发现，在1972年总统选举中有很多企业提供非法政治捐献。为了遏制企业贿赂和恢复公众信任，美国于1977年颁布《反海外腐败法》，要求上市公司在贿赂、回扣、记账等方面执行更为正式的合规政策，尤其是涉及财务记录和资产分配方面。《反海外腐败法》以法律的形式介入企业内部控制体系建设，因此也被称为合规的正式渊源。20世纪80年代，美国在金融、国防供应和环境保护领域违规行为多发，合规也逐渐在上述领域推广应用。1991年，美国量刑委员会在1987年发布的《联邦量刑指南》的基础上增加一章，即第八章——“针对机构实体联邦量刑指

---

① 最高人民检察院涉案企业合规研究指导组：《涉案企业合规办案手册》，中国检察出版社2022年版，第13页。

南”，首次将企业合规纳入刑事责任制度，正式确立已建立有效合规计划的公司在被认定犯罪时，可以减轻刑事责任。

与国外相比，我国刑事合规制度建设起步较晚，大致经历了三个发展阶段。

一是刑事合规建设的起步阶段，这一阶段主要表现为企业进行刑事合规制度建设的尝试和行业引导性规范的制定。如雀巢公司员工侵犯公民个人信息案，2016 年 10 月 31 日，一审法院判决雀巢公司郑某、杨某、孙某等六人以非法方式获取公民个人信息，情节严重，构成侵犯公民个人信息罪。一审判决后，各被告提出上诉，其中，郑某的上诉理由是自己的行为系公司行为；杨某某的辩护人提出本案属于单位犯罪的辩护意见；李某某上诉的主要理由是自己的行为都是公司下达的任务；杜某某上诉的主要理由是自己的行为是按照公司的要求所做的，所获取的信息都是提供给公司的。[①] 而雀巢公司正是以其公司内部治理结构作为抗辩的依据，证明雀巢公司的政策与指示、公司宪章、员工手册等文件中明确规定不允许员工以推销婴儿配方奶粉为目的，直接或间接地与孕妇、哺乳妈妈或公众进行接触，不允许员工未经正当程序或未经公司批准而主动收集公民个人信息。最终，2017 年 5 月 31 日，兰州市中级人民法院经审理认为，单位犯罪是为本单位谋取非法利益之目的，在客观上实施了由本单位集体决定或者由负责人决定的行为。雀巢公司的员工手册、员工行为规范等证据证实，雀巢公司禁止员工从事侵犯公民个人信息的违法犯罪行为，各上诉人违反公司管理规定，为提升个人业绩而实施的犯罪为个人行为，从而认定雀巢公司员工的实施的犯罪为个人犯罪，不属于单位犯罪。

这个阶段除了企业进行刑事合规制度建设尝试之外，更多的表现为行业引导的合规制度建设，而这主要集中在金融行业。同时，这也比企业进行刑事合规制度建设尝试早很多。1992 年，国家审计署与中国人民银行联合发布《对金融机构贷款合规性审计的实施方案》，这是我国最早出现“合规”概念的文件。2002 年，中国人民银行总行参照欧美银行合规管理模式和国际准则要求，将中国人民银行总行法律事务部更名为“法律与合规事务部”。2006 年，中国银监会发布《商业银行合规风险管理指引》，指引强调合规是商业银行所有员工的共同责任，应从高层做起，要求商业银行树立风险为本的合规管理理念，加强合规风

---

① 陈瑞华：《合规无罪抗辩第一案》，载《中国律师》2020 年第 5 期。

险识别和管理的流程建设，该指引成为银行业风险监管的一项核心制度。随后，合规的范围开始向其他行业扩展。

二是刑事合规建设的加速发展阶段，这一阶段主要表现为国家标准及文件的密集出台。近年来，我国企业在境外经营中屡遭制裁，如中兴通讯在美国因合规遭遇重罚、抖音海外版因合规问题遭遇美国禁令等。中兴通讯事件使我国政府和企业逐步认识到规范企业经营行为、推动企业合规管理的紧迫性，是我国检察机关开启涉案企业合规改革试点的契机。在此，笔者对中兴通讯事件进行详细分析。

2016 年 3 月 7 日，美国商务部以中兴通讯违反美国出口管制条例向伊朗或与伊朗相关实体提供设备供应、制造、运营和无线通讯网络技术服务为由将中兴通讯及其三家关联公司列入实体清单，并对中兴通讯采取限制出口措施，禁止美国企业对其出售包括芯片在内的元器件产品。2017 年 3 月 7 日，中兴通讯发布公告称，已与美国政府就出口管制调查案件达成和解。中兴通讯分别与美国商务部工业和安全局（BIS）、美国司法部（DOJ）和美国财政部海外资产管理办公室（OFAC）达成和解协议，承认其实施了违反美国出口管制法规的违法行为，同意缴纳约 8.9 亿美元的刑事和民事罚款，另外还有 3 亿美元罚款被暂缓执行。同时，美方指派独立监察官对中兴通讯进行监管，给予中兴通讯 7 年的观察期，若中兴通讯 7 年内（包括 2016 年）不再发生任何违规行为，便撤销对其禁令。至此，中兴通讯事件告一段落。

但在 2018 年 4 月 16 日，BIS 以中兴通讯对涉及历史出口管制违规行为的某些员工未及时扣减奖金各发出惩戒信，并在 2016 年 11 月 30 日和 2017 年 7 月 20 日提交给美国政府的两份函件中进行虚假陈述为由，作出激活对中兴通讯和中兴康讯公司为期 7 年拒绝令的决定，禁止美国企业向中兴通讯销售零部件、商品、软件和技术。

2018 年 6 月 7 日，中兴通讯与 BIS 达成新的和解协议（《替代的和解协议》）。根据新的和解协议，中兴通讯需要支付 14 亿美元的罚款，其中包括一次性支付 10 亿美元的罚款，以及向 BIS 批准的美国银行托管账户支付 4 亿美元罚款（相当于保证金），确保中兴通讯在 10 年的监察期内符合美国的合规要求。同时要求 30 天内更换中兴通讯和中兴康讯的全部董事会成员，并设立合规委员会；解除与有违规行为的高层领导或负有责任的管理层或高级职员的合同，且不再录用;自费聘请一名独立的特别合规协调员,负责协调、监察、评估和汇报中兴通讯及其全球子公司或关联企业在检查期内的合规情况。

自2018年与BIS达成和解协议以来,中兴通讯在重建合规体系方面做出了一系列努力。首先,在合规文化建设方面,公司董事长和总裁发表全员声明,表明合规建设的决心;公司高管作为各自领域第一合规责任人签署合规责任书,作出合规承诺;公司持续开展全员合规培训。其次,在合规资源投入方面,加大合规管理资金投入,支持监察团队需求,加强与外部律师和咨询机构的合作。加大风险评估,推进公司合规治理。再次,在制度流程建设方面,将公司合规管理制度制定、合规事项审议和决策权纳入合规管理委员会;将合规嵌入具体业务流程之中;通过IT系统的设置,将合规嵌入具体业务流程之中,减少或消除线下人工检查。最后,在专业能力提升方面,公司与律师事务所和会计师事务所合作,协同处理合规领域的专业问题。①

2022年3月23日(美国时间),中兴通讯发布公告披露,美国得克萨斯州北区联邦地区法院作出判决,裁定中兴通讯的缓刑期届满且不附加任何处罚,并确认派驻至中兴通讯的监察官任期结束,至此,中兴通讯事件画上了句号。中兴通讯事件虽然结束,但是令我国政府和企业认识到合规的重要性。于是,国家密集出台了一系列具有针对性和可操作性的规范文件。2017年12月29日,国家标准化管理委员会发布《合规管理体系 指南》(GB/T 35770—2017);2018年11月2日,国资委印发《中央企业合规管理指引(试行)》;2018年12月26日,国家发展改革委、外交部、商务部、人民银行、国资委、外汇局、全国工商联七部门联合印发《企业境外经营合规管理指引》。正是由于上述一系列具有标志性的文件的出台,学界和实务界将2018年称为中国企业合规的"元年"。

三是刑事合规的落地阶段。这一阶段突出表现为检察机关推动的企业合规试点改革。2020年3月,最高人民检察院启动涉案企业合规改革试点工作,在上海浦东、金山,山东郯城,江苏张家港,深圳南山、宝安六家基层人民检察院开展"企业犯罪相对不起诉适用机制改革"。在总结第一轮试点经验的基础上,2021年3月,最高人民检察院部署开展第二批改革试点,涉及北京、辽宁、上海、

① 黄江东:《中兴通讯事件及其对上市公司合规的启示》,载微信公众号"国浩律师事务所"2022年3月31日,https://mp.weixin.qq.com/s/5knpUucnEeEggEYl4Cy5fw。

江苏、浙江、福建、山东、湖北、湖南、广东十个省(市),试点范围扩展至 61 个市级院、381 个基层院。[①] 经历两年的试点探索后,2022 年 4 月 2 日,最高人民检察院宣布涉案企业合规改革试点全面推开。

开展涉案企业合规改革试点是检察机关全面贯彻习近平法治思想,充分发挥检察职能优势,更好推动企业依法守规经营,服务经济社会高质量发展的一项重要制度创新。经过两年试点,该项制度不断释放司法红利,从最高人民检察院 2022 年 7 月发布的数据来看,单位犯罪起诉数量从 2017 年至 2020 年的逐年递增趋势向 2021 年明显下降趋势转变,涉案企业合规改革试点成效初显。

二、企业刑事合规的司法实践

我国企业刑事合规的司法实践主要是指自 2020 年 3 月起,最高人民检察院推动的企业合规改革试点。截至目前,企业合规改革试点经历了从局部实验到全面推广三个发展阶段,下面我们从这三个阶段来看我国企业刑事合规的司法实践。

第一阶段是最高人民检察院开展的第一期涉案企业合规改革试点。2020 年 3 月,最高人民检察院在上海浦东、金山,山东郯城,江苏张家港,深圳南山、宝安六家基层人民检察院开展企业合规改革第一期试点工作。试点检察院对民营企业负责人涉经营类犯罪,依法能不捕的不捕、能不诉的不诉、能不判实刑的提出适用缓刑的量刑建议,探索督促涉案企业合规管理。2020 年 11 月,最高人民检察院成立企业合规问题研究指导工作组,统筹推进企业合规问题的理论研究和实务指导。同时,2021 年 6 月 3 日,最高人民检察院发布首批企业合规改革试点典型案例,涉及污染环境罪、虚开增值税专用发票罪、对非国家工作人员受贿罪和串通投标罪四项罪名。由于 2020 年第一期涉案企业合规改革试点拉开了我国企业合规的序幕,因此 2020 年也被称为我国"企业合规不起诉"改革元年。

第二阶段是 2021 年 4 月最高人民检察院启动的第二批企业合规改革试点。

① 数据源于最高人民检察院涉案企业合规研究指导组编写的《涉案企业合规办案手册》第 17 页,但笔者在查询最高人民检察院微信公众号发布的文章时,其中又显示第二批改革试点范围扩展至 62 个市级院、387 个基层院,笔者采取前者数据,在此进行说明。

第二批在第一批的基础上将改革试点的范围扩大至北京、辽宁、浙江、福建、湖北、湖南等省份，加上第一批试点，共计 10 个省(市)。上述省级人民检察院可以根据本地情况，自行确定 1 ~ 2 个设区的市级检察院及其所辖基层院作为试点单位。一些非试点省份检察机关根据本地情况，在法律框架内开展改革相关工作。同时，2021 年 12 月，最高人民检察院发布第二批企业合规典型案例，涉及假冒注册商标罪、销售假冒注册商标的商品罪、串通投标罪、重大责任事故罪、走私普通货物罪和掩饰、隐瞒犯罪所得罪六项罪名。第二批典型案例涉及面更广，内容更丰富，以适用第三方监督评估机制为重点，着力反映企业合规流程、第三方机制的启动与运行、合规整改效果、检察机关的主导作用以及典型意义。相较于第一批改革试点工作，第二批改革试点不仅扩大了试点的地区和检察院的范围，更扩大了企业合规的范围，从依法对企业负责人不捕、不诉、不判实刑扩大至涉案企业在刑事程序中的宽大处理以及检察院对企业经营过程中的合规建议。

第三阶段是 2022 年 4 月最高人民检察院部署全面推开涉案企业合规改革试点工作。经过两批改革试点，10 个试点地区检察机关共办理涉企业合规案件 766 件，其中适用第三方监督评估机制案件 503 件；部分非试点省份检察机关主动根据本地情况在试点文件框架内探索推进相关工作，办理合规案件 223 件，其中适用第三方机制案件 98 件，案件类型不断丰富、拓展。2022 年 4 月 2 日，最高人民检察院会同全国工商联专门召开会议，会议指出，无论是民营企业还是国有企业，无论是中小微企业还是上市公司，只要涉案企业认罪认罚，能够正常生产经营、承诺建立或者完善企业合规制度、具备启动第三方机制的基本条件，自愿适用的，都可以适用第三方机制。同时 2022 年 8 月第三批涉案企业合规典型案例，涉及非法获取计算机信息系统数据罪，泄露内幕信息、内幕交易罪，提供虚假证明文件罪，非法采矿罪，串通投标罪五个罪名。该批典型案例充分考虑大中小微不同企业类型合规特点，既有针对大中型企业开展的专项合规，也有对小微企业开展的简形合规，十分具有代表性。涉案企业合规改革试点的全面推开进一步解放了各地检察机关的思想，同时也标志着改革试点进入了一个新阶段。

三、企业刑事合规的立法规范

这里的企业刑事合规立法规范属于广义法律规范，包括政策、国家标准、行业标准等。本节主要是按照规范出台的时间顺序对近年来制定的与企业刑事合规相关的立法规范进行分析，对于较早的金融证券保险行业有关的合规法律规定在此不作赘述。我国企业刑事合规立法规范可以分为两个阶段，第一个阶段是与大合规有关的立法规范，主要包括《合规管理体系　指南》（GB/T 35770—2017）、《中央企业合规管理指引（试行）》、《企业境外经营合规管理指引》、《中央企业合规管理办法》。第二个阶段是与涉案企业合规试点改革有关的立法规范，主要包括《关于开展企业合规改革试点工作方案》《关于建立涉案企业合规第三方监督评估机制的指导意见（试行）》《涉案企业合规建设、评估和审查办法（试行）》《中小企业合规管理体系有效性评价》《中央企业合规管理办法》。具体内容如下：

2017 年 12 月 29 日，国家质量监督检验检疫总局和国家标准化管理委员会联合发布《合规管理体系　指南》（GB/T 35770—2017）国家标准。国家标准以 2014 年 12 月 15 日国际标准化组织（ISO）发布的合规管理国际标准——《合规管理体系　指南》（ISO 19600：2014）为蓝本，并结合我国国情制定。国家标准一方面为企业建设合规管理体系提供通用指南，指导未进行合规管理的组织的建立、实施、评价和改进合规管理体系或指导已建立合规管理体系的组织改进合规管理；另一方面为其他管理体系有关合规的要求的具体实施提供框架。虽然《合规管理体系　指南》（GB/T 35770—2017）未对组织合规管理部提出具体要求，仅提供建立合规管理体系的指南和建议做法，但其为企业开展合规管理体系建设和运行提供了普适性的指导意见，对我国合规制度的发展具有重要意义。

2018 年 11 月 2 日，国务院国有资产管理委员会发布《中央企业合规管理指引（试行）》（以下简称《合规管理指引》），标志着中央企业合规管理进入全面推进阶段。《合规管理指引》在 2016 年中央企业合规管理试点的基础上制定。2016 年 4 月，国资委选择中石油、中国移动、招商局、东方电气、中国铁路工程总公司五家央企作为试点单位开展合规管理试点，其他少数央企同步实施。在试点三年后，国资委印发《合规管理指引》，在中央企业全面推行合规管理工作，同时要求地方国有资产监督管理机构参照《合规管理指引》积极推进所出资企业合规管理工作。随后各地根据本地区实际情况制定了相应的企业合规管理工作。如 2018 年 12 月 13 日，河北省印发《省国资委监管企业合规管理指引（试行）》；2018 年 12 月 26 日，北京市印发《市管企业合规管理工作实施方案》；2018

年 12 月 28 日，上海市印发《上海市国资委监管企业合规管理指引（试行）》等。《合规管理指引》确立了央企构建合规管理体系的原则，明确了董事会、监事会、经理层的合规管理职责，提出央企要设立合规委员会，与企业法治建设领导小组或风险控制委员会等合署，承担合规管理的组织领导和统筹协调工作。要求加强对重点领域、重点环节和重点人员的合规管理等。虽然《合规管理指引》的适用对象为中央企业，但与民营企业建立合规管理体系具有重要的参考意义。

2018 年 12 月 26 日，国家发展改革委、外交部、商务部、人民银行、国资委、外汇局、全国工商联七部门联合印发《企业境外经营合规管理指引》（以下简称《合规指引》），《合规指引》是在参考《合规管理体系 指南》（GB/T 35770—2017）及有关国际合规规则的基础上制定。2017 年至 2018 年，我国企业涉外问题频发，一部分是在“走出去”的过程中遇到了问题，另一部分是在海外经营与贸易中遇到了问题，如何规范企业境外经营行为，提高企业境外经营合规管理意识，提升境外经营合规管理水平是推动企业平稳健康发展的重要保障，在此背景下，《合规指引》出台。《合规指引》包括总则，合规管理要求，合规管理架构，合规管理制度，合规管理运行机制，合规风险识别、评估与处置，合规评审与改进，合规文化建设八部分，具有基础性、针对性和系统性三个特点。《合规指引》提出，合规是指企业及其员工的经营管理行为符合有关法律法规、国际条约、监管规定、行业准则、商业惯例、道德规范和企业依法制定的章程及规章制度等要求。《合规指引》在强调境外经营活动全流程、全方位合规的同时，重点针对对外贸易、境外投资、对外承包工程和境外日常经营四类主要活动，明确了具体的合规要求。

2021 年 4 月，最高人民检察院印发《关于开展企业合规改革试点工作方案》（以下简称《合规工作方案》），《合规工作方案》的出台标志着第二期企业合规改革试点工作正式启动。《合规工作方案》对企业合规改革试点工作的定义进行明确，即开展企业合规改革试点工作是指检察机关对于办理的涉企刑事案件，在依法作出不批准逮捕、不起诉决定或者根据认罪认罚从宽制度提出轻缓量刑建议等的同时，针对企业涉嫌具体犯罪，结合办案实际，督促涉案企业作出合规承诺并积极整改落实，促进企业合规守法经营，减少和预防企业犯罪，实现司法办案政治效果、法律效果、社会效果的有机统一。同时，《合规工作方案》也明确要求各试点单位应当结合本地实际，探索建立企业合规第三方监管机制。通过第三方监管，监督、促进企业践行合规承诺。检察机关要定期检查合规建设情况，并根据案件具体情况依法作出相应处理。

2021 年 6 月 3 日，最高人民检察院、司法部、财政部、生态环境部、国务院国有资产监督管理委员会、国家税务总局、国家市场监督管理总局、中华全国工商业联合会和中国国际贸易促进委员会九部门联合印发《关于建立涉案企业合规第三方监督评估机制的指导意见（试行）》（以下简称《合规指导意见》）。随着企业合规试点改革的推开，各地在探索实践中发现，对涉案企业的合规监督评估涉及司法、执法、行业监管等多方面、多领域，要推动企业合规走深走实，确保监督评估的实质化和专业化就需要引入“外脑”。在各试点单位的探索下，形成了第三方独立监管人、行政机关监督考察、联合监督考察等不同模式的监督评估机制。最终，在总结各地试点经验的基础上，《合规指导意见》对第三方机制管委会的职责、第三方机制的启动、第三方机制的运行等重要问题进行明确，探索建立“检察主导、各方参与、客观中立、强化监督”的第三方机制。随后，最高人民检察院等九部门共同成立第三方机制管委会，统筹协调推进第三方机制相关工作。《合规指导意见》是企业合规试点改革的阶段性成果，是防止“虚假整改”“纸面合规”的重要举措。为了保障第三方机制规范有序运行，2021 年 11 月，最高人民检察院等九部门又联合印发《涉案企业合规第三方监督评估机制专业人员选人管理办法（试行）》和《〈关于建立涉案企业合规第三方监督评估机制的指导意见（试行）〉实施细则》两个配套文件。

2022 年 4 月 19 日，中华全国工商业联合会、最高人民检察院、司法部、财政部、生态环境部、国务院国有资产监督管理委员会、国家税务总局、国家市场监督管理总局、中国国际贸易促进委员会九部门联合印发《涉案企业合规建设、评估和审查办法（试行）》（以下简称《合规办法》）。《合规办法》着眼于企业合规有效性评价的具体标准，其目的是落实《关于建立涉案企业合规第三方监督评估机制的指导意见（试行）》及其实施细则，并与两者共同构成涉案企业合规工作机制规则体系。《合规办法》分为合规建设、合规评估、合规审查三部分，其中涉案企业负责进行合规建设，第三方组织负责合规评估，检察机关负责对第三方组织的合规评估进行审查，由此形成了“涉案企业进行合规建设——第三方组织进行合规评估——检察机关负责合规审查”的工作机制。《合规办法》对三个问题首次进行明确，一是首次明确合规计划有效性评估的方法，即从以下六个方面对合规整改计划和相关合规管理体系进行评估：对涉案合规风险的有效识别、控制;对违规违法行为的及时处置;合规管理机构或者管理人员的合理配置;合规管理制度机制建立以及人力、物力的充分保障;监测、举报、调查、处理机制及合规绩效评价机制的正常运行;持续整改机制和合规文化已经基本形成。二是首次明确合规评估不达标的处理结果,即对于涉案企业合规建设经评估未达到有效性标准或者采用弄虚作假手段骗取评估阶段的,人民法院可以依法作出批准逮捕、起诉的决定,提出从严处罚的量刑建议,或者向有关机关提出从严处罚、处分的检察建议。三是首次明确小微企业的合规整改问题,即小微企业可以不经过第三方评估机制,直接由检察机关审查验收。

2022 年 5 月 23 日,中国中小企业协会发布《中小企业合规管理体系有效性评价》团体标准。团体标准是根据《中小企业促进法》等相关法律规定和《关于促进中小企业健康发展的指导意见》、《"十四五"促进中小企业发展规划》等政策,并参照《合规管理体系　要求及使用指南》(ISO 37301:2021)等规定制定。相较于央企、国企和大型民营企业而言,中小企业合规管理体系建设起步较晚,而团体标准则为中小企业做好合规体系建设提供重要参考。团体标准一是明确了合规体系有效性评价的方法,即可以采取文件审阅、问卷调查、访谈调研、飞行检查、穿行测试、感知测试、模拟运行等方法对合规管理体系的有效性进行评价。二是明确了合规管理体系有效性评价的内容。即从合规管理机构设置和职责配置、合规风险识别、合规风险应对和持续改进、合规文化建设等方面对合规管理体系的有效性进行评价。三是明确了合规管理体系有效性评价的具体流程。一般包括评价准备、评价实施和评价报告三个阶段。在评价准备阶段,组建评价小组,制定评价方案,明确评价目的、范围、评价方法、需要收集的信息和数据、分工、进程等要求。在评价实施阶段,评价小组按照评价机制和评价指标实施评价。在评价报告阶段,评价小组根据评价实施情况,撰写评价报告。

2022 年 8 月 23 日,国务院国有资产监督管理委员会印发《中央企业合规管理办法》(以下简称《合规管理办法》),《合规管理办法》在全面总结 2018 年《中央企业合规管理指引(试行)》发布以来中央企业合规管理的实践的基础上制定。《中央企业合规管理指引(试行)》作为政策性文件,不具有法律强制力,而《合规管理办法》属于部门规章,这意味着央企合规管理已经从倡导建议上升为强制要求。与《合规管理指引》相比,《合规管理办法》更加突出刚性约束,内容更全、要求更高、措施更实,具体包括以下内容:一是强化党的领导。如《合规管理办法》第五条将“坚持党的领导”放在合规管理工作原则的首位。二是明确合规管理相关主体职责。按照法人治理结构，规定了企业党委（党组）、董事会、经理层、首席合规官等主体的合规管理职责，进一步明确了业务及职能部门、合规管理部门和监督部门合规管理“三道防线”职责。三是建立健全合规管理制度体系。要求中央企业结合实际，制定合规管理基本制度、具体制度或专项指南，构建分级分类的合规管理制度体系，强化对制度执行情况的检查。四是全面规范合规管理流程。对合规风险识别评估预警、合规审查、风险应对、问题整改、责任追究等提出明确要求，实现合规风险闭环管理。五是积极培育合规文化。要求中央企业通过法治专题学习、业务培训、加强宣传教育等，多方式、全方位提升全员合规意识，营造合规文化氛围。六是加快推进合规管理信息化建设。推动中央企业运用信息化手段将合规要求嵌入业务流程，利用大数据等技术对重点领域、关键节点开展实时动态监测，实现合规风险即时预警、快速处置。《合规管理办法》的出台表明了国家推动央企建设合规管理的决心，也标志着中央企业合规管理建设进入新阶段。

随着市场经济的发展，企业已经成为市场的基本主体，其生产经营活动对市场秩序的影响越来越大，有些企业规模巨大，跨地区、跨国家经营，在一些经济领域具有举足轻重的作用。同时，伴随着越来越多的企业走出国门、走向世界，合规管理的重要性日益凸显[①]。自2017年至2022年，国家不断加强企业刑事合规立法，出台了一系列具有针对性和可操作性的法律规范，不断建立健全我国企业刑事合规管理法律体系，引导企业建立刑事合规管理体系，这表明国家高度重视企业合规发展，同时也加速了我国合规制度建设的进程。

---

① 最高人民检察院涉案企业合规研究指导组：《涉案企业合规办案手册》，中国检察出版社2022年版，第22页。

第三章　企业刑事合规的基本问题

一、涉案企业合规的适用条件

涉案企业合规的适用条件是什么？什么类型的企业、什么类型的案件可以适用涉案企业合规和第三方监管机制？是否适用于自然人犯罪和重大涉企犯罪？这是企业合规改革试点开始之初就引发学界和实务界关注的问题。本章笔者将依据国家出台的相关法律规范，并结合最高人民检察院和地方各级检察机关发布的涉案企业合规案例，分析涉案企业合规的适用条件。

《关于开展企业合规改革试点工作方案》（以下简称《合规工作方案》）中对企业合规改革试点工作的基本内涵、适用的企业和案件类型给予了较为明确的规定。《合规工作方案》第一条第（一）款规定："开展企业合规改革试点工作是指检察机关对于办理的涉企刑事案件，在依法作出不批准逮捕、不起诉决定或者根据认罪认罚从宽制度提出轻缓量刑建议等的同时，针对企业涉嫌具体犯罪，结合办案实际，督促涉案企业作出合规承诺并积极整改落实，促进企业合规守法经营，减少和预防企业犯罪，实现司法办案政治效果、法律效果、社会效果的有机统一"。第二条第（一）款规定："企业范围包括各类市场主体，主要是指涉案企业以及与涉案企业相关联企业。国企民企、内资外资、大中小微企业，均可列入试点范围，案件类型包括企业经济活动涉及的各种经济犯罪、职务犯罪"。第二条第（二）款规定："与依法适用认罪认罚从宽制度和检察建议结合起来。通过适用认罪认罚从宽制度等，对涉企案件，做到依法能不捕的不捕、能不诉的不诉、能不判实刑的要提出判缓刑的量刑建议，督促企业建立合规制度，履行合规承诺"。

根据上述规定可知，涉案企业合规改革试点工作适用的企业类型包括国企民企、内资外资、大中小微企业等各类市场主体。适用的案件范围包括企业经济活动涉及的各种经济犯罪、职务犯罪。同时，从上述规定我们也可以看出，《合规工作方案》对涉案企业合规改革的相关规定还比较模糊，如《合规工作方案》

并没有对适用涉案企业合规的条件,启动涉案企业合规的程序,不同规模的企业是否采取统一的合规标准以及重大涉企犯罪是否适用合规程序等问题进行规定。这是由于改革试点刚刚起步,不能给予其过多的束缚,许多具体要求还需要等待实践成熟后才能慢慢完善。虽然《合规工作方案》中对上述问题没有进行规定,但我们可以从最高人民检察院发布的第一批企业合规改革试点典型案例中寻找端倪。

在案例一张家港市L公司、张某甲等人污染环境案中,涉案人员到案后如实供述犯罪事实,自愿认罪认罚。检察机关审查了涉案企业的社会危险性,认为涉案企业及相关人员排放污水量较小,尚未造成实质性危害后果。并调查了涉案企业的生产经营情况,发现涉案企业L公司系省级高科技民营企业,年均纳税400余万元、企业员工90余名、拥有专利20余件,部分产品突破国外垄断。检察机关在审查调查报告、听取行政机关意见以及综合审查企业书面承诺的基础上,对L公司作出合规考察决定。在案例二上海市A公司、B公司、关某某虚开增值税专用发票案中,涉案人员到案后如实供述犯罪事实并补缴涉案税款,检察机关走访了解涉案企业经营情况及纳税、容纳就业情况,评估企业合规的可行性。经调查发现,涉案企业A公司系我国某技术领域的领军企业、上海市高新技术企业,科技实力雄厚,对地方经济发展和促进就业有很大贡献,公司管理人员及员工学历普遍较高,对合规管理的接受度、执行力强,企业合规具有可行性,检察机关遂督促企业作出合规承诺并开展合规建设。最终,检察机关以A公司、B公司、关某某涉嫌虚开增值税专用发票罪对其提供公诉并适用认罪认罚从宽制度,法院采纳了检察机关的全部量刑建议。在案例三王某某、林某某、刘某乙对非国家工作人员行贿案中,检察机关在办案过程中了解到,涉案人员所在Y公司属于深圳市南山区拟上市重点企业,该公司在专业音响领域处于国内领先地位,但在本案中暴露出Y公司在制度建设和日常管理中存在较大漏洞。本案与前两个案件的不同之处在于,本案是法院先对涉案人员进行审判,然后检察机关与涉案人员所在公司签署合规监管协议,推动公司合规建设。在案例四新泰市J公司等建筑企业串通投标系列案件中,检察机关对6家涉案企业进行走访调查,了解到6家涉案企业常年承接全市重点工程项目,年创税均达1000万元以上,其中一家企业年创税1亿余元,在繁荣地方经济、城乡建设、劳动力就业等方面做出了突出贡献。检察机关邀请人民监督员等各界代表召开听证会,参会人员一致同意对J公司等6家涉案企业及负责人作不起诉处理,检察机关当场公开宣告不起诉决定。同时,检察机关还向6家涉案企业发出检察建议,要求企业围绕所涉罪名及相关领域开展合规建设,并对合规建设情况跟踪监督。

通过对最高人民检察院发布的第一批企业合规改革试点典型案例分析,我们可以发现检察机关在适用涉案企业合规时,均会对涉案企业的生产经营情况进行调查,如考察涉案企业的纳税情况、吸纳就业情况等。虽然国家制定的企业合规试点改革的法律规范中并无此要求,但在最高人民检察院发布的典型案例和地方立法规范中,我们可以看到,企业的生产经营情况是适用企业合规的重要考量因素。如2020年12月16日,辽宁省人民检察院印发的《关于建立涉罪企业合规考察制度》第二条第五款规定,具有下列情形之一的,涉罪企业可以适用考察制度:(1)在依法纳税、吸纳就业人口、带动当地经济发展等方面发挥一定作用;(2)拥有自主知识产权、商誉、专有技术或商业秘密;(3)符合现行产业政策或未来产业发展趋势;(4)其经营状况影响所在行业、上下游产业链及区域竞争力;(5)直接负责的主管人员和其他直接责任人员系该涉罪企业负责人或实际控制人、核心技术人员等对经营发展起关键作用的人员。由此,我们可以看出适用合规改革试点的企业应当具有一定的"价值",即企业在依法纳税、吸纳就业人口、带动当地经济发展等方面发挥一定作用或者企业的发展模式和发展方向符合现行产业政策或未来产业发展趋势,具有一定的竞争优势。

上面我们根据司法实践和地方立法规范分析了企业合规的适用条件,除了这个问题之外,重大涉企犯罪是否适用企业合规试点改革也是引发社会广泛关注的问题。从最高人民检察院发布的第一批企业合规典型案例来看,其中张家港市L公司、张某甲等人污染环境案,检察机关审查认为涉案企业和涉案人员的行为尚未造成实质性危害后果,所以本案属于轻微犯罪。但上海市A公司、B公司、关某某虚开增值税专用发票案并不是轻微犯罪。本案中犯罪嫌疑人关某某让他人为涉案A、B两家公司虚开增值税专用发票共219张,价税合计2887余万元,其中税款419余万元已申报抵扣。根据《刑法》第二百零五条规定:"虚开增值税专用发票或者虚开用于骗取出口退税、抵扣税款的其他发票的,处三年以下有期徒刑或者拘役,并处二万元以上二十万元以下罚金;虚开的税款数额较大或者有其他严重情节的,处三年以上十年以下有期徒刑,并处五万元以上五十万元以下罚金;虚开的税款数额巨大或者有其他特别严重情节的,处十年以上有期徒刑或者无期徒刑，并处五万元以上五十万元以下罚金或者没收财产。”即虚开增值税专用发票分为三档量刑标准，第一档为三年以下有期徒刑或者拘役，并处2万元以上20万元以下罚金；第二档为三年以上十年以下有期徒刑，并处5万元以上50万元以下罚金；第三档量刑为十年以上有期徒刑或者无期徒刑，并处5万元以上50万元以下罚金或者没收财产。同时根据《最高人民法院关于虚开增值税专用发票定罪量刑标准有关问题的通知》第二条规定，在新的司法解释颁行前，对虚开增值税专用发票刑事案件定罪量刑的数额标准，可以参照《最高人民法院关于审理骗取出口退税刑事案件具体应用法律若干问题的解释》（法释〔2002〕30号）第三条的执行规定，即虚开的税款数额在5万元以上的，以虚开增值税专用发票罪处三年以下有期徒刑或者拘役，并处2万元以上20万元以下罚金；虚开的税款数额在50万元以上的，认定为《刑法》第二百零五条规定的“数额较大”；虚开的税款数额在250万元以上的，认定为《刑法》第二百零五条规定的“数额巨大”。另根据《最高人民检察院、公安部关于公安机关管辖的刑事案件立案追诉标准的规定（二）》第五十六条规定：“虚开增值税专用发票或者虚开用于骗取出口退税、抵扣税款的其他发票，虚开的税款数额在一万元以上或者致使国家税款被骗数额在五千元以上的，应予立案追诉。”[①]即虚开增值税专用发票罪第一档量刑的追诉标准是虚开的税款数额在1万元以上或者致使国家税款被骗数额在5000元以上；第二档量刑数额较大的标准是虚开的税款数额在50万元以上的；第三档量刑数额巨大的标准是虚开的税款数额在250万元以上。在上海市A公司、B公司、关某某虚开增值税专用发票案中，行为人虚开的增值税专用发票价税合计2887余万元，其中税款419余万元已申报抵扣，已经达到了法律规定的数额巨大的标准，应当处十年以上有期徒刑或者无期徒刑，并处5万元以上50万元以下罚金或者没收财产，属于重大涉企犯罪，但经检察机关考察后，依然适用企业合规程序，说明企业合规改革试点并不排除重大涉企犯罪。但在地方实践中，检察机关还是对重大涉企犯罪适用企业合规作出了一定

① 由于第一批企业合规改革试点典型案例的发布时间为2021年，故此处虚开增值税专用发票罪的立案追诉标准采用的是2010年5月发布的《最高人民检察院、公安部关于公安机关管辖的刑事案件立案追诉标准的规定（二）》规定的标准，实际上《最高人民检察院、公安部关于公安机关管辖的刑事案件立案追诉标准的规定（二）》已于2022年4月6日重新修订，修订后虚开增值税专用发票罪的立案追诉标准为：虚开的税款数额在10万元以上或者造成国家税款损失数额在5万元以上的，应予立案追诉。

的限制，如辽宁省人民检察院印发的《关于建立涉罪企业合规考察制度》规定，对涉罪企业适用合规考察制度的案件应当同时符合"直接负责的主管人员和其他直接责任人员依法可能被判处三年以下有期徒刑、拘役、管制或单处罚金"的情形。浙江省临海市人民检察院印发的《临海市人民检察院涉罪民营企业附条件不起诉工作意见（试行）》规定，涉罪民营企业附条件不起诉案件的适用范围为"以民营企业为主体实施的、涉及《刑法》第三章、第六章第六节以及拒不支付劳动报酬和拒不执行判决、裁定的单位犯罪案件中，涉罪民营企业以及可能判处五年以下有期徒刑的民营企业主管人员和其他直接责任人员，符合起诉条件，但确有悔罪表现，且自愿认罪认罚"。

总体来说，在第一期企业合规改革试点阶段，国家层面对与企业合规相关问题没有作出太多的限制性条件，给予试点地区更多的自主权去实践探索，各个地方在实践探索的基础上，对实践中遇到的问题形成了多样的解决方法，为进一步推开企业合规改革试点积累了丰富的经验。

在总结各地试点经验的基础上，2021 年 6 月 3 日发布的《合规指导意见》，对涉案企业合规有了更细致、更具体的规定。如规定了第三方监督评估机制的适用范围。《合规指导意见》第三条规定："第三方机制适用于公司、企业等市场主体在生产经营活动中涉及的经济犯罪、职务犯罪等案件，既包括公司、企业等实施的单位犯罪案件，也包括公司、企业实际控制人、经营管理人员、关键技术人员等实施的与生产经营活动密切相关的犯罪案件"。可见，第三方监督评估机制既适用于单位犯罪，也适用于与企业生产经营有关的自然人犯罪。最高人民检察院发布的数据显示，截至 2022 年 8 月，全国检察机关累计办理涉案企业合规案件 3218 件，其中适用第三方监督评估机制案件 2217 件，对整改合规的 830 家企业、1382 人依法作出不起诉决定。第三方监督评估机制作为涉案企业合规建设有效性考察的主要手段，虽然《合规指导意见》规定的是第三方监督评估机制的适用范围，但也足以证明涉案企业合规不排除适用自然人犯罪。同时，《合规指导意见》也采用兜底式列举的方法规定了不适用企业合规试点和第三方机制的情形。《合规指导意见》第五条规定："对于具有下列情形之一的涉企犯罪案件，不适用企业合规试点以及第三方机制：（一）个人为进行违法犯罪活动而设立公司、企业的；（二）公司、企业设立后以实施犯罪为主要活动的；（三）公司、企业人员盗用单位名义实施犯罪的；（四）涉嫌危害国家安全犯罪、恐怖活动犯罪的；（五）其他不宜适用的情形。”这是国家层面对不适用涉案企业合规考察所作出的规定，地方也在实践探索的基础上，作出了更为具体详细的规定，如辽宁省人民检察院印发的《关于建立涉罪企业合规考察制度的意见》第七条规定：“具有下列情形之一的案件，不适用合规考察制度：（一）涉嫌危害国家安全犯罪、恐怖活动犯罪、毒品犯罪、虚开发票和骗取出口退税犯罪、涉黑涉恶犯罪的；（二）未经国家或省金融监管部门批准，擅自从事金融业务或金融活动，给群众造成重大损失的；（三）依法应当被判处十年以上有期徒刑、无期徒刑、死刑的；（四）造成人员伤亡的；（五）社会负面影响大、群众反映强烈的；（六）涉罪企业以犯罪所得作为主要收入和利润来源的；（七）涉罪企业不接受合规考察的。”从《合规指导意见》和地方的司法实践来看，中央和地方对于不适用企业合规改革试点的案件基本保持一致的态度，即对于涉嫌危害国家安全犯罪、恐怖活动犯罪，或者个人为进行违法犯罪而设立的公司、企业以及公司、企业设立后以实施犯罪为主要活动等与企业生产经营无关的犯罪不适用企业合规改革试点。

确定了企业合规改革试点适用的企业类型和案件类型之后，涉案企业是否只要满足上述两项条件，就可以适用企业合规改革试点？其中适用企业合规改革试点是否以涉案企业和相关人员认罪认罚为前提是公众比较关注的问题。从司法实践来看，在最高人民检察院发布的三批共计 15 件企业合规典型案例中，明确提及涉案企业或其责任人员具有认罪认罚情节的案例共有 11 件，其中 2022 年发布的第三批典型案例的涉案企业或者责任人员均具有认罪认罚的情节。如上海 Z 公司、陈某某等人非法获取计算机信息系统数据案。案发后，涉案企业 Z 公司和主要责任人员陈某某等人均认罪认罚。从立法规范来看，目前中央和地方层面制定的企业合规试点方案，基本都规定涉案企业及责任人员认罪认罚为启动企业合规改革试点的前提。如《合规指导意见》第四条规定，对于同时符合涉案企业、个人认罪认罚；涉案企业能够正常生产经营，承诺建立或者完善企业合规制度，具备启动第三方机制的基本条件；涉案企业自愿适用第三方机制的涉企犯罪案件，试点地区人民检察院可以根据案件情况适用本指导意见。北京市人民检察院《涉案企业合规必要性审查指引（试行）》规定北京检察机关在办理涉企犯罪案件时，对企业是否具备启动企业合规程序的必要性进行审查，作出是否启动企业合规程序的决定，围绕“涉案企业、个人认罪认罚”“涉案企业能够正常生产经营”“涉案企业因管理制度漏洞导致犯罪发生，需要建立健全规章制度”“涉案企业承诺建立或者完善企业合规制度,自愿适用企业合规程序”等要求。辽宁省人民检察院《关于建立涉罪企业合规考察制度的意见》第六条规定,对涉罪企业适用合规考察制度的案件应同时符合涉罪企业、人员系初犯、偶犯;犯罪事实清楚,证据确实、充分;直接负责的主管人员和其他直接责任人员依法可能被判处三年以下有期徒刑、拘役、管制或单处罚金;涉罪企业及直接负责的主管人员和其他直接责任人员对主要犯罪事实无异议,且自愿认罪认罚等条件。广东省人民检察院《关于开展企业合规改革试点工作方案》规定,试点形式和内容与依法适用认罪认罚从宽制度和检察建议结合起来。通过认罪认罚从宽制度等,对涉企案件,做到依法能不捕的不捕、能不诉的不诉、能不判实刑的要提出判缓刑的量刑建议,督促企业建立合规制度,履行合规承诺。临海市人民检察院《涉罪民营企业附条件不起诉工作意见(试行)》规定涉罪民营企业附条件不起诉的适用范围是以民营企业为主体实施的、涉及《刑法》第三章、第六章第六节以及拒不支付劳动报酬和拒不执行判决、裁定的单位犯罪案件中,涉罪民营企业以及可能判处五年以下有期徒刑的民营企业主管人员和其他直接责任人员,符合起诉条件,但确有悔罪表现,且自愿认罪认罚。岱山县人民检察院《涉企案件刑事合规办理规程(试行)》第四条规定:“审查起诉过程中,涉案企业应在收到刑事合规风险告知书后五日内出具合规承诺书,合规承诺书应包括且不限于以下内容:(一)如实供述犯罪事实、认罪认罚……”通过对企业合规的司法实践和立法规范进行分析,我们可以发现把涉案企业及相关责任人员认罪认罚作为适用企业合规改革试点是目前较为普遍的现象。

综上,通过对中央和地方企业合规司法实践和立法规范进行分析,适用企业合规改革试点的企业类型包括国企民企、内资外资、大中小微企业等各类市场主体。适用企业合规改革试点的案件类型包括轻微犯罪和重大涉企犯罪。适用企业合规改革的条件包括:第一,案件属于公司、企业等市场主体在生产经营活动中涉及的经济犯罪、职务犯罪等案件(既包括公司、企业等实施的单位犯罪案件,也包括公司、企业实际控制人、经营管理人员、关键技术人员等实施的与生产经营活动密切相关的犯罪案件)。第二,涉案企业、个人认罪认罚。第三,企业能够正常生产经营,承诺建立或者完善企业合规制度。第四,企业自愿接受合规考察。

二、有效企业刑事合规的评价标准

保障企业合规的有效性，严防“纸面合规”，做好企业合规“后半篇文章”是企业合规改革试点工作的关键环节和核心内容。有效企业刑事合规的评价标准是国内外企业合规关注的重点。

1991 年美国《组织量刑指南》确立了有效合规的“七要素”标准：一是建立合规政策和标准，合理预防犯罪行为的发生；二是制定高层人员监督企业的合规政策和标准；三是禁止向那些有可能犯罪倾向的个人授予重大自主决定权；四是通过培训等方式向员工普及企业合规的政策和标准；五是建立有效合规的合理监督措施，如利用检测、审计系统发现犯罪行为，建立违规举报制度，确保员工举报可能的违规行为；六是建立惩戒机制，严格执行合规标准；七是在犯罪行为发生后，采取必要措施应对犯罪行为，预防类似行为再次发生。[①] 但由于“七要素”标准过于抽象和模糊，为了解决企业合规有效性评估的难题，美国司法部在《组织量刑指南》的基础上，出台了更具可操作性的《企业合规计划评估指南》（以下简称《指南》），《指南》经 2019 年和 2020 年两次修改，就企业合规有效性评估形成了三个基本问题，第一，公司的合规计划设计合理吗？第二，这个合规计划是否被认真地、真诚地实施？换句话说，即该计划是否有足够的资源和权限使其有效运作？第三，公司的合规计划在实践中起作用了吗[②]？围绕这三个基本问题，分为 12 个一级指标，49 个二级指标，约 160 个具体问题。检察官在评估时应关注这三个基本问题。

2010 年，英国通过《反贿赂法》，增设商业组织预防贿赂失职罪，将“充分程序”确定为商业组织无罪抗辩的事由，即除非商业组织可以证明自己已经制定了旨在预防商业贿赂行为的充分程序，否则其就要承担刑事责任。根据英国司法部发布的《反贿赂实施指南》，所谓充分程序是指商业组织旨在证明自己建立有效预防贿赂犯罪的合规管理体系，一般包含六个方面的原则性要求，一是相称程序原则。即商业组织用来预防相关人员实施贿赂的程序，应当与其所面临的

---

① 李玉华：《刑事合规：创新检察履职助推企业高质量发展》，载《检察日报》2021 年 3 月 15 日，第 3 版。

② 李勇：《美国检察官对涉案企业合规有效性的评估与考量》，载《人民检察》2022 年第 5 期。

贿赂风险以及该组织活动的性质、规模和复杂程度成正比，他们应当是清晰、实用、易于获取和有效实施及执行。二是高层承诺原则。即商业组织的高级管理人员（包括董事会、股东、其他同等机构或个人）应致力于预防关联人员商业贿赂行为的发生，他们应在组织内部培养禁止商业贿赂的企业文化。三是风险评估原则。即商业组织应就其关联人员可能发生的贿赂风险的性质和严重性进行评估。四是尽职调查原则。即商业组织应通过尽职调查程序，采取成比例和基于风险的方法，对那些为组织提供服务或者代表组织提供服务的人进行背景调查，以减轻那种已被识别的贿赂风险。五是有效沟通原则。即商业组织应通过内部沟通和外部沟通的方式，包括通过开展与其所面临的风险相称的培训，确保其反商业贿赂的政策和程序在整个组织内部获得认识和理解。六是监控与评估原则。即商业组织应采取监控与评估程序，以预防其关联人员实施贿赂行为，并对这些程序采取必要的改进措施[①]。当然，英国模式下的企业合规明显是事前的合规，把有效合规计划作为涉案时的无罪抗辩事由，这与我国的企业合规制度明显不同，我国的企业合规制度是涉案后的企业合规，即企业及相关人员实施犯罪后，作出建立或改进合规计划。

有效企业刑事合规的标准是什么？什么是有效的合规计划？这在我国企业合规改革试点工作开始之初就引发学界和实务界广泛关注。中国人民公安大学李玉华教授认为，有效合规的基本标准应当包括预防机制、识别机制和应对机制三个方面。其中预防机制包括合规制度、合规管理机构、合规培训、合规文化等要素。识别机制包括合规风险识别、合规风险评估、合规风险处置、合规审计、合规举报等要素。应对机制包括内部调查、合规问责与惩戒、持续改进等要素。南京市建邺区人民检察院副检察长李勇认为，合规有效性的核心标准是合规成为企业文化。为了保证企业合规的有效性，我国在实践经验的基础上，印发《合规指导意见》，探索建立第三方监督评估机制。第三方机制管委会根据案件涉嫌罪名、复杂程度以及涉案企业类型、规模、主营业务等因素，从选任的专业人员名录库中分类抽取专业人员组成第三方监督评估组织。第三方监督组织在合规考察期内的对涉案企业合规计划的可行性、有效性与全面性进行审查；定期或不定期对涉案企业合规计划履行情况进行检查、调查和评估；对涉案企业的合规计划

① 陈瑞华：《英国刑事合规的有效性标准》，载《人民检察》2022 年第 9 期。

完成情况进行全面检查、评估和考核，并制作合规考察书面报告。随后，为了进一步落实第三方监督评估机制的工作职责，最高人民检察院等九部门印发《〈关于建立涉案企业合规第三方监督评估机制的指导意见(试行)〉实施细则》，该实施细则对涉案企业合规计划的审查重点进行了明确规定，要求第三方组织重点审查以下内容：(1)涉案企业完成合规计划的可能性以及合规计划本身的可操作性；(2)合规计划对涉案企业预防治理涉嫌的犯罪行为或者类似违法犯罪行为的实效性；(3)合规计划是否覆盖涉案企业在合规领域的薄弱环节和明显漏洞；(4)其他根据涉案企业实际情况需要重点审查的内容。同时，为了进一步规范第三方监督评估机制的运行，2022 年 4 月 19 日中华全国工商业联合会等九部门联合印发《合规办法》。该办法规定，第三方组织对涉案企业专项合规整改计划和相关合规管理体系有效性的评估，重点包括下列内容：(1)对涉案合规风险的有效识别、控制；(2)对违规违法行为的及时处置；(3)合规管理机构或者管理人员的合理配置；(4)合规管理制度机制建立以及人力、物力的充分保障；(5)监测、举报、调查、处置机制以及合规绩效评价机制的正常运行；(6)持续整改机制和合规文化已经基本形成。《关于建立涉案企业合规第三方机制的指导意见(试行)》及其实施细则与《合规办法》共同组成企业合规整改的重要规则体系，为企业合规整改的有效性提供了制度保障。

三、有效企业刑事合规计划的基本要素

有效企业刑事合规计划是预防企业刑事法律风险的重要武器，也是涉案后企业不予批捕、不予起诉或从轻减轻处罚的必然要求。因此，如何构建有效企业刑事合规计划是企业合规建设的重中之重。2022 年，江苏省如皋市人民检察院办理的 H 公司虚开增值税专用发票案合规计划被最高人民检察院编入《涉案企业合规改革试点参考文件》，笔者将以该合规计划为基础，并结合企业刑事合规司法实践和立法规范，分析有效企业刑事合规的基本要素。

H 公司的合规计划书分为五个部分。第一部分为公司基本情况。主要介绍了公司成立的时间、类型、经营范围、注册资本金、在职员工、年销售额、纳税额等情况。第二部分为公司目前存在的风险。主要对企业生产经营存在的隐患和漏洞进行了分析。第三部分为公司的合规计划。计划包括：(1)建立合规管理组

织体系，如修改公司章程，增设合规内容、任命一名高管担任合规专员、聘请律师担任公司法律顾问；(2)建立健全各项合规政策，如建立合规审查机制、完善财务管理合规制度、完善增值税专用发票合规管理制度、完善环境保护合规管理制度、完善劳动用工/安全生产合规制度；(3)建立合规管理运行保障机制，如建立飞行检查机制、建立投诉机制、建立合规报告机制、建立合规考核机制。第四部分为培育企业合规文化，要求对重点岗位、重点人员进行有针对性的合规培训和教育，对全体员工进行全员合规培训并印发《企业员工行为手册》，签订员工合规承诺书。第五部分为计划完成时间。H 公司合规计划书的核心为第三部分，即建立合规管理组织体系、建立健全各项合规政策和建立合规管理运行保障机制。但由于 H 公司的在职员工为 18 人，属于小型企业，因此，H 公司的合规计划书相对来说比较简单，但总体来说，H 公司的合规计划书具有合规计划的基本框架，对于其他类型的企业制定合规计划具有重要参考价值。

合规计划作为企业开展刑事合规工作的重要书面文件，其应当包含什么内容？2022 年 5 月，北京市大兴区人民检察院印发的《侵犯知识产权犯罪涉案企业合规整改指南》中规定，合规整改计划应当包括以下内容：(1)梳理与侵犯知识产权犯罪有密切联系的企业内部治理结构、规章制度、人员管理等方面存在的问题；(2)制定可行的知识产权合规管理规范；(3)构建有效的知识产权合规组织体系；(4)健全知识产权合规风险防范机制。其中合规规范包括合规章程和制度；合规组织体系是指企业应当设立合规管理部门，包括因企制宜设置合规管理的岗位、部门；合规风险防范机制包括预防机制、识别机制和应对机制。预防机制是指企业应分析研判侵犯知识产权的犯罪原因，并指定和完善针对性、预防性的知识产权管理制度，确保知识产权管理制度在企业内贯彻落实，形成知识产权合规企业文化。识别机制是指企业应当组织管理人员或者内部有关机构，必要时可以委托外部专业机构参与或者而协助，以涉嫌犯罪的具体罪名为着力点，对企业蕴含的知识产权合规风险展开全面风险识别，编制知识产权合规风险清单，构建企业知识产权风险识别框架，提出合规管理体系建设的重点和基本措施。应对机制是指企业应当建立问责与惩戒机制，明确相关措施，并对企业的制度漏洞和管理缺陷采取必要的修复措施，以改进和完善原有的只是产权合规体系。同时，我们再回看《合规办法》，该办法规定合规建设涉案企业一般应当成立合规建设领导小组；涉案企业实际控制人、主要负责人应当在专项合规计划中作出合规承诺并明确宣示,合规是企业的优先价值,对违规违法行为采取零容忍的态度;应当设置与企业类型、规模、业务范围、行业特点等相适应的合规管理机构或者管理人员;建立健全合规管理的制度机制;为合规管理制度机制的有效运行提供必要的人力、物力保障;建立监测、举报、调查、处理机制;应当建立合规绩效评价机制,引入合规指标对企业主要负责人、经营管理人员、关键技术人员等进行考核;应当建立持续整改、定期报告等机制。且该办法在涉案企业合规评估环节,也规定第三方组织应当重点评估的内容,其中包括合规风险的有效识别、控制;合规管理机构或者管理人员的合理配置;合规管理制度机制建立以及人力、物力的充分保障;监测、举报、调查、处置机制及合规绩效评价机制的正常运行以及持续整改机制和合规文化已经基本形成。

通过对H公司合规计划书、北京市大兴区人民检察院印发的《侵犯知识产权犯罪涉案企业合规整改指南》和《合规办法》进行分析,我们可以梳理出合规计划的基本要素,具体包括:合规管理规范;合规组织体系;合规组织保障;合规风险识别机制;合规风险预防机制;合规风险处置机制;合规培训与合规文化。当然,由于企业的类型、规模、经营范围的不同,在制定合规计划时,考量的具体因素有所差异,但总体来说,企业在制定合规计划时应当遵循全面性原则,强调合规计划与涉及案件的整体关联性,强调合规计划内容的全面性;针对性原则,强调在企业合规建设过程中突出重点,不同企业涉及的刑事风险不尽相同,企业在合规整改过程中需要对其出现的具体犯罪进行针对性、差异化分析;可行性原则,强调经济、技术、法律等方面的可行性和有效性原则,强调合规计划应当与犯罪因素相对应,强调合规整改效益的可量化、可考察性四项基本原则。

第2编

企业刑事合规的静态管理

第四章　企业刑事合规静态管理的概述

一、企业刑事合规静态管理的概念

企业刑事合规管理是静态管理与动态管理的融合,静态管理侧重于“刑事(纸面)合规”,强调合规制度的建设;动态管理侧重于“实质合规”,强调合规运行机制的建设。本编笔者以企业刑事合规静态管理为纲,主要论述合规建设涉及的各项制度。同时,本章笔者对企业刑事合规静态管理的相关内容进行分析。

企业刑事合规静态管理中的合规制度不等同于《中央企业合规管理指引(试行)》、《企业境外经营合规管理指引》以及《中央企业合规管理办法》中的合规制度。《中央企业合规管理指引(试行)》中没有将合规制度单独成章,各项合规制度主要散见于合规管理职责、合规管理重点等章节之中;《企业境外经营合规管理指引》中将合规制度独立成章,合规制度主要包括合规行为准则、合规管理办法和合规操作流程;《中央企业合规管理办法》中同样将合规制度单独成章,合规制度主要包括合规管理基本制度、合规管理具体制度和专项合规管理制度。但上述文件中的合规制度均属于狭义的合规制度,而企业刑事合规静态管理中的合规制度不仅包括合规基本制度、具体制度等,还包括合规管理体系建设方案、合规手册、合规管理年度报告、合规风险清单、合规岗位职责等文件,凡是与公司规章制度有关的合规文件都应属于企业刑事合规静态管理。

企业刑事合规静态管理是在企业内树立和传递一系列“静态”的合规要求,其核心价值点在于为企业刑事合规管理建立行为标准,明确合规管理的职责、实施要求和问责标准。

二、企业刑事合规静态管理的地位

企业刑事合规静态管理是构建企业刑事合规管理体系的基础。合规管理的目标是让企业的经营管理行为和员工的履职行为符合国家法律法规、监管规定、行业准则和国际条约、规则，以及公司章程、相关规章制度等要求，以预防企业的合规风险。因此合规的前提是有“规”，即企业应当先根据国家政策、法律法规、国家标准、行业标准等要求，并结合实际经营情况，制定企业内部规章制度。

企业刑事合规静态管理是企业健康发展的制度保障。合规静态管理是企业合规的重要内容，只有建立和完善各项规章制度，把企业经营的全流程纳入合规管理之中，切实做到以制度管人、管事、管权，把“权力关进制度的笼子”，形成有效的制度约束，使企业经营有章可循，有据可依，才能降低企业的经营风险，推动企业健康平稳发展。

企业刑事合规静态管理是构建科学规范的现代企业制度的必然要求。实践中，一些企业在制度建设方面存在两方面问题：一是规章制度缺失，这是由于企业经营者的经营理念导致的，如有的企业是个人独资或者家族企业，为了经营的方便，企业的各项事宜直接由经营者拍板决定；二是内部规章制度分散、重叠，导致管理混乱。因此，企业应当全面梳理企业的各项内部制度，构建起包含企业章程、基本管理制度、操作规程在内的层级分明、科学合理的企业制度。

三、企业刑事合规静态管理的基本内容

《中央企业合规管理指引（试行）》中涉及合规制度的主要有以下六个方面：一是规定了合规负责人的主要职责包括组织制订合规管理战略计划，组织起草合规年度报告；二是规定了业务部门负责完善业务管理制度和流程；三是要求加强重点领域的合规管理，具体包括加强和完善交易管理制度、生产规范和安全环保制度、产品质量控制制度、劳动合同管理制度、财务内部控制制度、知识产权规范制度、商业伙伴尽调制度等重点领域的合规管理；四是要求加强对重点环节的合规管理，具体包括强化对制度制定环节、经营决策环节、生产运营环节以及其他需要重点关注的环节的合规管理；五是要求加强对重点人员的合规管理，具体包括加强对管理人员、重要风险岗位人员、海外人员等重点人员的合规管理；六是制定全员普遍遵守的合规行为规范。

《企业境外经营合规管理指引》中涉及合规制度的主要有以下三个方面：一是合规行为准则，是企业境外经营必须遵守的基本原则和标准，包括但不限于企

业核心价值观、合规目标、合规的内涵、行为准则的适用范围和地位、企业及员工适用的合规行事标准、违规的应对方式和后果等，并把合规行为准则作为最重要、最基本的合规制度；二是合规管理办法，即针对礼品及招待、赞助及捐赠、利益冲突管理、举报管理和内部调查、人力资源管理、税务管理、商业伙伴等特定主体或风险领域制定的具体合规管理办法；三是合规操作流程，即企业结合实际经营情况，就合规行为准则和管理办法制定相应的合规操作流程。

《中央企业合规管理办法》中涉及合规制度建设的主要有以下三个方面：一是制定合规管理基本制度，主要是指明确合规管理的总体目标、机构职责、运行机制、考核评价、监督问责等内容。二是制定合规管理具体制度，主要是指针对反垄断、反商业贿赂、生态环保、安全生产、劳动用工、税务管理、数据保护等重点领域，以及合规风险较高的业务制定合规管理具体制度或者专项指南。三是制定专项合规管理制度，主要是针对涉外业务的重要领域，根据所在国家（地区）法律法规等，结合实际制定专项合规管理制度。

通过对《中央企业合规管理指引（试行）》《企业境外经营合规管理指引》《中央企业合规管理办法》进行梳理，并结合《合规管理体系　要求及使用指南》（GB/T 35770—2022），我们可以归纳出企业刑事合规静态管理应包括 14 个构成要素，即合规方针、合规目标、合规组织、合规风险管理、合规制度与流程、合规审查、合规管理评估、合规审计、合规考核与评价、合规宣传与培训、违规管理与问责、合规计划与合规报告、合规管理信息系统及合规文化。

第五章　刑事合规始于章程

——谈企业合规建设第一步

一、企业章程在刑事合规建设中的地位与作用

章程是现代企业经营的灵魂与核心,是企业内部管理的“宪章”。《企业境外经营合规管理指引》和《中央企业合规管理办法》均明确规定章程是企业合规的依据之一。但在实践中,部分企业仅仅将章程作为企业工商注册、改制变更的形式性文件,并未有效发挥章程在企业合规经营中的作用。[①] 2021 年 12 月 24 日,全国人大常委会发布《公司法(修订草案)征求意见》,该征求意见第一百五十四条规定,国家出资公司应当依法建立健全内部监督管理和风险控制制度,加强内部合规管理。这是立法层面首次将合规管理引入《公司法》。

《企业境外经营合规管理指引》、《中央企业合规管理办法》及《公司法(修订草案)征求意见》中规定的合规管理均是指全面合规。刑事合规不等同于全面合规。两者是特殊和一般关系,全面合规必然包含刑事合规,但刑事合规又有其特殊的价值和意义。刑事合规关系到企业的生死和可持续发展。企业在不具有能力开展全面合规的情况下优先建立刑事合规管理制度是保障企业健康发展的首要选择。尤其是在国家不断强化合规经营及最高人民检察院持续深入推进企业合规改革试点的背景下,企业如何通过制定或修订企业章程,进行有效的企业刑事合规管理,是企业面临的首要问题。笔者以企业章程的制定或修订内容为视角,以企业刑事合规实务为重点,以刑事合规相关的法律、法规为依据,分析刑事合规条款在企业章程的具体体现。

---

① 朱慧蓉、李申星:《电力设计企业章程管理的思考及建议》,载《电力勘测设计》2019 年第 2 期。

二、企业刑事合规章程的基本内容

企业章程规定中关于刑事合规部分的具体条款应当包括但不仅限于以下几点：依法建立健全企业内部监督管理和刑事风险控制制度，加强内部合规管理；依据企业经营发展和规模情况依法成立合规部（选任合规官/合规委员会）；依法单独制定合规管理人员的薪酬管理制度。

（一）依法建立健全企业内部监督管理和刑事风险控制制度，加强内部合规管理

我国单位犯罪的主体包括企业、事业单位、机关和社会团体。事业单位、机关、社会团体不参与市场经营，其设立、注销、活动通常是政府直接决定或管理的，涉罪的概率较小。[①] 同样，国企、上市公司等大型企业已经建立起全面的合规体系，而中小企业受限于自身规模、资金投入、风险意识及企业管理上缺乏规范的体系建设等因素的影响，在建立刑事合规管理方面具有更紧迫的需求。《公司法（修订草案）征求意见》第一百五十四条规定，国家出资公司应当依法建立健全内部监督管理和风险控制制度，加强内部合规管理。该条款要求所有的国家出资公司建立合规管理制度，加强合规管理。这是国家积极推进重点领域立法，深入推进科学立法，提高立法质量和效率，不断完善以宪法为核心的中国特色社会主义法律体系的具体体现。对于民营企业建立有效的刑事合规管理制度具有重要的参考价值。

有效的刑事合规管理必须依赖于有效的刑事合规管理制度。制度是企业经营管理的“上层建筑”，要用最严密的监督、最严格的制度夯实企业刑事合规管理的上层建筑，把企业内部监督管理和刑事风险控制制度引入企业章程，作为企业经营管理的基本准则。“欲致其高，必丰其基”，法治是最好的营商环境，更是企业健康发展的基础。[②] 因此，为了有效地防控企业刑事法律风险的发生，企业应当将内部监督管理和刑事风险控制制度作为章程的必载事项。

---

① 陶朗道：《民营企业刑事合规的解构与展望》，载《浙江工商大学学报》2021 年第 1 期。

② 徐宏、薛静怡：《论民营企业刑事合规的体系化建构》，载《南都学坛》2021 年第 41 卷第 4 期。

（二）依据企业经营发展和规模情况依法成立合规部（选任合规官/合规委员会）

《中央企业合规管理指引（试行）》第八条规定，中央企业设立合规委员会，与企业法治建设领导小组或风险控制委员会等合署，承担合规管理的组织领导和统筹协调工作，定期召开会议，研究决定合规管理重大事项或提出意见建议，指导、监督和评价合规管理工作。《企业境外经营合规管理指引》第十一条规定，企业可根据业务性质、地域范围、监管要求等设置相应的合规管理机构。合规管理机构一般由合规委员会、合规负责人和合规管理部门组成。尚不具备条件设立专门合规管理机构的企业，可由相关部门（如法律事务部门、风险防控部门等）履行合规管理职责，同时明确合规负责人。《中央企业合规管理指引（试行）》和《企业境外经营合规管理指引》均明确要求企业建立具有独立性、适用性、全面性的合规管理机构。合规管理机构作为企业合规管理的决策、监督和执行的领导机构，是企业刑事合规的头脑和中枢，是否建立具有独立性、适用性、全面性的合规管理机构也是衡量企业刑事合规有效性的标准之一。对于中小企业而言，在不具备建立全面的多层级合规管理机构的能力的情况下，可以参照国有企业合规管理机构设置的要求及标准，并依据自身经营发展和规模情况依法选任合规官、成立合规部或者合规委员会作为自己的合规管理组织。

（三）依法单独制定合规管理人员的薪酬管理制度

《证券公司和证券投资基金管理公司合规管理办法》（2020 年修订）第二十八条规定，证券基金经营机构应当制定合规负责人与合规管理人员的薪酬管理制度。合规负责人工作称职的，其年度薪酬收入总额在公司高级管理人员年度薪酬收入总额中的排名不得低于中位数；合规管理人员工作称职的，其年度薪酬收入总额不得低于公司同级别人员的平均水平。2020 年 1 月 3 日，中国证监会对广发证券、东方证券进行合规检查，发现两家证券公司均存在合规人员薪酬低于公司同级别平均水平的问题。根据中国证监会公告，2019 年至 2020 年处罚的 7 家券商中，有 6 家券商都存在合规人员配备不足、合规人员薪酬低于公司同等级别平均水平的问题。

该管理办法明确规定证券基金经营机构应当制定合规负责人与合规管理人员的薪酬管理制度，并对合规人员的最低薪酬水平进行限定。并进一步明确了违反薪酬管理制度的法律后果，即对于无法保证合规负责人和合规管理人员的薪酬的，中国证监会可以对该经营机构处以警告或者罚款，对于直接负责的人员也可以处以警告或者罚款。在最高人民检察院推行企业合规不起诉改革之前，我国行政机关就已经开始在行政监管领域引入了企业合规管理机制，早在2005年前后，我国金融监管部门就发布了金融企业合规指引，以指导金融企业建立合规管理体系。[①] 到目前为止，起步较早的金融企业合规管理已经拥有一套较为成熟的管理体系，而这对于中小企业建立和完善刑事合规体系具有重要指导意义。

三、如何设计企业刑事合规章程

合规章程作为涉案企业建立合规管理体系的标志，是涉案企业确立合规价值理念、制度框架和基本政策的规范性文件，在合规管理方面具有最高的规范效力，是企业实施合规管理的根本性依据。设计企业刑事合规章程设计包括两个方面的内容：一是保证企业章程自身合规；二是在企业章程中引入刑事合规要素。

保证企业章程自身合规是指企业在设计章程时要严格遵守法律规定，确保章程符合法律规定的形式要件和实质要件。形式要件主要是指章程的制定程序要符合法律规定，如有限责任公司章程由股东共同制定，经全体股东一致同意，由股东在公司章程上签名盖章；股份有限公司章程由发起人制定，经出席创立大会的认股人所持表决权的半数以上通过。实质要件主要是指章程的内容要符合法律规定，即章程记载的内容必须真实客观、与实际相符。包括但不限于《公司法》规定的章程必载事项，根据《公司法》的有关规定，有限责任公司章程必须载明下列事项：公司名称和住所；公司经营范围；公司注册资本；股东的姓名或者名称；股东的出资方式、出资额和出资时间；公司的机构及其产生办法、职权、议事规则；公司法定代表人；股东会会议认为需要规定的其他事项。股份有限公司章程必须载明下列事项：公司名称和住所；公司经营范围；公司设立方式；公司股份总数、每股金额和注册资本；发起人的姓名或者名称、认购的股份数、出资方式和

① 陈瑞华：《论企业合规在行政监管机制中的地位》，载《上海政法学院学报》2021年第36卷第6期。

出资时间；董事会的组成、职权和议事规则；公司法定代表人；监事会的组成、职权和议事规则；公司利润分配办法；公司的解散事由与清算办法；公司的通知和公告办法；股东大会会议认为需要规定的其他事项。

在企业章程中引入刑事合规要素是指在设计章程时要把合规要素作为章程的具体内容载入其中。通过对《合规管理体系　要求及使用指南》（ISO 37301：2021）、《合规管理体系　要求及使用指南》（GB/T 35770—2022）、《中央企业合规管理指引（试行）》、《企业境外经营合规管理指引》以及《中央企业合规管理办法》进行梳理，我们可以发现合规管理体系包含合规方针、合规目标、合规组织、合规风险管理、合规制度与流程、合规审查、合规管理评估、合规审计、合规考核与评价、合规宣传与培训、违规管理与问责、合规计划与合规报告、合规管理信息系统及合规文化等构成要素，因此，在制定企业章程时，应有针对性地将上述合规要素引入章程之中，为企业刑事合规管理提供明确的行为规范。

第六章　企业家宣言是做好企业刑事合规的第一要务

一、企业家宣言的概念

宣言一般是指国家、政党、团体或领导人对重大问题的公开表态以进行宣传引导号召的文告。据此，企业家宣言是指企业家表达对不合规行为零容忍的态度以及号召相关人员合法合规的文告。企业家是企业经营发展的探索者、组织者和引领者，是市场经济活动的重要主体。习近平总书记在讲话中多次提到"企业家精神""企业家作用""企业家才能"。企业家作为企业的领导者，企业的可持续发展往往依赖于企业家的行动与理念。企业家对于刑事合规怎么看、怎么做，直接影响到企业刑事合规体系建设的效率和质量。企业刑事合规的有效性运行要求我们必须要建立企业家宣言制度，把企业家对于刑事合规的基本立场和态度摆在刑事合规体系建设的首要位置，充分发挥企业家在刑事合规体系中的示范和引领作用。

企业家承诺不等于企业家宣言。《合规管理体系　指南》(GB/T 35770—2017)提出有效合规要求企业治理机构和最高管理者的积极承诺，并贯穿整个组织。2021 年 10 月 25 日，国家标准化委员会发布的《合规管理体系　要求及使用指南(征求意见稿)》也明确规定了最高管理者对合规管理体系的承诺。但企业家承诺不等于企业家宣言。承诺意味着应允、同意，表示对某项事情答应照办，而宣言是一种极为严肃的公布主张的、意见的文体，它的首要特点是严肃性，它的口吻、用语、姿态、行文都充满着认真慎重的色彩。其次，宣言的另一特点在于它的鼓动性，它公开地表示自己的主张，使自己的想法昭著于外。再次，宣言坦诚布公团体或者个人的主张，因而宣言在某种程度上又具有纲领性的特征。最后，宣言必须公开主张、态度鲜明，不存在姿态模糊，含糊其词的情形，因而宣言又具有透明性的特点。虽然企业家宣言与企业家承诺不是简单的等同关系，但这并不意味着两者是截然不同的，实际上，企业家宣言包含了企业家的承诺、自我约束以及对企业的战略定位。

二、企业家宣言的价值

企业家宣言是刑事合规体系建设有效运行的基础。刑事合规建设离不开企业家的支持，只有企业家从思想上、认识上对合规工作予以充分重视，才能保证企业刑事合规体系的有效运行。宣言具有使命感、信念感。宣言表明企业家愿意承担的社会责任，它既是企业家就职的一种手续，又是对企业家进行教育的一种方法。首先，企业家通过宣誓，表示其遵守宣言各项内容的决心，可以激励企业家严格要求自己，牢记誓言，坚定依法依规工作的信心和决心。其次，企业刑事合规建设离不开企业家对自身的严格约束。“上行下效”“其身正不令则行，其身不正，虽令不从”。企业家作为企业的最高管理者，应当以身作则，做好表率和示范作用，只有自身严格遵守企业的合规制度，对不合规行为零容忍，才能推动企业的其他人员遵守合规制度。2005 年，华为高层就警觉到公司最大风险来自内部，必须保持干部队伍的廉洁自律。2005 年 12 月，华为召开了民主生活会，会议通过《EMT 自律宣言》，要求在此后的两年时间内完成 EMT 成员、中高层干部的关联供应商申报与关系清理，并通过制度化宣誓的方式层层覆盖所有干部，接受全体员工的监督。2007 年 9 月 29 日，华为举行首次《EMT 自律宣言》宣誓大会，并将宣誓活动制度化并开展至今。华为走到今天绝非偶然，华为之所以成功，在于华为“任正非”们的宣誓与自律。正如任正非所说：华为从胜利走向更大的胜利的三项根本保证，除了指向扩张的制度与规则和善于学习的奋斗群体外，还有一条就是“形成一个坚强、有力的领导集团，但这个领导集团要听得进批评”。华为的自律宣言制度与华为的“任正非”们相互成就，华为的自律宣言成就了今天的“任正非”们，华为的“任正非”们成就了今天的华为。再次，刑事合规体系的有效运行离不开人财物等资源的支持。刑事合规体系建设需要物质基础，而企业家掌握人事、行政、财务、监督等企业经营的重要资源。最后，企业刑事合规部门的运行离不开其他部门的配合。由于刑事合规体系覆盖企业生产经营的各个环节，涉及企业的多个部门、多个岗位和多个人员，这就要求各部门之间需要互相配合，通力协作，而这同样离不开企业家的支持。宣言既是企业家就职的一种程序,又是对企业家进行教育的一种方法。企业家宣言是一种承诺,更是一种警示,让企业家从内心树立起遵守法律的理念。企业家宣言是一种仪式,更是一种责任,通过宣言制度强化企业家内心的责任感和使命感,敦促企业家牢记初心和使命,不滥用权力谋取不当利益。构建企业家宣言制度,将企业刑事合规的理念根植于企业家的内心,让企业家宣言引领企业家的思想、驱动企业家的行为、滋润企业家的灵魂。

《合规管理体系　指南》(GB/T 35770—2017)明确了企业最高管理者在合规管理体系中的角色和定位。该指南将企业最高管理者的职责贯穿于企业合规方针的建立、合规目标的确定、合规运行的监督、合规文化的建设等合规体系建设的全过程、全方位,要求企业最高管理者要积极参与合规体系建设,确保合规管理体系的有效运行。2022 年 1 月 27 日,上海市杨浦区人民检察院、上海市杨浦区工商业联合会、上海市信息服务业行业协会及上海数据合规与安全产业发展专家工作组联合发布《企业数据合规指引》。该指引第六条明确提出企业的最高管理者是数据合规的第一责任人,建立企业数据合规管理体系应当包含合规责任人制度,并明确了最高管理者在数据合规中应当承担的职责。企业家作为企业的最高管理者,是企业经营的核心与灵魂,是企业建设刑事合规体系的关键。要使刑事合规体系能够有效运行,企业必须建立包含企业家宣言制度在内的自上而下的合规管理体系。

三、企业家宣言是企业刑事合规文化形成的源泉

合规文化的实质就是企业的每一个人都认可企业的刑事合规制度,让企业的刑事合规制度与个人的思想行为密切联系和高度统一。企业家宣言是企业文化不可缺少的一部分,企业家宣言具有导向作用,就像一个无形的指挥棒,让企业家自觉地按照要求去做事,让企业家从内心树立起合规管理的经营理念。同时,企业家宣言具有约束作用,它让企业家明白自己哪些不该做、不能做,这正是企业文化所发挥的“软”约束作用的结果。通过规范企业家的生产经营行为、树立企业家的合规管理理念,引导企业全体员工树立合规意识,推动企业形成“合规人人有责”的文化氛围。

附：《华为董事会自律宣言》

《华为董事会自律宣言》(2013年版)

华为承载着历史赋予的伟大使命和全体员工的共同理想。多年来我们共同奉献了最宝贵的青春年华，付出了常人难以承受的长年艰辛，才开创了公司今天的局面。要保持公司持久的蓬勃生机，还要长期艰苦奋斗下去。

我们热爱华为正如热爱自己的生命。为了华为的可持续发展，为了公司的长治久安，我们要警示历史上种种内朽自毁的悲剧，决不重蹈覆辙。在此，我们郑重宣誓承诺：

1. 正人先正己、以身作则、严于律己，做全体员工的楷模。高级干部的合法收入只能来自华为公司的分红及薪酬，不以下述方式获得其他任何收入：

绝对不利用公司赋予我们的职权去影响和干扰公司各项业务，从中谋取私利，包括但不限于各种采购、销售、合作、外包等，不以任何形式损害公司利益。

不在外开设公司、参股、兼职，亲属开设和参股的公司不与华为进行任何形式的关联交易。

不贪污，不受贿。

高级干部可以帮助自己愿意帮助的人，但只能用自己口袋中的钱，不能用手中的权，公私要分明。

2. 高级干部要正直无私，用人要五湖四海，不拉帮结派。不在自己管辖范围内形成不良作风。

3. 不窃取、不泄露公司商业机密，不侵犯其他公司的商业机密。

4. 绝不接触中国的任何国家机密，以及任何其他国家的任何国家机密。

5. 不私费公报。

6. 高级干部要有自我约束能力，通过自查、自纠、自我批判，每日三省吾身，以此建立干部队伍的自洁机制。

我们是公司的领导核心，是牵引公司前进的发动机。我们要众志成城，万众一心，把所有的力量都聚焦在公司的业务发展上。我们必须廉洁正气、奋发图强、励精图治,带领公司冲过未来征程上的暗礁险滩。我们绝不允许“上梁不正下梁歪”,绝不允许“堡垒从内部攻破”。我们将坚决履行以上承诺,并接受公司监事会和全体员工的监督。

第七章　高管承诺

——企业刑事合规体系有效运行的关键因素

一、高管承诺的概念

2021 年 4 月，国际标准化组织发布《合规管理体系　要求及使用指南》（ISO 37301:2021），该指南明确规定，高层承诺作为合规管理体系建设的核心要素之一，是合规建设的基石。我国 2018 年 7 月 1 日实施的《合规管理体系　指南》（GB/T 35770—2017）中也明确指出合规承诺是企业合规义务的重要内容，强调管理者对合规体系的领导作用和承诺，并明确管理者在合规中的职责。同样，在实践中，高管承诺也是涉案企业适用企业合规监督考察制度的重要考量因素。例如，2021 年 9 月 23 日，深圳市人民检察院在办理 A 上市公司违规披露重要信息罪时，A 公司向检察机关提出开展企业合规建设的申请，并提交现任高管承诺书和合规计划书。

什么是高管承诺？高管承诺的定义是什么？为什么上述文件和司法实践均强调高管承诺在合规中的作用？根据《现代汉语词典》的解释，承诺的定义为应允承诺，故高管承诺可以理解为企业高级管理人员将刑事合规作为企业的核心价值观，倡导对违规行为"零容忍"的合规文化，宣示企业的合规方针和目标，并将合规的决心和信念传递给每一位员工，促进全体员工的行为合法合规。

二、高管承诺在企业刑事合规建设中的地位

高管承诺是企业刑事合规管理体系有效运行的关键因素。无论是国内对于企业合规体系建设的要求，还是国际对于合规体系建设的要求均强调企业合规体系应当包含高管承诺。这是由于高级管理人员在企业经营中的特殊地位所决

定的。首先,高级管理人员掌握企业经营的重要资源。高级管理者作为具体行使企业人事、行政、财务等各项权力的人,在很大程度上决定企业经营的方向、道路、进度。其次,高级管理者是做好刑事合规的模范。高级管理人员对于刑事合规的态度直接决定着企业各岗位人员对刑事合规的态度,高级管理人员怎样对待刑事合规影响着各岗位员工怎样对待刑事合规。再次,高级管理人员担当企业刑事合规的关键角色。企业刑事合规要通过高级管理人员这个媒介和载体来实现,企业刑事合规能不能在实践中得到具体落实,高级管理人员是关键。高级管理人员可以对企业刑事合规建设起到关键推动作用,也可以起到致命破坏作用。最后,一些高级管理人员还不善于运用刑事合规思维和刑事合规方式推进工作,高级管理人员心中无刑事合规是企业经营的最大敌人。

三、如何设计高管承诺

(一)高管承诺的基本原则

合规原则是合规体系的基础和本源,贯穿合规管理体系的全过程,对合规体系的构建具有指导意义。《中央企业合规管理指引(试行)》、《企业境外经营合规管理指引》及《中央企业合规管理办法》均规定了企业合规管理的原则。高管承诺作为刑事合规管理的关键一环,为使高管承诺不沦为纸面上的口号,企业在制定高管承诺书时应当坚持可理解性、针对性、具体性原则。

1. 可理解性原则

可理解性是指承诺书在言语表述上应通俗易懂,使相关人员能够理解承诺书文本的意思。可理解性在此处有两个方面的内涵:一方面是对于高级管理人员而言,高级管理人员是具体签署承诺书的人员,可理解性就是为了使高级管理人员更积极的学习、掌握、运用并遵守。高级管理人员只有理解了承诺书的内涵,才能自觉规制自己的行为。另一方面是对于其他人员而言,“话须通俗方传远”,高管承诺既是高级管理人员的一种自我约束,又是向员工和社会传递的“高层声音”,表明高级管理人员对于刑事合规的态度,如果承诺书的内容晦涩难懂、佶屈聱牙,只会降低承诺书的普及度。

2. 针对性原则

针对性是指应当根据高级管理人员的岗位制定高管承诺书。在实践中，很多企业制定高管承诺时不区分高级管理人员所在岗位的特殊性、差异性及复杂性，而是一份承诺书适用于所有的高级管理人员。实际上，这仅满足了高管承诺书的形式要件，远未达到刑事合规有效运行的实质要件。由于所在岗位的不同，各个高级管理人员的职责、任务与要求等存在区别，随之产生的刑事法律风险也存在差异。例如，负责生产的高级管理人员的风险点在于是否严格遵守安全生产操作规范；负责技术的高级管理人员的风险点在于知识产权和商业秘密保护；负责市场的高级管理人员的风险点在于反商业贿赂。正是由于这些差异性的存在，要求企业应当根据高级管理人员所在岗位的性质、职责等情况制定承诺书，使高管承诺书的内容具有针对性，有所区分而不同一。

3. 具体性原则

承诺书的可理解性和针对性要求承诺书的内容必须是具体的。是对工作内容、岗位职责的具体描述。在实践中，一些企业的高管承诺书仅是一些原则性、抽象性的规定。例如，我承诺遵守法律法规、遵守行业管理规范和业务监管要求；承诺知悉并遵守集团公司规章制度，严守工作纪律，依规履职等。这些抽象化的表述，使高级管理人员在学习和掌握承诺书时不具有可理解性和针对性，无法在行动中进行落实，最终导致承诺书不具有可执行性。

（二）高管承诺的基本内容

合规承诺是刑事合规管理体系有效运行的关键因素，对整个合规体系的建立、实施、评估和维护起着重要作用。如何制定高管承诺？高管承诺的具体内容应当包含什么？是企业在制定高管承诺书时面临的重要问题。

在制定高管承诺方面应当坚持原则性规定与具体性规定相结合，并以具体性规定为重点的导向，这就要求要把具体性规定摆在高管承诺的突出位置。但是，以具体性规定为重点并不意味着高管承诺不需要包括原则性规定，正如法律规则与法律原则的关系，法律原则为法律规则提供基础或出发点，填补规则可能存在的漏洞。同样，在高管承诺中，具体性规定存在空白时，原则性规定可以为其提供补充或指导，以弥补其不足。

何为原则性规定？原则性规定是着眼点不限于某一具体行为，而是对某一类行为的概括，具有宏观的指导性。如《公司法》第一百四十七条规定："董事、监事、高级管理人员应当遵守法律、行政法规和公司章程,对公司负有忠实义务和勤勉义务。"本条中规定的董监高的忠实义务和勤勉义务即属于原则性规定,法律并没有对忠实和勤勉义务的具体行为类型进行列举,而是通过原则性规定以盖之。具体性规定是指应当根据高级管理人员的岗位、职责及常见刑事法律风险点确定高管承诺的内容,使高管承诺明确清晰。如承诺未因犯罪被判处刑罚,《公司法》第一百四十六条规定:"因贪污、贿赂、侵占财产、挪用财产或者破坏社会主义市场经济秩序,被判处刑罚,执行期满未逾五年,或者因犯罪被剥夺政治权利,执行期满未逾五年的,不得担任公司的高级管理人员";承诺遵守保密义务,《公司法》第一百四十八条规定:"高级管理人员不得擅自披露公司秘密";承诺参加单位刑事合规培训等。这些内容明确具体,为高级管理人员提供确定的、可预测的指引。

还有一点值得注意的是,高管承诺是企业领导作用在刑事合规体系中的体现和落实,脱离领导作用谈合规建设,就失去了合规体系建设的内核和根本驱动力。正如中兴通讯所言,领导力本身就是贯穿于我们合规工作始终并长期追求。因此,刑事合规管理体系的有效运行要求企业制定并落实高管承诺,发挥高级管理人员在刑事合规管理中的带头和示范作用。

第八章　企业刑事合规管理体系

一、企业刑事合规管理体系概述

目前,如何建立刑事合规管理体系是企业进行合规建设的难点,实践中企业在刑事合规管理体系中主要存在以下问题:一是合规意识淡薄。一些企业还是坚持以业绩为导向,“唯业绩论”的观念深入企业各层级人员,决策层对开展合规工作不重视,合规工作沦为企业生产经营的附庸。二是合规职责不清。主要表现为合规管理机构设置混乱,职能重叠交叉,未明确合规管理负责人和各业务部门的合规管理职责和协调配合义务。三是合规重点不突出。一些企业照搬照抄其他企业的合规管理制度,未根据企业的实际情况,突出对重点领域、关键环节和重要人员的管理,导致合规管理效果不佳。针对这些问题,建立企业刑事合规管理体系应当遵循什么原则,才能保证合规管理体系切实有效,是我们需要重要考虑的。通过梳理相关法律规定和实务案例,我们认为企业在建立刑事合规管理体系时应当坚持全面覆盖、客观独立和问题导向的原则,只有这样才能确保合规管理体系发挥实效。

一是坚持全面覆盖原则。全面覆盖原则一直是合规管理体系建设需要坚持的重点原则,在《中央企业合规管理指引(试行)》、《企业境外经营合规管理指引》以及《中央企业合规管理办法》三个文件中都强调合规管理工作应当坚持全面覆盖原则。全面覆盖原则是指坚持将合规要求覆盖各业务领域、各部门、各级子企业和分支机构、全体员工,贯穿决策、执行、监督全流程。企业作为一个整体,在生产经营过程中,各个业务部门、业务环节和业务人员环环相扣,任何一个地方不合规,都可能给企业带来刑事法律风险。因此,企业在合规管理体系建设中,应当将与企业生产经营的所有相关部门、相关业务和相关人员都纳入企业合规管理之中。

二是坚持客观独立原则。客观独立原则是指严格依照法律法规等规定对企业和员工行为进行客观评价和处理。企业合规管理应从制度设计、机构设置、岗位安排以及汇报路径等方面保证独立性。合规管理牵头部门独立履行职责，不受其他部门和人员的干涉。合规管理机构及人员承担的其他职责不应与合规职责产生利益冲突。客观独立原则是保障刑事合规管理工作顺利有效进行的保障。

三是坚持问题导向原则，又称为针对性原则。问题导向原则是指应从经营范围、组织结构和业务规模等实际出发，兼顾成本与效率，建立健全符合自身经营情况的刑事合规管理体系，突出对重点领域、关键环节和重要人员的管理，同时，企业应随着内外部环境的变化持续调整和改进合规管理体系。实践中，一些企业合规管理体系建设贪大求全，力求建立全面的合规体系，或者照搬照抄，未根据企业实际情况和外部环境变化，从重点领域、关键环节和重要人员有针对性地提出合规管理重点，导致合规管理体系缺乏针对性，合规管理效果不尽如人意。

二、企业刑事合规管理机构

合规管理机构是企业刑事合规管理体系的重要组成部分，承载着合规政策和合规计划的设计和实行，负责识别和防范企业生产经营中的合规风险，保障合规计划的落地。合规管理机构一般由合规委员会、合规负责人和合规管理部门组成。如《企业境外经营合规管理指引》要求开展境外经营的企业可以根据业务性质、地域范围和监管要求等因素设置合规委员会、合规负责人、合规管理部门等相应的合规管理机构。《中央企业合规管理办法》也要求央企设立合规委员会，并结合实际设立首席合规官，由中央企业董事会决定设置合规管理部门。因此，企业应当根据自身规模建立合规管理机构并明确其职责。

（一）合规委员会

企业可以根据实际情况设立合规委员会，通常情况下，合规委员会设在董事会之下，由公司董事会成员和主要业务部门负责人组成，主席由独立的执行董事或总法律顾问担任。合规委员会作为企业合规管理体系的最高负责机构，一般应当履行以下职责：(1)确立企业合规管理战略，明确合规管理目标。(2)建立和完善企业合规管理体系，审批合规管理制度、程序和重大合规风险管理方案。(3)听取合规管理工作汇报，指导、监督、评价合规管理工作。

（二）合规负责人

合规负责人也被称为首席合规官，是企业的高级管理人员，一般由企业的总法律顾问或法务总监担任，是企业刑事合规管理工作的实施者和监督者，一般应履行以下职责：（1）组织制订合规管理战略规划，贯彻执行企业决策层对合规管理工作的各项要求，全面负责企业的合规管理工作。（2）参与企业重大决策并提出合规意见。（3）领导合规管理牵头部门开展工作，协调合规管理与企业各项业务之间的关系，监督合规管理执行情况，及时解决合规管理中出现的重大问题。加强合规管理队伍建设，做好人员选聘培养，监督合规管理部门认真有效地开展工作。（4）向董事会和总经理汇报合规管理重大事项。（5）组织起草合规管理年度报告。

（三）合规管理部门

企业可结合实际设置专职的合规管理部门，或者由具有合规管理职能的相关部门承担合规管理职责。合规管理部门一般应履行以下合规职责：（1）持续关注我国及业务所涉国家（地区）法律法规、监管要求和国际规则的最新发展，及时提供合规建议。（2）制订企业的合规管理制度和年度合规管理计划，并推动其贯彻落实。（3）审查评价企业规章制度和业务流程的合规性，组织、协调和监督各业务部门对规章制度和业务流程进行梳理和修订。（4）组织或协助业务部门、人事部门开展合规培训，并向员工提供合规咨询。（5）积极主动识别和评估与企业境外经营相关的合规风险，并监管与供应商、代理商、分销商、咨询顾问和承包商等第三方（以下简称第三方）相关的合规风险。为新产品和新业务的开发提供必要的合规性审查和测试，识别和评估新业务的拓展、新客户关系的建立以及客户关系发生重大变化等所产生的合规风险，并制定应对措施。（6）实施充分且具有代表性的合规风险评估和测试，查找规章制度和业务流程存在的缺陷，并进行相应的调查。对已发生的合规风险或合规测试发现的合规缺陷，应提出整改意见并监督有关部门进行整改。（7）针对合规举报信息制定调查方案并开展调查。（8）推动将合规责任纳入岗位职责和员工绩效管理流程。建立合规绩效指标，监控和衡量合规绩效，识别改进需求。（9）建立合规报告和记录的台账，制定合规资料管理流程。（10）建立并保持与境内外监管机构日常的工作联系，跟踪和评估监管意见和监管要求的落实情况。

三、企业刑事合规管理制度

"无规矩不成方圆"，企业刑事合规管理制度为全体人员提供行为指引，是企业刑事合规管理的核心内容。构建企业刑事合规管理制度应当从企业的规章制度入手，分层次、分领域予以建章立制，从而形成一整套互相配合、互相衔接的合规制度。

《企业境外经营合规管理指引》将合规管理制度分为三方面，一是合规行为准则。强调合规行为准则是最重要、最基本的合规制度，是其他合规制度的基础和依据，适用于所有境外经营相关部门和员工，以及代表企业从事境外经营活动的第三方。合规行为准则应规定境外经营活动中必须遵守的基本原则和标准，包括但不限于企业核心价值观、合规目标、合规的内涵、行为准则的适用范围和地位、企业及员工适用的合规行事标准、违规的应对方式和后果等。二是合规管理办法。要求企业应在合规行为准则的基础上，针对特定主题或特定风险领域制定具体的合规管理办法，包括但不限于礼品及招待、赞助及捐赠、利益冲突管理、举报管理和内部调查、人力资源管理、税务管理、商业伙伴合规管理等内容。同时还要求企业应针对特定行业或地区的合规要求，结合企业自身的特点和发展需要，制定相应的合规风险管理办法。例如，金融业及有关行业的反洗钱及反恐怖融资政策，银行、通信、医疗等行业的数据和隐私保护政策等。三是合规操作流程企业可结合境外经营实际，就合规行为准则和管理办法制定相应的合规操作流程，进一步细化标准和要求。也可将具体的标准和要求融入现有的业务流程中，便于员工理解和落实，确保各项经营行为合规。

《中央企业合规管理办法》将合规管理制度分为基本制度、具体制度和专项制度三类。基本制度是指制度的内容有关合规管理的总体目标、机构职责、运行机制、考核评价、监督问责等。具体制度是针对反垄断、反商业贿赂、生态环保、安全生产、劳动用工、税务管理、数据保护等重点领域，以及合规风险较高的业务，制定合规管理制度或者专项指南。专项制度是指针对涉外业务重要领域，根据所在国家(地区)法律法规等，结合实际制定专项合规管理制度。

合规管理制度是一项体系性制度，其前提是对企业生产经营中的风险进行识别，在准确识别和判断企业刑事法律风险点的基础上，建立起防范风险的合规管理机制。本书中，笔者根据导致的法律后果不同，将企业全体员工的行为（包含高级管理者等企业各层级人员）分为禁止性行为和限制性行为。禁止性行为是指一旦实施该行为，就可能引发刑事法律风险；限制性行为是指实施该行为会引发行政处罚等行政法律风险。禁止性行为和限制性行为是企业刑事合规的重要风险点，笔者在本书的第三编以具体罪名为例，重点分析了企业常见的禁止性行为和限制性行为，因此，在这里不再赘述。

第九章　企业刑事合规举报制度

一、企业刑事合规举报制度概述

合规举报制度又称为“吹哨人制度”,“吹哨人”一词源于英国,是指警察在发现违法犯罪行为时会吹响哨子,以引起同事和民众的注意,而“吹哨人制度”则起源于19世纪美国食品药品安全领域。合规举报制度作为企业刑事合规制度体系的重要组成部分,是衡量企业刑事合规有效运行的重要考察要素,在国内外的合规立法中,均对建立合规举报制度作出了明确规定。

2021年4月13日,国际标准化组织发布《合规管理体系　要求及使用指南》(ISO 37301:2021),替代了《合规管理体系　指南》(ISO 19600:2014)。同时,2021年7月27日,国际标准化组织又配套发布《举报管理体系　指南》(ISO 37002:2021),为组织建立、实施、维护和改进举报管理体系提供了指导,标志着合规举报制度国际标准的诞生。在我国的合规规范性文件中,同样对建立和完善合规举报制度作出了明确规定。如《企业境外经营合规管理指引》第二十条第一款规定,企业应根据自身特点和实际情况建立和完善合规信息举报体系。员工、客户和第三方均有权进行举报和投诉,企业应充分保护举报人。《中央企业合规管理办法》第二十四条规定,中央企业应当设立违规举报平台,公布举报电话、邮箱或者信箱,相关部门按照职责权限受理违规举报,并就举报问题进行调查和处理,对造成资产损失或者严重不良后果的,移交责任追究部门;对涉嫌违纪违法的,按照规定移交纪检监察等相关部门或者机构。

2021年2月,德勤北京办公室的一名员工以群发邮件的方式,列举了该事务所在多家上市公司的审计过程中存在“放飞机”(审计程序未执行)行为;2021年5月,中国人寿嫩江支公司前员工实名举报公司造假。可见,有效的合规举报制度可以及时发现企业经营中的不合规行为,是企业识别和防范刑事法律风险的最有效手段之一。

二、企业刑事合规举报制度的基本内容

明确举报途径。明确合规举报途径是开展合规举报工作的前提,企业应当建立健全多途径、多方式举报机制。传统的举报途径为设置举报箱或当面举报等线下方式。随着移动互联网的发展,不断拓宽了举报途径,如举报人可以通过电话、邮件等方式对违纪违规行为进行举报。因此,企业可以设置举报信箱、举报热线、举报邮箱等多种举报途径,同时保证各举报途径正常有效运转。

设置举报管理机构。企业应当设置举报管理机构,如合规部是企业的举报管理部门,首席合规官是举报信息调查和处理的主管人员。举报管理机构应当及时受理举报事项,安排专人做好记录,建立台账,并将举报问题进行分类处理。合规部门应在受理举报信息的规定事件内对举报事项进行调查,并出具调查报告。

建立举报保护机制。举报保护机制是指企业采取相应措施对举报人以及相关人员进行保护,以免收到非法打击报复或者陷入其他不利境地。举报保护机制主要包括对举报人及其亲属的人身保护、职业保护、名誉保护三个方面。同时,企业也可以根据举报事项建立分级保护制度,以科学充分地分配合规举报保护资源。

建立举报奖励机制。企业应当建立举报奖励制度,举报事项经查证属实的,对实名举报人给予相关物质或者精神奖励,包括但不限于薪资晋级、职位晋升、带薪休假等,促进企业员工合规意识的提升。

三、举报人保护制度

国内外在建立合规举报制度的同时,都强调要建立举报人保护制度。《联合国反腐败公约》第三十三条明确提出保护举报人,要求“各缔约国均应当考虑在本国法律制度中纳入适当措施,以便对出于合理理由善意向主管机关举报涉及根据本公约确立的犯罪的任何事实的任何人员提供保护,使其不致受到任何

不公正的待遇。"[①]1989年美国国会制定《吹哨人保护法案》，鼓励公民(包括公职人员)通过参与到旨在维护社会公正的行动中，特别是公职人员在其履职过程中，发现存在贪腐、影响公共利益、国家安全的行为，有权以告密(包括向媒体报料)的方式进行检举。"吹哨人"不仅不会受到泄密的指控，相反地，法案规定司法机构应该为他们及他们的家人提供各种保护。而我国在国家层面首次明确规定"吹哨人制度"是在2019年国务院出台的《关于加强和规范事中事后监管的指导意见》，提出建立"吹哨人"、内部举报人等制度，对举报严重违法违规行为和重大风险隐患的有功人员予以重奖和严格保护。在合规规范性文件中，也引入了举报人保护制度。如《企业境外经营合规管理指引》规定，企业应充分保护举报人。《中央企业合规管理办法》规定，中央企业应当对举报人的身份和举报事项严格保密，任何单位和个人不得以任何形式对举报人进行打击报复。

企业应当通过具体的措施对举报人进行保护，如举报人选择实名举报，应当对举报人的个人信息严格保密；受理举报的单位和人员要从保护举报人出发，对举报信息保密，严密举报资料的传递途径，控制知情面，妥善保管举报资料，核实情况必须在不暴露举报人的情况下进行。与投诉举报内容或者投诉举报人、被投诉举报对象有直接利害关系的，应当回避。对因工作不当，造成举报人员遭受打击报复，造成严重影响的，严肃追究相关人员责任。不得以任何借口阻拦、打击举报人及其亲属，包括以明显的或隐性的、公开的或秘密的、降职减薪、转岗或辞退等手段打击报复。举报人保护制度是合规举报制度的核心和关键，如果举报人因举报而遭受打击报复，那么合规举报制度将会流于形式。

附《京东集团举报人保护和奖励制度》

京东集团举报人保护和奖励制度

京东集团致力于成为一家为社会创造最大价值的优秀企业，业务涉及电商、金融和技术三大领域。京东商城(JD.com)是中国最大的自营式电商企业，致力

---

① 刘恒瑞：《企业合规中的举报人保护制度》，载《经济师》2020年第10期。

于以富有竞争力的价格为消费者提供丰富、愉悦的在线购物体验；京东金融是依托于京东平台的金融科技公司，为用户提供了“一站式金融生活移动平台”；京东技术是以应用服务为核心的自有技术平台，驱动电商、金融、智能等各类业务的成长。

京东坚持“客户为先”和“诚信”的经营理念，携手供应商及其他合作伙伴建立紧密的合作关系，共同打造一个健康和共赢的互联网电商生态环境。为鼓励供应商及其他合作伙伴、京东员工参与到京东集团诚信经营的监督体系中，积极举报腐败和职务犯罪等违规行为，并加强对举报人的保护，京东集团特发布《京东集团举报人保护和奖励制度》。

一、举报人的概念

本制度所称的举报人是指任何举报京东集团员工违反《京东集团反腐败条例》行为的单位或个人，包括但不限于京东集团供应商、其他合作伙伴及其员工以及京东集团员工等。

二、举报范围

本制度所称的举报是指对京东集团员工违反《京东集团反腐败条例》行为的揭发和检举，包含但不限于以下情形：

1. 京东集团员工接受供应商及其他合作伙伴任何形式的礼品、馈赠和宴请、旅游等不正当利益；

2. 京东集团员工职务侵占、盗窃、挪用资金，侵占公司资产及徇私舞弊损害公司利益等违法违纪行为；

3. 京东集团员工受贿、索贿、介绍贿赂等；

4. 京东集团员工利用职务之便为自己、利害关系人或他人谋取不正当利益；

5. 京东集团员工收受回扣、手续费或其他好处归个人或团队所有；

6. 京东集团员工实施关联交易或违反利益冲突条款；

7. 其他腐败行为。

三、举报渠道

举报人可采取以下任何形式举报：

1. 电话举报：座机 010－89111919；手机：13720098110；

2. 电子邮件举报：jiancha@ jd. com；

3. 信函举报：北京市经济技术开发区科创十一街京东集团总部 A 座－内控

合规部收；

4. 预约来访举报；

5. 举报人认为合适的其他形式。

四、举报要求

1. 举报应当实事求是，禁止恶意举报和诬告陷害，举报人须如实提供被举报人的姓名、部门及违规事实；如有证据资料，也请一并提供。

2. 鼓励实名举报。对不愿实名的，可尊重其意愿，采取匿名或化名举报。

3. 举报人无论以何种方式进行举报，应保证举报管理部门工作人员能与之取得联系。

五、对举报人的保护

1. 内控合规部是京东集团唯一被授权从事腐败行为调查的专职部门，直接向京东集团CEO汇报，从治理结构上保障了举报受理和调查工作的独立性和客观性。

2. 内控合规部将举报的保密工作放在首位，对于举报受理和调查有严格的管控制度和流程，对举报人的个人信息及举报人提供的所有举报资料均严格保密。

3. 遵守国家法律法规及京东集团对举报人和举报信息的保密要求，在受理、登记、保管、调查等各个环节上一律严格保密，防止泄露或遗失。对违反保密规定的责任人员，将从严从重处理，构成犯罪的依法追究其刑事责任。

4. 举报受理和调查的团队均由从事过公安、反贪以及其他经过专业训练的专职调查人员组成，是一支专业过硬、纪律性强的团队。

5. 京东集团严禁用任何形式对举报人进行打击报复，任何形式的打击报复将按国家法律法规及京东集团制度从严从重处理，违法的将追究当事人的法律责任；若举报人遭受到任何形式、任何程度的打击报复，请第一时间向内控合规部反馈。

6. 京东集团全力保障举报人的合法权益不受侵犯。特别针对实名举报的单位或个人制定了多重严格的保护措施来落实对举报人的保护。具体措施如下：

6.1　针对实名举报，京东集团专门设置秘密的“特别保护名单”，“特别保护名单”由京东集团内控合规部专人管理，其他个人和部门均无权接触。

6.2　管理“特别保护名单”的人员负责处理“特别保护名单”里人员的沟

通、培训、奖励和保护等事务。“特别保护名单”的管理人员均为经过严格挑选的、受过特别训练的专业人士,切实做到严格保密。

6.3 对于“特别保护名单”内人员为京东集团内部员工的,其加薪、评奖等事宜优先考虑,奖励发放将通过专属渠道,确保私密性得到有效保护。对于其异动将提供更多选择和帮助,对于其离职将及时关注,避免其遭受变相排挤或报复。

7. 京东集团除对举报个人提供保护之外,对于向京东集团主动举报腐败信息的供应商及其他合作伙伴提供多重保障。主要措施如下:

7.1 豁免权:无论您是主动还是被动向京东集团员工及其关联人员提供不正当利益,如果您主动向京东集团说明情况,京东集团将继续保持与您的合作,同时对于您的违规责任不予追究,免于处罚。

7.2 业务发展保障权及额外奖励:无论您是主动还是被动向京东集团员工及其关联人员提供不正当利益,如果您主动向京东集团说明情况,京东集团除了给予以上豁免权之外,还会保障举报单位的业务持续稳健发展。此外,京东集团参照举报人奖励条款给予相应的奖励。

8. 在内控合规部调查过程中,供应商或合作伙伴配合调查并说明存在的问题,京东集团将减轻追究其违规责任。在调查过程主动提供我司所不掌握腐败人员信息的将免于处罚同时给予业务发展保障权;如果提供所不掌握的腐败人员信息属于重大腐败事件,还会给予相应的现金奖励。

六、对举报人的奖励

1. 京东集团举报奖励对象原则上限于实名举报,实名举报有助于京东集团高效、快速查处腐败问题以及保障举报奖励的正确发放。京东集团鼓励知情者积极实名举报,如实客观的反映腐败问题,并根据最终的调查结果给予举报人或举报单位丰厚的奖励。

2. 对于个人举报,提供有关腐败行为的信息经调查属实的情况,京东集团将根据提供线索的有效性、案件性质及严重程序给予举报人 5000 元至 1000 万元人民币不等的现金奖励。

3. 对于合作单位举报,提供有关腐败行为的信息经调查属实的,参照本制度第六款第 2 条关于个人举报现金奖励标准给予 5000 元至 1000 万元人民币不等的现金奖励,或者结合举报单位需求给予举报单位相应广告、促销等资源类奖励。

4. 对于提供直接及有效证据举报职务侵占类、非国家工作人员受贿类案件，并且最终被警方定性为刑事案件的举报，奖励金额最低为人民币 5 万元，最终查处案值越高，给予奖励越高。

5. 两人以上（含两人）联名举报同一案件的，按同一举报奖励，奖金由举报人协商分配。

6. 禁止恶意举报和诬告陷害。对歪曲事实的恶意举报或打击报复的恶意投诉不仅取消奖金的发放，而且追究当事人相关责任，若为内部员工则根据员工手册按严重违纪处理。

如果供应商及其他合作伙伴、京东集团员工有任何疑问，请参照上述方式联系京东集团内控合规部获取更多信息。

本制度自发布之日起施行，相关解释权归属京东集团内控合规部所有。

京东集团/内控合规部

第3编

企业刑事合规的动态管理

第十章　企业刑事合规动态管理的概述

一、企业刑事合规动态管理的概念

企业刑事合规动态管理，是指合规运行机制建设，企业刑事合规动态管理概念下的合规运行机制不等同于《企业境外经营合规管理指引》和《中央企业合规管理办法》中的合规运行机制。《企业境外经营合规管理指引》中的合规运行机制主要是指合规培训、合规汇报、合规考核、合规咨询与审核、合规信息与调查、合规问责等制度。《中央企业合规管理办法》中的合规运行机制主要是指合规风险识别评估预警机制，合规审查，合规报告，违规问题整改机制，违规举报机制，违规行为问责机制，违规行为记录制度，合规管理与法务管理、内部控制、风险管理等协同运作机制，合规管理体系有效性评价机制以及合规管理考核评价机制等。

最高人民检察院涉案企业合规研究指导组出版的《涉案企业合规办案手册》中的合规运行机制与《企业境外经营合规管理指引》和《中央企业合规管理办法》的合规运行机制基本保持一致。主要包括：(1)企业合规风险识别预警机制，要求对企业内部控制、核心业务流程、审计、第三方尽职调查和外部信息进行监控，以及时识别企业存在的合规风险并及时进行预警；(2)合规监测和风险评估审查机制，通过合规部门或者聘请第三方专业机构定期对企业合规风险进行评估；(3)合规信息举报与调查机制，企业应根据自身特点和实际情况，建立和完善合规信息报告制度及举报体系；(4)合规风险应对处置机制，即识别评估的各类风险采取恰当的控制和处置措施。

企业刑事合规动态管理中的合规运行机制主要是指企业刑事合规风险识别和企业刑事合规风险防范，可以理解为上述文件中的企业合规风险识别预警机制和合规风险应对处置机制。本编笔者以企业刑事合规动态管理为纲，主要分析重点领域企业刑事法律风险的识别与防范，以求为企业风险识别和防范提供经验和方法。

二、企业刑事合规动态管理的地位

企业刑事合规动态管理是合规管理体系“活的灵魂”，是合规管理体系有效运行的关键。随着企业刑事合规管理在实践中的运用，“纸面合规”“形式合规”的现象层出不穷，尤其在涉案企业合规改革试点工作中，最高人民检察院2022年7月26日发布的数据显示，自涉案企业合规改革试点以来，全国检察机关已办理合规案件2382件，其中适用第三方监督评估机制案件1584件；对整改合规的606家企业、1159人依法作出不起诉决定。根据上述数据可知合规整改不合规率达六成以上。因此，企业刑事合规动态管理被提高的一个空前的地位。合规管理不是简单地制定一套合规计划或合规制度，而是将合规管理融入企业的日常经营之中，识别和预防企业的刑事法律风险。合规制度只是合规管理的手段，而合规动态管理可以说是合规管理的最终目的。

合规整改不合格案例

江苏省宿迁市宿城区人民检察院审查起诉的老洪（化名）涉嫌假冒注册商标罪一案，经合规考察后，发现合规整改不合格，被依法提起公诉。

2018年至2019年，老洪未经某知名口罩品牌注册商标权利人——洁详公司许可，生产并销售假冒某知名品牌口罩55万余只。2019年4月，老洪注册成立卫顺公司，利用卫顺公司的设备继续生产涉案口罩25万余只。2021年2月15日，公安机关将该案移送至宿城区人民检察院审查起诉。承办检察官审查认为，对老洪应当以涉嫌假冒注册商标罪追究刑事责任。卫顺公司虽不涉嫌单位犯罪，但有必要进行合规整改。随后，承办检察官对企业进行走访，了解企业经营、纳税等情况，开展办案影响评估。经卫顺公司自愿申请，并征得被侵权企业同意，宿城区人民检察院层报江苏省人民检察院后，2021年8月25日，决定对卫顺公司启用“简式”合规整改。

“简式”合规整改是专门针对小微企业的一种合规整改方案。在“简式”合规整改中，可以灵活运用实地走访、口头提醒与书面报告等多种监督考察相结合的方式，在两个月内对企业开展合规考察。2021 年 9 月 15 日，承办检察官和主管部门一行 3 人到企业监督考察合规计划的执行情况，发现企业未采取任何措施。承办检察官及主管部门工作人员立即对老洪口头提醒，敦促其尽快整改。9 月 24 日，在宿城区人民检察院的主导下，宿城区企业合规整改监管委员会成立，区工商联、区市场监督管理局、区司法局等 11 家单位及第三方评估机制的专家学者共同参加。但是，老洪并没有积极履行整改责任进行整改。

2021 年 10 月 8 日，第三方评估小组对卫顺公司进行实地考察，发现聘请兼职合规顾问、安全生产主题培训这两个问题已经整改到位，但使用注册商标时添加新的图案标志、商标注册地未变更登记、生产活动记录不全、账目混乱等问题，仍未整改。对照《知识产权专项合规考评表》，第三方评估小组认为卫顺公司多项指标未完成，要求老洪在 10 月 25 日合规考察期满前整改到位。

2021 年 10 月 25 日，第三方评估小组再次来到卫顺公司进行考察。因该公司未按照合规计划建立商标规范使用奖惩机制、不当行为举报机制，未开展防范商标侵权类知识培训，第三方评估小组认定合规考察结果为不合格。宿城区人民检察院审查后采纳了合规考察书面报告，认定卫顺公司未通过合规考察。2021 年 10 月 29 日，宿城区人民检察院以涉嫌假冒注册商标罪对被告人老洪提起公诉，并提出有期徒刑一年二个月的量刑建议。

三、企业刑事合规动态运行的基本内容

企业刑事合规动态管理基本内容主要包括企业刑事法律风险识别和企业刑事法律风险防范。在本书的第三编，笔者以刑法分则的罪名分类为基本依据，围绕危害公共安全，生产、销售伪劣商品，走私，破坏金融管理秩序，金融诈骗，危害税收征管，侵犯知识产权，扰乱市场秩序，信息网络，侵犯财产，扰乱公共秩序，危害公共卫生，破坏环境资源保护，商业贿赂十四个领域，并结合相关法律、法规以及司法解释，全面梳理企业经营管理活动中常见的刑事合规风险。

企业刑事合规动态管理的章节体例主要分为三部分，一是相关犯罪类别的概述，主要介绍该犯罪类别的概念，包含的具体罪名和近几年该犯罪类别或者具体罪名的国家政策和案发率。二是相关犯罪类别领域常见的刑事法律风险识

别，主要以具体罪名为例，结合案例和相关法律、法规和司法解释，梳理出引发刑事法律风险常见的行为模式，并根据危害后果的不同，将其分为禁止性规定和限制性规定。三是相关犯罪类别领域常见的刑事法律风险防范措施，主要依据具体罪名的犯罪特点，归纳出相关防范措施，并依据专业性，将其分为防范的一般措施和特别措施。

企业及其相关人员可以依据本书中所总结归纳的企业刑事合规风险点和防范措施，建立企业刑事合规风险数据库，并定期更新合规风险数据库，对风险发生的可能性、影响程度、潜在后果等进行分析，对典型性、普遍性或者可能产生严重后果的风险及时预警，从而有效地预防企业刑事法律风险。

第十一章　危害公共安全领域企业刑事合规管理

一、危害公共安全犯罪概述

危害公共安全犯罪，是指故意或者过失地实施危害或者足以危害不特定多数人的生命、健康或者重大公私财产安全的行为。这类行为的特点，或是以危险方法实施，如放火、决水等，或是破坏公用工具或设施，或是实施恐怖活动，或是针对具有极大杀伤力的枪支、弹药、爆炸物、危险物质进行犯罪，或是违反安全生产规定造成重大事故。危害公共安全犯罪共包含54项罪名，但由于危害公共安全犯罪在性质上是仅次于危害国家安全的一类犯罪，具有严重的社会危害性，且根据最高人民检察院印发的《关于建立涉案企业合规第三方监督评估机制的意见（试行）》的规定，涉案企业合规第三方监督评估机制只适用于公司、企业等市场主体在生产经营活动中涉及的经济犯罪、职务犯罪等案件，既包括公司、企业等实施的单位犯罪案件，也包括公司、企业实际控制人、经营管理人员、关键技术人员等实施的与生产经营活动密切相关的犯罪案件，因此54项罪名中只有部分罪名与企业刑事合规有关，该部分罪名主要是涉及企业安全生产的犯罪，如危险驾驶罪，重大责任事故罪，强令、组织他人违章冒险作业罪等。另根据最高人民检察院发布的第二批涉案企业合规典型案例中包括生产安全犯罪案件，即随州市Z公司、康某某等人重大责任事故罪。基于以上因素，笔者将围绕生产安全犯罪对本章展开论述。

危害公共安全犯罪可以分为五大类，具体包括以危险方法危害公共安全犯罪；破坏公用工具或设施犯罪；恐怖活动犯罪；枪支、弹药、爆炸物、危险物质犯罪；生产安全犯罪。

表 11－1 危害公共安全犯罪的类型

序号	类型	具体罪名	刑法条文
1	以危险方法危害公共安全犯罪	放火罪	《刑法》第一百一十四条、第一百一十五条
		决水罪	《刑法》第一百一十四条、第一百一十五条
		爆炸罪	《刑法》第一百一十四条、第一百一十五条
		投放危险物质罪	《刑法》第一百一十四条、第一百一十五条
		以危险方法危害公共安全罪	《刑法》第一百一十四条、第一百一十五条
		失火罪	《刑法》第一百一十五条
		过失决水罪	《刑法》第一百一十五条
		过失爆炸罪	《刑法》第一百一十五条
		过失投放危险物质罪	《刑法》第一百一十五条
2	破坏公用工具或设施犯罪	破坏交通工具罪	《刑法》第一百一十六条、第一百一十九条
		破坏交通设施罪	《刑法》第一百一十七条、第一百一十九条
		破坏电力设备罪	《刑法》第一百一十八条、第一百一十九条
		破坏易燃易爆设备罪	《刑法》第一百一十八条、第一百一十九条
		过失损坏交通工具罪	《刑法》第一百一十九条
		过失损坏交通设施罪	《刑法》第一百一十九条
		过失损坏电力设备罪	《刑法》第一百一十九条
		过失损坏易燃易爆设备罪	《刑法》第一百一十九条
3	恐怖活动犯罪	组织、领导、参加恐怖组织罪	《刑法》第一百二十条
		帮助恐怖活动罪	《刑法》第一百二十条之一
		准备实施恐怖活动罪	《刑法》第一百二十条之二
		宣扬恐怖主义、极端主义、煽动实施恐怖活动罪	《刑法》第一百二十条之三
		利用极端主义破坏法律实施罪	《刑法》第一百二十条之四

续表

序号	类型	具体罪名	刑法条文
3	恐怖活动犯罪	强制穿戴宣扬恐怖主义、极端主义服饰、标志罪	《刑法》第一百二十条之五
		非法持有宣扬恐怖主义、极端主义物品罪	《刑法》第一百二十条之六
		劫持航空器罪	《刑法》第一百二十一条
		劫持船只、汽车罪	《刑法》第一百二十二条
		暴力危及飞行安全罪	《刑法》第一百二十三条
		破坏广播电视设施、公用电信设施罪	《刑法》第一百二十四条
		过失损坏广播电视设施、公用电信设施罪	《刑法》第一百二十四条
4	枪支、弹药、爆炸物、危险物质犯罪	非法制造、买卖、运输、邮寄、储存枪支、弹药、爆炸物罪	《刑法》第一百二十五条
		非法制造、买卖、运输、储存危险物质罪	《刑法》第一百二十五条
		违规制造、销售枪支罪	《刑法》第一百二十六条
		盗窃、抢夺枪支、弹药、爆炸物、危险物质罪	《刑法》第一百二十七条
		抢劫枪支、弹药、爆炸物、危险物质罪	《刑法》第一百二十七条
		非法持有、私藏枪支、弹药罪	《刑法》第一百二十八条
		非法出租、出借枪支罪	《刑法》第一百二十八条
		丢失枪支不报罪	《刑法》第一百二十九条
		非法携带枪支、弹药、管制刀具、危险物品危及公共安全罪	《刑法》第一百三十条

续表

序号	类型	具体罪名	刑法条文
5	生产安全犯罪	重大飞行事故罪	《刑法》第一百三十一条
		铁路运营安全事故罪	《刑法》第一百三十二条
		交通肇事罪	《刑法》第一百三十三条
		危险驾驶罪	《刑法》第一百三十三条之一
		妨害安全驾驶罪	《刑法》第一百三十三条之二
		重大责任事故罪	《刑法》第一百三十四条
		强令、组织他人违章冒险作业罪	《刑法》第一百三十四条
		危险作业罪	《刑法》第一百三十四条之一
		重大劳动安全事故罪	《刑法》第一百三十五条
		大型群众性活动重大安全事故罪	《刑法》第一百三十五条之一
		危险物品肇事罪	《刑法》第一百三十六条
		工程重大安全事故罪	《刑法》第一百三十七条
		教育设施重大安全事故罪	《刑法》第一百三十八条
		消防责任事故罪	《刑法》第一百三十九条
		不报、谎报安全事故罪	《刑法》第一百三十九条之一

2021年1月27日,最高人民检察院召开以“筑牢生产安全底线守护生命财产平安”为主题的新闻发布会。根据发布会介绍,2017年1月至2020年12月,全国检察机关共受理提请批准逮捕危害生产安全刑事案件3923件6934人,批准逮捕2348件3909人。共受理移送审查起诉案件9914件16,488人,提起公诉7978件13,205人。除2020年受疫情影响受案数量下降外,每年受案量总体稳定。通过对受案情况进行分析,危害生产安全犯罪呈现出以下特点:一是罪名集中。在检察机关受理的案件中,重大责任事故罪是最主要的罪名,每年占比均超过80%,其次是重大劳动安全事故罪,占比在10%以上。二是多为过失犯罪,且多因一果。如2019年发生的无锡市“10·10”312国道锡港路上跨桥桥面侧翻较大事故案,涉案企业实际控制人、法定代表人、业务员等12人因为涉嫌重大责任事故罪被采取刑事强制措施。在本案中导致事故发生的原因是多方面的,既有直接原因,也有间接原因。直接原因是由于车辆严重超载、间距较近。间接

原因既包括企业安全管理缺失,也包括职能监管部门督促检查工作不到位。三是社会影响大,舆情高度关注。危害生产安全犯罪一般会造成群死群伤的严重后果,引发社会广泛关注。四是犯罪领域呈现多元化趋势。除危化品生产经营、煤矿、道路运输等传统领域外,大型群众性活动、城市建筑安全领域重大伤亡事故也时有发生。如2021年发生的甘肃白银景泰“5·22”黄河石林百公里越野赛公共安全责任事故案,本案中21名参赛选手死亡,8人受伤,运营单位及相关责任人员因涉嫌刑事犯罪被依法批捕。调查认定,本案是由于极限项目百公里越野赛在强度难度最高赛段遭遇大风、降水、降温的高影响天气,赛事组织管理不规范、运营执行不专业导致重大人员伤亡的公共安全责任事件。

安全生产是关系人民群众生命财产安全的大事,是经济社会协调健康发展的标志,是党和政府对人民利益高度负责的体现,是应急管理的基本盘、基本面。习近平总书记多次就安全生产工作发表重要讲话、作出重要指示批示。党的十八大以来,以习近平同志为核心的党中央高度重视安全生产,将其作为治国理政的重要内容,纳入“五位一体”总体布局和“四个全面”战略布局大力推进,作出了一系列标本兼治、重在治本的重大决策部署。为了遏制了生产安全事故易发、高发的态势,2015年12月14日,最高人民法院、最高人民检察院发布《关于办理危害生产安全刑事案件适用法律若干问题的解释》。面对实践中生产安全事故应急救援预案时效性不强、应急救援队伍能力不足、应急资源储备不充分、事故现场救援机制不够完善、救援程序不够明确、救援指挥不够科学,尤其一些基层企业违章指挥、盲目施救现象时有发生等问题,2019年2月17日,国务院发布《生产安全事故应急条例》。为了进一步明确规定有关安全生产的犯罪行为,加大对事故隐患责任人员的刑事处罚力度,2020年12月26日,全国人大常委会发布《刑法修正案(十一)》,该修正案对安全生产犯罪进行了重大调整,增设了组织他人违章冒险作业罪和危险作业罪,拓展了提供虚假证明文件罪的犯罪主体。为进一步加强安全生产工作,防止和减少安全生产事故,2021年5月10日,全国人大常委会发布新修订的《安全生产法》,新法对1/3的条文进行了修订,一是扩大了安全责任的主体,要求生产经营单位建立健全全员安全生产责任制。二是要求企业构建安全风险分级管控和隐患排查治理双重预防机制。三是加大了行政处罚力度,首先,增加了罚款金额,并引入按日连续处罚、按照收入比例、违法所得倍数进行处罚的机制。其次,在处罚责任形式上,扩大了停业整顿、吊销营业执照、从业限制及终身禁入的适用范围。最后,加强行刑衔接。多处增加相关违法行为,构成犯罪的,依照刑法有关规定追究刑事责任。四是对于高危行业、领域要求企业投保安全生产责任险。为切实增强为加快建设全国统一大市场提供司法服务和保障的责任感、使命感。加快建设高效规范、公平竞争、充分开放的全国统一大市场,2022 年 7 月 14 日,最高人民法院发布《关于为加快建设全国统一大市场提供司法服务和保障的意见》,提出要研究制定审理危害生产安全犯罪案件司法解释,促进安全生产形势持续好转。

由于重大责任事故罪是生产安全犯罪类别中的典型罪名,为了帮助企业及实务人员认识和了解危害公共安全犯罪的特点,掌握危害公共安全犯罪刑事法律风险识别和防范的方法,本章笔者将以重大责任事故罪为例,分析企业刑事合规风险识别与防范的要点。

二、危害公共安全领域常见的刑事法律风险识别

重大责任事故罪,是指行为人在生产、作业中违反有关安全管理的规定,因而发生重大伤亡事故或者造成其他严重后果的行为。本罪的犯罪主体为特殊主体,主要包括两类人员:一类是对生产、作业负有组织、指挥或者管理职责的负责人、管理人员、实际控制人、投资人等人员;另一类是直接从事生产、作业的人员。主观方面是过失,即行为人应当预见到自己的行为可能发生重大伤亡事故或者造成其他严重后果,因为疏忽大意而没有预见或者已经预见而轻信能够避免,以致发生这种结果。犯罪客体是生产、作业安全。犯罪客观方面表现为在生产、作业中违反有关安全管理的规定,发生重大伤亡事故或者造成其他严重后果的行为。

无锡市"10·10"312 国道
锡港路上跨桥桥面侧翻较大事故案

基本案情:

2019 年 10 月 10 日 18 时 6 分许,位于无锡市锡山区境内的 312 国道 K135 处发生一起桥面侧翻较大事故,共造成 3 人死亡,2 人受伤,事故直接经济损失

823.1 万元,造成重大社会影响。

事故经过:

2019 年 10 月 10 日 16 时 43 分和 16 时 59 分,无锡成功运输有限公司驾驶员焦某东、王某华分别驾驶运输车辆苏 BX8061(苏 BZ030 挂)、苏 BQ7191(苏 BG976 挂),先后驶出长宏国际四号码头大门,18 时 6 分许,两车行驶至 312 国道 K135 处的无锡市锡山区锡港路上跨桥,一前一后依次行驶在上垮桥左侧车道(桥梁为双车道)。当两车通过锡港路正上方时,锡港路上跨桥 B 匝道(往上海方向)桥面突然侧翻,侧翻桥段西南侧靠在桥墩上,东北侧着地,将桥下锡港路阻断。

事故发生单位及相关情况:

1. 无锡成功运输有限公司在公安交管部门注册登记的重型半挂牵引车 19 辆,其中自有 11 辆,与驾驶员共有 6 辆,挂靠 2 辆,挂车 17 辆,从业人员 13 人;向惠山区运输管理处申请配发《道路运输证》的重型半挂牵引车 17 辆,挂车 14 辆,从业人员 5 人,另有 2 辆牵引车和 3 辆挂车未向惠山区运输管理处申请配发《道路运输证》,有 8 名从业人员未向惠山区运输管理处进行备案登记。

2. 肇事挂车情况:苏 BZ030 挂、苏 BG976 挂两车三轴的所有轮胎与车辆信息登记中的轮胎规格、层级不一致,车底加装了水箱、减压阀、管路、喷头,属于"非法改装车辆"。

3. 肇事挂车苏 BG976 挂(后车挂车),未向运管机构申请配发《道路运输证》,属于非法道路交通营运。

4. 驾驶员焦某东、王某华到成功运输有限公司后,未向辖区运管机构办理服务单位备案登记。

5. 苏 BZ030 挂实载总质量 160.545 吨,比核定载质量超出 128.545 吨,超载 401.7%。苏 BG976 挂,总质量 160.855 吨,比核定载质量超出 131.855 吨,超载 455%。

事故责任认定及事故责任者的处理建议:

1. 李某,成功运输有限公司实际控制人,因涉嫌重大责任事故罪,于 2019 年 10 月 12 日被公安机关采取刑事强制措施。

2. 刘某萍,成功运输有限公司法定代表人,因涉嫌重大责任事故罪,于 2019 年 10 月 12 日被公安机关采取刑事强制措施。

3. 李某茂,成功运输有限公司调度员,因涉嫌重大责任事故罪,于 2019 年 10 月 12 日被公安机关采取刑事强制措施。

4. 陶某龙，成功运输有限公司业务员，因涉嫌重大责任事故罪，于2019年10月12日被公安机关采取刑事强制措施。

5. 焦某东，成功运输有限公司涉事车辆苏BX8061（苏BZ030挂）驾驶人，因涉嫌重大责任事故罪，于2019年10月12日被公安机关采取刑事强制措施。

6. 王某华，成功运输有限公司涉事车辆苏BQ7191（苏BG976挂）驾驶人，因涉嫌重大责任事故罪，于2019年10月12日被公安机关采取刑事强制措施（因伤在院治疗，被依法监视居住），于11月6日收押。

违反安全管理规定是成立重大责任事故罪的前提条件，根据最高人民法院发布的《关于进一步加强危害生产安全刑事案件审判工作的意见》规定，认定相关人员是否违反有关安全管理规定，应当根据相关法律、行政法规，参照地方性法规、规章及国家标准、行业标准，必要时可参考公认的惯例和生产经营单位制定的安全生产规章制度、操作规程。故这里的"安全管理规定"具体包括三种情形：一是国家颁布的有关安全生产、作业的法律法规，如《安全生产法》《建设工程安全生产管理条例》；二是企业、事业单位及其上级管理机关制定的反映安全生产客观规律并涉及工艺技术、生产操作、技术监督、劳动保护、安全管理等方面的规程、规章、章程、条例、办法和制度，如《冶金企业和有色金属企业安全生产规定》《安全生产事故隐患排查治理暂行规定》；三是虽未有明文规定，但却反映了生产、科研、设计、施工中安全操作的客观规律，已为人所公认的操作习惯和惯例。同时，本罪对行为人违反安全管理规定的时间节点有要求，即行为人违反安全管理规定的行为必须是发生在生产作业中并与生产、作业有直接联系。重大责任事故罪与失火罪、过失决水罪、过失爆炸罪、过失投毒罪等过失危害公共安全犯罪的主要区别，就在于违章行为发生在生产、作业过程中并与其有直接联系。如果同其生产、作业活动没有直接联系，可能构成危害公共安全罪中的其他过失犯罪，而只有与生产直接联系，才构成重大责任事故罪。

本罪是结果犯，除了要求行为人具有在生产、作业中违反有关安全管理规定的行为外，还要求有发生重大伤亡事故或者造成其他严重后果。根据最高人民检察院、公安部发布的《关于公安机关管辖的刑事案件立案追诉标准的规定（一）》的规定，在生产、作业中违反有关安全管理的规定，涉嫌下列情形之一的，应予立案追诉：造成死亡一人以上，或者重伤三人以上的；造成直接经济损失50

万元以上的;发生矿山生产安全事故,造成直接经济损失100万元以上的。该条规定既是本罪的立案标准,也是本罪风险防范的要点。

表11-2　重大责任事故罪的禁止性行为

禁止性行为		
序号	行为模式	法律依据
1	未依法取得安全许可证件或者安全许可证件过期、被暂扣、吊销、注销后从事生产经营活动的	《最高人民法院、最高人民检察院关于办理危害生产安全刑事案件适用法律若干问题的解释》
2	关闭、破坏必要的安全监控和报警设备的	
3	已经发现事故隐患,经有关部门或者个人提出后,仍不采取措施的	
4	一年内曾因危害生产安全违法犯罪活动受过行政处罚或者刑事处罚的	
5	采取弄虚作假、行贿等手段,故意逃避、阻挠负有安全监督管理职责的部门实施监督检查的	
6	安全事故发生后转移财产意图逃避承担责任的	
……		

表11-3　重大责任事故罪的限制性行为

限制性行为		
序号	行为模式	法律依据
1	未依照法律规定保证安全生产所必需的资金投入,致使生产经营单位不具备安全生产条件的	《安全生产法》
2	未按照规定设置安全生产管理机构或者配备安全生产管理人员、注册安全工程师的	
3	危险物品的生产、经营、储存、装卸单位以及矿山、金属冶炼、建筑施工、运输单位的主要负责人和安全生产管理人员未按照规定经考核合格的	
4	未按照规定对从业人员、被派遣劳动者、实习学生进行安全生产教育和培训,或者未按照规定如实告知有关的安全生产事项的	
5	未如实记录安全生产教育和培训情况的	
6	未将事故隐患排查治理情况如实记录或者未向从业人员通报的	
……		

三、危害公共安全领域常见的刑事法律风险防范

(一)建立和完善安全生产管理制度

企业应当依据生产经营情况建立健全各项安全生产管理制度,至少包括安全生产责任制管理考核制度、安全目标管理制度、安全承诺制度、安全技术措施审批制度、安全办公会议制度、安全投入保障制度、生产安全设备采购制度、劳动用工制度、安全教育培训制度、安全监督检查制度、安全风险分级管控制度、事故隐患排查治理制度、事故报告与责任追究制度、安全生产标准化管理体系检查考核制度、事故应急救援制度、安全生产责任奖惩制度、应急值班制度、复工复产和重大隐患整改现场验收制度等。管理制度内容应做到责任清晰、有针对性,能够对照执行和考核。

(二)严格制定、执行操作规程和安全技术措施

企业要进一步规范作业行为,严格制定《岗位操作规程》《作业规程》《安全技术措施》等规程措施,并认真组织从业人员深入学习,确保熟练掌握和运用。要切实加大对《岗位操作规程》《作业规程》《安全技术措施》等规程措施学习情况的检查力度,对学习不到位、考核不合格的要督促进行再教育、再学习,直至考核通过并熟练掌握后方可上岗作业。

(三)严格开展安全设施隐患排查治理,强化作业现场管理

企业应当建立安全设施管理制度。一是企业安全设施的安装、使用、检测、维修、改造应当符合国家标准或者行业标准。二是企业应当定期对安全设施进行巡视检查、维护检修,保证安全设施设备的正常运转,并建立维修维护台账,做好维护、保养、检测等记录。企业不得随意关闭、破坏关系生产安全的监控、报警、防护、救生设备或者篡改、销毁其相关数据。三是企业安全设施应当与主体工程同时设计、同时施工、同时投入生产和使用。

(四)强化安全生产培训,深入开展事故警示教育

实践中,许多安全事故发生的原因不在于企业没有制定完善的安全操作制度,而在于安全操作制度没有得到有效落实。这实际上是由于企业工作人员,特别是企业经营者安全意识淡薄造成的。一些经营者存在重生产、轻安全的思想,抓安全时睁一只眼闭一只眼,从而导致企业安全生产风险高发。因此,企业应当

建立安全生产合规培训制度，严格要求企业全体人员参与合规培训，加强合规培训考核，将合规培训与评级评优、升职加薪挂钩，提高员工参与合规培训的积极性和能动性。采取多种形式开展事故警示教育，剖析事故发生原因，举一反三、警钟长鸣，坚持全员安全培训与事故警示教育相结合，推进职业技能、法律法规与事故案例警示教育培训一体化。

（五）加大安全生产工作投入力度

“将军难打无兵之仗”，企业安全工作投入是企业安全生产、健康经营的基础性和关键性工程，企业应当保障安全生产工作人财物的投入。实践中，一些企业，尤其是小微企业往往忽视安全工作的投入，把大量的人力、物力、财力用于企业生产环节。如某些企业未设置安全生产部门，或者未设置专门的安全技术人员，仅是以其他部门或人员兼职安全工作，这使得安全部门的功能被严重削弱，很难有效防控企业安全生产刑事法律风险。

第十二章　生产、销售伪劣商品领域企业刑事合规管理

一、生产、销售伪劣商品犯罪概述

生产、销售伪劣商品犯罪，是指行为人违反国家商品质量监督和管理的法律规定，在商品的生产、销售、提供服务等经营过程中，经营行为或者是所经营的商品本身，直接危害、威胁不特定多数人的人身健康、生命安全，侵犯消费者合法权益，危害公共安全秩序，破坏市场经济秩序，社会危害性严重，依照刑法规定应当处罚的行为①。是破坏社会主义市场经济秩序犯罪的一个类别，共包含 10 项罪名。

生产、销售伪劣商品犯罪根据犯罪对象可以分为六类，分别是涉及药品类犯罪、涉及食品类犯罪、涉及电器/压力容器/易燃易爆等产品类犯罪、涉及化妆品类犯罪、涉及化肥种子类犯罪和涉及其他产品犯罪，这里的“其他产品”是指除药品、食品、电器、压力容器、易燃易爆产品、化妆品、化肥、种子等之外的产品。

表 12－1　生产、销售伪劣商品犯罪的类型

序号	罪名	刑法条文
1	生产、销售伪劣产品罪	《刑法》第一百四十条
2	生产、销售、提供假药罪	《刑法》第一百四十一条
3	生产、销售、提供劣药罪	《刑法》第一百四十二条
4	妨害药品管理罪	《刑法》第一百四十二条之一
5	生产、销售不符合安全标准的食品罪	《刑法》第一百四十三条

① 蔡若夫：《生产、销售伪劣商品罪研究》，华南理工大学 2015 年博士学位论文，第 27 ~29 页。

续表

序号	罪名	刑法条文
6	生产、销售有毒、有害食品罪	《刑法》第一百四十四条
7	生产、销售不符合标准的医用器材产品罪	《刑法》第一百四十五条
8	生产、销售不符合安全标准的产品罪	《刑法》第一百四十六条
9	生产、销售伪劣农药、兽药、化肥、种子罪	《刑法》第一百四十七条
10	生产、销售不符合卫生标准的化妆品罪	《刑法》第一百四十八条

最高人民检察院统计数据显示,2021 年全国检察机关批准逮捕侵权假冒犯罪 8125 件 13,901 人,起诉 14,957 件 29,624 人。建议行政执法机关移送案件 1297 件 1412 人,监督公安机关立案 795 件 984 人。最高人民检察院第四检察厅负责人介绍,制售假冒伪劣犯罪案件呈现以下四个特点:从涉及罪名看,罪名较为集中,生产、销售有毒有害食品罪,假冒注册商标罪,销售假冒注册商标的商品罪,生产、销售伪劣产品罪,生产、销售不符合安全标准的食品罪五种犯罪较为突出,占 2021 年检察机关起诉侵权假冒犯罪案件总数的 90% 以上;从犯罪主体看,制售假冒伪劣商品犯罪的犯罪分子多为文化层次相对较低的人员,约 70% 的人员为初中以下文化程度;从犯罪对象看,伪劣商品涉及食品、药品、医疗器械、农资产品、化妆品、日用品等,与人民群众息息相关;从犯罪方式看,互联网已成为制售假冒伪劣商品的重要来源渠道和销售平台,共同犯罪占近 60%,体现出团伙作案、上下游犯罪链条化等特征。

笔者以“生产、销售伪劣商品罪”为关键词,在“威科先行 · 法律信息库”进行检索,检索结果显示,最近五年全国各级法院共审理生产、销售伪劣商品犯罪一审刑事案件 25,059 件,其中生产、销售有毒有害食品罪 7954 件,占比 31.66%;生产、销售、提供假药罪 7634 件,占比 30.39%;生产、销售伪劣产品罪 4867 件,占比 19.37%;生产、销售不符合安全标准的食品罪 4431 件,占比 17.64%。根据上述数据可知,危害食品安全类犯罪占生产、销售伪劣商品犯罪的一半左右。民以食为天,食品安全事关人民群众的身体健康和生命安全,是重大的民生问题。党的十八大以来,以习近平同志为核心的党中央高度重视食品安全工作,强调要以最严谨的标准、最严格的监管、最严厉的处罚、最严肃的问责,确保人民群众“舌尖上的安全”。为加强对食品安全的保护,近年来,国家不断加强食品安全领域的立法。2020 年 1 月 2 日,国家市场监督管理总局发布

《食品生产许可管理办法》，对食品安全实施严格监管，严明法律责任。一是严格特殊食品的监管。规定保健食品、特殊医学用途配方食品、婴幼儿配方食品、婴幼儿辅食食品、食盐等食品的生产许可由省级市场监督管理部门负责。二是严格信用惩戒。对日常监管中发现的许可违法行为查处等情况记入食品安全信用档案，并通过国家企业信用信息公示系统向社会公示。三是细化“无证生产”的情形。明确了食品生产者生产的食品类别不属于食品生产许可证上载明的食品类别的，视为未取得食品生产许可从事食品生产活动。四是增加“处罚到个人”的规定。食品生产者违反特定情形的，依法对单位的法定代表人、主要负责人、直接负责的主管人员和其他直接责任人员给予处罚。2020 年 10 月 23 日，国家市场监督管理总局发布新修订的《食品召回管理办法》，对生产经营者召回时限进行详细规定，明确三级召回制度。其中，一、二级属于强制召回，食品生产者应当在知悉食品安全风险的 24 小时和 48 小时内召回。三级召回中，标签、标识存在瑕疵，食用后不会造成健康损害的食品，食品生产者可以自愿召回。为了应对电子商务和互联网经济迅猛发展带来的网络食品安全问题，2021 年 4 月 2 日，国家市场监督管理总局发布新修订的《网络食品安全违法行为查处办法》。2021 年 4 月 12 日，海关总署发布新修订的《进出口食品安全管理办法》，修订的内容主要表现为：一是对进口食品安全进行全链条监管。明确了进口食品安全的监管制度，对进口商建立境外出口商、境外生产企业审核制度提出要求，对进口食品合格评定、指定口岸和指定监管场地、口岸现场查验、中文标签管理、不合格处置、风险控制措施等监管制度予以明确。二是对出口食品安全进行全过程监管。对出口食品企业推荐对外注册和境外通报核查等予以明确，对出口食品生产企业卫生控制、监督检查，出口食品现场检查和监督抽检、风险预警控制措施等提出制度要求。面对食品安全的严峻形势和社会公众对食品安全的期待，作为食品安全上位法的《食品安全法》更是在 2015 年、2018 年和 2021 年进行三次修正，其中 2015 年修正对原法 90% 以上的条文进行修改，条款数量增加了 50%，被称为“史上最严”食品安全法。

生产、销售有毒、有害食品罪是危害食品安全的典型罪名，也是生产、销售伪劣商品犯罪的高发罪名，为了帮助企业及实务人员认识和了解生产、销售伪劣商品犯罪的特点，掌握生产、销售伪劣商品犯罪刑事法律风险识别和防范的方法，本章笔者将以生产、销售有毒、有害食品罪为例，分析企业刑事合规风险识别与防范的要点。

二、生产、销售伪劣商品领域常见的刑事法律风险识别

生产、销售有毒、有害食品罪，是指行为人违反我国食品卫生管理法律法规，在生产、销售的食品中掺入有毒、有害的非食品原料或者销售明知掺有有毒、有害的非食品原料的食品的行为。本罪的犯罪主体为一般主体，即只要达到刑事责任年龄且具有刑事责任能力的自然人都可以构成本罪，单位也可以成为本罪的主体。单位犯本罪的，实行两罚制，即对单位判处罚金，对其直接负责的主管人员或者其他直接责任人员判处相应的刑罚。本罪的主观方面是故意。即行为人明知是有毒、有害的非食品原料而故意掺入或者明知是掺有有毒、有害的非食品原料的食品而故意销售。本罪侵犯的客体是国家食品安全管理制度和广大消费者的生命、健康安全。本罪在客观方面表现为，在生产、销售的食品中掺有有毒、有害的非食品原料或者销售明知掺有有毒、有害的非食品原料的食品的行为。本罪属于行为犯，只要行为人实施了上述行为，无论是否造成严重后果，均构成犯罪。

江苏省扬州市广陵区人民检察院诉
北京阳光一佰生物技术开发有限公司、
习文有等生产、销售有毒、有害食品案

——2017年最高人民法院发布第15批指导性案例之案例七十

基本案情：

被告人习文有于2001年注册成立了北京阳光一佰生物技术开发有限公司（以下简称阳光一佰公司），系公司的实际生产经营负责人。2010年以来，被告单位阳光一佰公司从被告人谭国民处以600元/公斤的价格购进生产保健食品的原料，该原料系被告人谭国民从被告人尹立新处以2500元/公斤的价格购进后进行加工，阳光一佰公司购进原料后加工制作成用于辅助降血糖的保健食品阳光一佰牌山芪参胶囊，以每盒100元左右的价格销售至扬州市广陵区金福海

保健品店及全国多个地区。被告人杨立峰具体负责生产，被告人钟立檬、王海龙负责销售。2012年5月至9月，销往上海、湖南、北京等地的山芪参胶囊分别被检测出含有盐酸丁二胍，食品药品监督管理部门将检测结果告知阳光一佰公司及习文有。被告人习文有在得知检测结果后随即告知被告人谭国民、尹立新，被告人习文有明知其所生产、销售的保健品中含有盐酸丁二胍后，仍然继续向被告人谭国民、尹立新购买原料，组织杨立峰、钟立檬、王海龙等人生产山芪参胶囊并销售。被告人谭国民、尹立新在得知检测结果后继续向被告人习文有销售该原料。

盐酸丁二胍是丁二胍的盐酸盐。目前盐酸丁二胍未获得国务院药品监督管理部门批准生产或进口，不得作为药物在我国生产、销售和使用。扬州大学医学院葛晓群教授出具的专家意见和南京医科大学司法鉴定所的鉴定意见证明：盐酸丁二胍具有降低血糖的作用，很早就撤出我国市场，长期使用添加盐酸丁二胍的保健食品可能对机体产生不良影响，甚至危及生命。

从2012年8月底至2013年1月案发，阳光一佰公司生产、销售金额达800余万元。其中，习文有、尹立新、谭国民参与生产、销售的含有盐酸丁二胍的山芪参胶囊金金额达800余万元；杨立峰参与生产的含有盐酸丁二胍的山芪参胶囊金额达800余万元；钟立檬、王海龙参与销售的含有盐酸丁二胍的山芪参胶囊金额达40余万元。尹立新、谭国民与阳光一佰公司共同故意实施犯罪，系共同犯罪，尹立新、谭国民系提供有毒、有害原料用于生产、销售有毒、有害食品的帮助犯，其在共同犯罪中均系从犯。习文有与杨立峰、钟立檬、王海龙共同故意实施犯罪，系共同犯罪，杨立峰、钟立檬、王海龙系受习文有指使实施生产、销售有毒、有害食品的犯罪行为，均系从犯。习文有在共同犯罪中起主要作用，系主犯。杨立峰、谭国民犯罪后主动投案，并如实供述犯罪事实，系自首，当庭自愿认罪。习文有、尹立新、王海龙归案后如实供述犯罪事实，当庭自愿认罪。钟立檬归案后如实供述部分犯罪事实，当庭对部分犯罪事实自愿认罪。

裁判结果：

一、被告单位北京阳光一佰生物技术开发有限公司犯生产、销售有毒、有害食品罪，判处罚金人民币1500万元；

二、被告人习文有犯生产、销售有毒、有害食品罪，判处有期徒刑十五年，剥夺政治权利三年，并处罚金人民币900万元；

三、被告人尹立新犯生产、销售有毒、有害食品罪，判处有期徒刑十二年，剥

夺政治权利二年,并处罚金人民币 100 万元;

四、被告人谭国民犯生产、销售有毒、有害食品罪,判处有期徒刑十一年,剥夺政治权利二年,并处罚金人民币 100 万元;

五、被告人杨立峰犯生产有毒、有害食品罪,判处有期徒刑五年,并处罚金人民币 10 万元;

六、被告人钟立檬犯销售有毒、有害食品罪,判处有期徒刑四年,并处罚金人民币 8 万元;

七、被告人王海龙犯销售有毒、有害食品罪,判处有期徒刑三年六个月,并处罚金人民币 6 万元;

八、继续向被告单位北京阳光一佰生物技术开发有限公司追缴违法所得人民币 800 万元,向被告人尹立新追缴违法所得人民币 671,500 元,向被告人谭国民追缴违法所得人民币 132 万元;

九、扣押的含有盐酸丁二胍的山芪参胶囊、颗粒,予以没收。

本案的争议焦点有两项:一是盐酸丁二胍是否属于有毒、有害的非食品原料;二是行为人主观上是否“明知”,这是认定行为人是否具有犯罪故意的关键。以上两点既是本案的争议焦点,也是企业刑事风险识别和防范的要点。

关于什么是刑法意义上的“有毒、有害的非食品原料”问题,根据最高人民法院、最高人民检察院发布的《关于办理危害食品安全刑事案件适用法律若干问题的解释》(2021 年修订)第九条规定,“有毒、有害的非食品原料”包括因危害人体健康,被法律、法规禁止在食品生产经营活动中添加、使用的物质;因危害人体健康,被国务院有关部门列入《食品中可能违法添加的非食用物质名单》、《保健食品中可能非法添加的物质名单》和国务院有关部门公告的禁用农药、《食品动物中禁止使用的药品及其他化合物清单》等名单上的物质;其他有毒、有害的物质。同时,该解释也规定,对于“有毒、有害的非食品原料”等专门性问题难以确定的,司法机关可以依据鉴定意见、检验报告、地市级以上相关行政主管部门组织出具的书面意见,结合其他证据作出认定。必要时,专门性问题由省级以上相关行政主管部门组织出具书面意见。另根据最高人民法院、最高人民检察院联合发布的《关于办理非法生产、销售、使用禁止在饲料和动物饮用水中使用的药品等刑事案件具体应用法律若干问题的解释》的规定,使用或含有盐酸克仑特罗(瘦肉精)的饲料养殖供人使用的动物,或者销售明知是使用或含瘦肉精养殖的供人食用的动物,以及明知是使用瘦肉精等禁止在饲料和动物饮用水中使用的药品或者含有该类药品的饲料养殖的供人食用的动物,而提供屠宰等加工服务,或者销售其制品的,以生产、销售有毒、有害食品罪追究刑事责任。本案中,法院认为,盐酸丁二胍系在我国未获得药品监督管理部门批准生产或进口,不得作为药品在我国生产、销售和使用的化学物质;其亦非食品添加剂。盐酸丁二胍也不属于《最高人民法院、最高人民检察院关于办理危害食品安全刑事案件适用法律若干问题的解释》(2021 年修订)第二十条第二项、第三项规定的物质。根据扬州大学医学院葛晓群教授出具的专家意见和南京医科大学司法鉴定所的鉴定意见证明,盐酸丁二胍与《最高人民法院、最高人民检察院关于办理危害食品安全刑事案件适用法律若干问题的解释》第二十条第二项、《保健食品中可能非法添加的物质名单》中的其他降糖类西药(盐酸二甲双胍、盐酸苯乙双胍)具有同等属性和同等危害。长期服用添加有盐酸丁二胍的"阳光一佰牌山芪参胶囊"有对人体产生毒副作用的风险,影响人体健康,甚至危害生命。因此,对盐酸丁二胍应当依照《最高人民法院、最高人民检察院关于办理危害食品安全刑事案件适用法律若干问题的解释》第二十条第四项、第二十一条的规定,认定为《刑法》第一百四十四条规定的"有毒、有害的非食品原料"。

关于"明知"的认定。本罪的犯罪主观方面为故意,即行为人对食品中掺入有毒、有害的非食品原料是明知的。根据《最高人民法院、最高人民检察院关于办理危害食品安全刑事案件适用法律若干问题的解释》第十条规定,具有下列情形之一的,可以认定行为人具有明知的故意:长期从事相关食品、食用农产品生产、种植、养殖、销售、运输、贮存行业,不依法履行保障食品安全义务的;没有合法有效的购货凭证,且不能提供或者拒不提供销售的相关食品来源的;以明显低于市场价格进货或者销售且无合理原因的;在有关部门发出禁令或者食品安全预警的情况下继续销售的;因实施危害食品安全行为受过行政处罚或者刑事处罚,又实施同种行为的;其他足以认定行为人明知的情形。除上述情形外,我们还可以根据行为人的认知能力、食品质量、进货或者销售的渠道及价格等主、客观因素来判断行为人是否明知。本案中,销往多地的山芪参胶囊被检测出含有盐酸丁二胍,且食品药品监督管理部门将检测结果告知阳光一佰公司及习文有。习文有又将检测结果告知谭国民、尹立新,谭国民、尹立新明知其提供的含有国家禁止添加的盐酸丁二胍的原料被习文有用于生产保健食品山芪参胶囊并进行销售，仍然向习文有提供该种原料，因此，上述行为人具有明知的故意。

表 12－2　生产、销售有毒、有害食品罪的禁止性行为

<table>
<tr><th colspan="3">禁止性行为</th></tr>
<tr><th>序号</th><th>行为模式</th><th>法律依据</th></tr>
<tr><td>1</td><td>生产、销售金额二十万元以上的</td><td rowspan="6">《最高人民法院、最高人民检察院关于办理危害食品安全刑事案件适用法律若干问题的解释》</td></tr>
<tr><td>2</td><td>生产、销售持续时间六个月以上的</td></tr>
<tr><td>3</td><td>生产、销售特殊医学用途配方食品、专供婴幼儿的主辅食品的</td></tr>
<tr><td>4</td><td>在中小学校园、托幼机构、养老机构及周边面向未成年人、老年人销售的</td></tr>
<tr><td>5</td><td>曾因危害食品安全犯罪受过刑事处罚或者二年内因危害食品安全违法行为受过行政处罚的</td></tr>
<tr><td>6</td><td>有毒、有害的非食品原料毒害性强或者含量高的</td></tr>
<tr><td colspan="3">……</td></tr>
</table>

表 12－3　生产、销售有毒、有害食品罪的限制性行为

<table>
<tr><th colspan="3">限制性行为</th></tr>
<tr><th>序号</th><th>行为模式</th><th>法律依据</th></tr>
<tr><td>1</td><td>未取得食品生产经营许可从事食品生产经营活动</td><td rowspan="5">《食品安全法》</td></tr>
<tr><td>2</td><td>未取得食品添加剂生产许可从事食品添加剂生产活动的</td></tr>
<tr><td>3</td><td>用非食品原料生产食品、在食品中添加食品添加剂以外的化学物质和其他可能危害人体健康的物质，或者用回收食品作为原料生产食品，或者经营上述食品</td></tr>
<tr><td>4</td><td>生产经营营养成分不符合食品安全标准的专供婴幼儿和其他特定人群的主辅食品</td></tr>
<tr><td>5</td><td>经营病死、毒死或者死因不明的禽、畜、兽、水产动物肉类，或者生产经营其制品</td></tr>
<tr><td>6</td><td>经营未按规定进行检疫或者检疫不合格的肉类，或者生产经营未经检验或者检验不合格的肉类制品</td><td></td></tr>
<tr><td colspan="3">……</td></tr>
</table>

三、生产、销售伪劣商品领域常见的刑事法律风险防范

(一)建立食品安全管理制度

企业应当根据经营情况建立食品安全管理制度,加强对原料采购、添加剂使用、食品生产、食品贮藏、食品运输、食品销售、食品召回等全流程的管理。企业可以根据自身情况设置食品安全管理委员会、食品安全管理部门和食品安全管理专员等安全管理机构,安全管理机构负责制定本单位食品卫生管理制度、岗位卫生责任制管理措施、食品经营场所卫生设施改善的规划、组织本单位食品从业人员进行食品安全有关法规和知识的培训、对本单位贯彻执行《食品安全法》的情况进行监督检查,总结、推广经验,批评和奖励,制止违法行为等工作。

(二)建立食品生产经营场所及设施设备管理制度

加强对食品生产经营场所和设施设备的卫生健康管理是保障食品安全的重要措施。对于食品加工场所,要做到内外环境整洁,上、下水道通畅,地面无积水;废弃物盛放容器密闭,外观清洁;地面、排水沟、墙壁、天花板、门窗等应保持清洁和良好状况;排烟、排气设施无油垢沉积、不滴油。应定期进行除虫灭害工作,防止害虫孳生。除虫灭害工作不能在食品加工操作时进行,实施时对各种食品(包括原料)应有保护措施。使用杀虫剂进行除虫灭害,应由专人按照规定的使用方法进行;使用时不得污染食品、食品接触面及包装材料,使用后应将所有设备、工具及容器彻底清洗。确保三防设施有效:纱门、纱窗或门帘、金属防鼠板、防鼠隔栅等设施能有效起到防蝇、防鼠、防尘作用。对于食品生产设施设备,要严格执行“一洗、二刷、三冲、四消毒、五保洁”的程序进行洗涤消毒;设施设备消毒由专人负责,必须穿戴整洁的工作衣帽,工作人员必须取得个人健康证明和食品安全知识培训合格证明方可上岗操作;设施设备清洗消毒用水池必须专用,分设洗涤池、消毒池和清洁池,并设有明显标识。

(三)建立食品电子记录制度

企业应当建立食品电子记录制度,对食品生产中采购、加工、贮存、检验、销售等环节详细记录,对影响产品质量安全的关键工序和过程进行监控并记录,按照记录信息能够确保整个生产加工过程再现。食品生产加工企业电子记录应包括原辅料及包装材料采购与验收、食品生产加工过程、食品生产加工检验、库房

管理、产品运输、设施设备管理等各环节与食品质量安全相关数据的电子文件。记录内容应完整、真实，确保对产品从原料采购到产品销售的所有环节都可进行有效追溯。

表 12－4　生产、销售有毒、有害食品罪防范的措施

防范的一般措施		
序号	行为模式	特别说明
1	制定食品采购计划	
2	严格筛选食品原材料供货商	
3	详细记录食品出入库信息	
4	制定食品卫生管理制度	
5	制度岗位卫生责任制管理措施	
6	建立从业人员健康管理制度	
……		

第十三章　走私领域企业刑事合规管理

一、走私犯罪概述

走私犯罪,是指违反国家海关法律法规,逃避海关监管,非法携带、运输、邮寄国家禁止和限制进出口的货物、物品进出国(边)境,偷逃关税,破坏国家对外贸易管制制度,情节严重的行为。这里的走私犯罪是狭义的走私犯罪,仅指破坏社会主义市场经济秩序罪中的走私罪,不包括妨害社会管理秩序罪中的走私毒品犯罪。共包含10项罪名,这10项走私犯罪均规定了单位犯罪。

走私犯罪根据走私对象的不同,可以分为三类:走私普通货物(物品)犯罪、走私特定货物(物品)犯罪、走私禁止进出口货物(物品)犯罪。走私禁止进出口的货物、物品罪中的货物、物品是指珍稀植物及其制品;古生物化石(具有科学价值的古脊椎动物化石和古人类化石属于文物,不包括在内);有毒化学品及含有这类化学品的物质;法律禁止的来自境外疫区的动植物及其产品;妨害环境资源保护的货物、物品;其他禁止进出口的货物、物品,主要包括切割汽车、旧汽车、旧机电产品等,以及对我国政治、经济、文化、道德有害的货物、物品。

表13-1　走私犯罪的类型

序号	类型	具体罪名	刑法条文
1	走私普通货物(物品)犯罪	走私普通货物、物品罪	《刑法》第一百五十三条
2	走私特定货物(物品)犯罪	走私武器、弹药罪	《刑法》第一百五十一条
		走私核材料罪	《刑法》第一百五十一条
		走私假币罪	《刑法》第一百五十一条
		走私文物罪	《刑法》第一百五十一条
		走私贵金属罪	《刑法》第一百五十一条

续表

序号	类型	具体罪名	刑法条文
2	走私特定货物（物品）犯罪	走私珍贵动物、珍贵动物制品罪	《刑法》第一百五十一条
		走私淫秽物品罪	《刑法》第一百五十二条
		走私废物罪	《刑法》第一百五十二条
3	走私禁止进出口货物（物品）犯罪	走私国家禁止进出口的货物、物品罪	《刑法》第一百五十一条

海关总署2022年7月发布的统计数据显示，2022年上半年，全国海关缉私部门立案侦办走私犯罪案件2301起，同比增长13.9%，立案调查走私行为案件10,407起，增长3.4%。走私作为一种非法贸易行为，具有较大危害性。首先，危害国家主权和安全。海关是一国国家主权的象征，是国家利益的集中体现。而逃避海关监管的走私行为，直接损害国家主权和形象。其次，损害国家财税收入。众所周知，税收是国家财政最主要的收入形式和来源，随着我国对外开放水平的全面提高，海关征收的关税和其他税费在国家税收中的比重越来越大，但走私的目的是偷逃应纳税额，这直接损害了国家的税收水平，损害国家利益。再次，破坏正常的市场经济秩序。公平竞争是市场经济的基本原则，而走私分子通过偷逃国家应缴税额，低价销售走私货物，以不正当方式压制正常进出口贸易，严重破坏了平等竞争的社会环境。最后，诱发其他犯罪。比较典型的是会滋生腐败，实践中行为人为了实现走私的目的，会积极寻求保护伞，向有关国家工作人员行贿。如厦门"4·20"走私大案，厦门远华集团公司从1996年至1998年上半年，两年时间内大规模走私成品油、植物油、汽车、香烟、胶卷、电子器材、纺织面料等货物，价值530亿元人民币，偷逃税额300亿元人民币，涉案党、政、军、司法机关工作人员300余人。因此，严厉打击走私犯罪行为一直是海关和司法部门的重点工作。

在走私犯罪中，与企业经营有关的高发罪名是走私普通货物、物品罪，最高人民检察院2022年7月26日发布的检察业务数据显示，2017年至2021年，全国检察机关共起诉单位犯罪1.4万件4.7万人（这里的"人"包括单位以及单位直接负责的主管人员和其他直接责任人员），其中走私普通货物、物品罪931件，占起诉单位犯罪总数的6.7%，排名第四位。且最高人民检察院发布的第二批企业合规典型案例中就有关于走私普通货物、物品罪的案件，即深圳X公司走私普通货物案。因此，为了帮助企业及实务人员认识和了解危害走私犯罪的特点，掌握走私犯罪刑事法律风险识别和防范的方法，本章笔者将以走私普通货物、物品罪为例，分析企业刑事合规风险识别与防范的要点。

二、走私领域常见的刑事法律风险识别

走私普通货物、物品罪，是指违反海关法律法规，非法从事运输、携带、邮寄除毒品、武器、弹药、核材料、伪造的货币、禁止出口的文物、黄金、白银、其他贵金属、珍贵动物及其制品、珍稀动物及其制品、淫秽物品以外的其他货物和物品，进出国（边）境，偷逃应缴税额较大或者一年内曾因走私被给予二次行政处罚后又走私的行为。本罪的犯罪主体为一般主体，包括个人和单位。即只要达到刑事责任年龄且具有刑事责任能力的自然人都可以构成本罪，单位犯本罪的，实行双罚制，即对单位判处罚金，对其直接负责的主管人员或者其他直接责任人员判处相应的刑罚。本罪的犯罪主观方面为故意，即行为人明知自己的行为违反国家海关法律法规，故意逃避海关监管，偷逃进出境货物、物品应缴税款。本罪侵犯的客体是国家对外贸易管理制度。本罪的客观方面表现为违反海关法律法规，逃避海关监管，运输、携带、邮寄除《刑法》第一百五十一条、第一百五十二条、第三百四十七条规定以外的货物、物品进出国（边）境，偷逃应缴关税额较大或者一年内曾因走私被两次行政处罚后又走私的行为。

北京美缇商贸有限公司、张甲等走私普通货物案

基本案情：

2013年3月至2016年4月，被告单位北京美缇商贸有限公司（以下简称美缇商贸公司）作为分销商向宝格丽爱尔兰有限公司（以下简称宝格丽公司）、菲拉格慕香水公司（以下简称菲拉格慕公司）采购宝格丽、菲拉格慕品牌香水等产品，并将货物自意大利运至中国香港。其间，经作为美缇商贸公司执行董事、被

告单位北京亚信华泰商贸发展有限公司(以下简称亚信华泰公司)实际出资控制人、香港PEAKSTAR公司董事长的被告人张甲决定,美缇商贸公司、亚信华泰公司以从香港PEAKSTAR公司采购宝格丽、菲拉格慕品牌香水的名义,由时任亚信华泰公司营运总监的被告人史某光组织实施进口行为,并安排时任亚信华泰公司进口助理的被告人张乙制作并使用PEAKSTAR公司给亚信华泰公司开具的发票等报关单证,以低报价格的方式将事先运抵香港的宝格丽、菲拉格慕品牌香水向北京海关申报进口,涉及131票货物。经计核,偷逃应缴税额共计人民币57,158,613.71元。

2016年4月27日,被告人张甲被中关村海关缉私分局查获归案。同年7月11日,被告人史某光经北京海关缉私局电话通知到案,到案后能够如实供述犯罪事实。同年11月24日,被告人张乙被北京海关缉私局查获归案,到案后能够如实供述犯罪事实。

法院经审理认为,被告单位美缇商贸公司、亚信华泰公司及被告人张甲、史某光、张乙以单位名义,在进口货物过程中违反国家法律、法规,逃避海关监管,偷逃应缴税额人民币5715万余元,二被告单位的行为均已构成走私普通货物罪。被告人张甲系单位犯罪中直接负责的主管人员;被告人史某光、张乙系单位犯罪中的其他直接责任人员,三被告人的行为亦构成走私普通货物罪。

裁判结果:

一、被告单位北京美缇商贸有限公司犯走私普通货物罪,判处罚金人民币2亿元。

二、被告单位北京亚信华泰商贸发展有限公司犯走私普通货物罪,判处罚金人民币6000万元。

三、被告人张甲犯走私普通货物罪,判处有期徒刑十三年。

四、被告人史某光犯走私普通货物罪,判处有期徒刑五年。

五、被告人张乙犯走私普通货物罪,判处有期徒刑三年,缓刑四年。

六、依法追缴被告单位北京美缇商贸有限公司、北京亚信华泰商贸发展有限公司偷逃的应缴税款人民币57,158,613.71,上缴国库。

七、扣押在北京海关缉私局的物品及冻结的银行账户内钱款依法处理。

具有逃避海关监管的客观走私行为是认定行为人构成犯罪的事实基础,刑法及相关司法解释中没有对走私行为进行明确规定，因此，我们需要结合相关法律规定来判断什么是走私行为。根据《海关行政处罚实施条例》的规定，下列行为属于走私行为或者按走私行为论处：未经国务院或者国务院授权的机关批准，从未设立海关的地点运输、携带国家禁止或者限制进出境的货物、物品或者依法应当缴纳税款的货物、物品进出境的；经过设立海关的地点，以藏匿、伪装、瞒报、伪报或者其他方式逃避海关监管，运输、携带、邮寄国家禁止或者限制进出境的货物、物品或者依法应当缴纳税款的货物、物品进出境的；使用伪造、变造的手册、单证、印章、账册、电子数据或者以其他方式逃避海关监管，擅自将海关监管货物、物品、进境的境外运输工具，在境内销售的；使用伪造、变造的手册、单证、印章、账册、电子数据或者以伪报加工贸易制成品单位耗料量等方式，致使海关监管货物、物品脱离监管的；以藏匿、伪装、瞒报、伪报或者其他方式逃避海关监管，擅自将保税区、出口加工区等海关特殊监管区域内的海关监管货物、物品，运出区外的；明知是走私进口的货物、物品，直接向走私人非法收购的；在内海、领海、界河、界湖，船舶及所载人员运输、收购、贩卖国家禁止或者限制进出境的货物、物品，或者运输、收购、贩卖依法应当缴纳税款的货物，没有合法证明的。

本案中，美缇商贸公司辩护人提出的主要辩护意见是本案香港 PEAKSTAR 公司、亚信华泰公司、美缇商贸公司各方的买卖是真实的交易，PEAKSTAR、MEDCHINA 是香港的分销商，亚信华泰公司进口价格的计算方法是以美缇商贸公司卖给第三方的零售参考价格为基础，乘以倒扣率得出的，符合我国法律关于关联交易定价的规定，不是逃避海关监管的走私行为。法院经审查认为，在案的登记注册材料及证人证言、三被告人供述均可证明被告人张甲是美缇商贸公司、亚信华泰公司、香港 PEAKSTAR 公司的控制管理人，张甲对亚信华泰公司申报进口的价格、亚信华泰公司与美缇商贸公司的交易价格及资金往来均有决定支配权，三公司存在特殊关系。在案的证人证言、向欧洲品牌商的银行汇款账单，电子邮件及三被告人供述可相互印证被告单位美缇商贸公司、亚信华泰公司及被告人张甲、史某光、张乙均明知美缇商贸公司与欧洲品牌商之间的交易关系和成交价格，但张甲仍决定亚信华泰公司使用香港 PEAKSTAR 公司的发票等报关单证，以亚信华泰公司和香港 PEAKSTAR 公司之间所谓的香水交易进行低于真实成交价格的虚假进口申报。该行为不仅违背一般商业惯例，更违反向海关如实申报的法定责任，具有逃避海关监管的故意，构成走私犯罪。且亚信华泰公司与香港 PEAKSTAR 公司之间所谓买卖交易是共同犯罪中的具体分工配合，并非海关法意义上的关联交易。

主客观相一致原则作为刑法的基本原则，要求司法机关在犯罪认定和责任追究上坚持主客观相统一，避免主观归罪或者客观归罪。因此，构成走私普通货物、物品罪除了具备逃避海关监管的客观走私行为外，还需要认定行为人在主观上具有犯罪故意。根据《最高人民法院、最高人民检察院、海关总署办理走私刑事案件适用法律若干问题的意见》的规定，行为人明知自己的行为违反国家法律法规，逃避海关监管，偷逃进出境货物、物品的应缴税额，或者逃避国家有关进出境的禁止性管理，并且希望或者放任危害结果发生的，应认定为具有走私的主观故意。具有下列情形之一的，可以认定为"明知"：逃避海关监管，运输、携带、邮寄国家禁止进出境的货物、物品的；用特制的设备或者运输工具走私货物、物品的；未经海关同意，在非设关的码头、海（河）岸、陆路边境等地点，运输（驳载）、收购或者贩卖非法进出境货物、物品的；提供虚假的合同、发票、证明等商业单证委托他人办理通关手续的；以明显低于货物正常进（出）口的应缴税额委托他人代理进（出）口业务的；曾因同一种走私行为受过刑事处罚或者行政处罚的。

"偷逃应缴税额"的认定是判断行为人是否构成犯罪的关键，也是区分走私普通货物、物品罪与一般走私行为的核心。根据《最高人民法院、最高人民检察院关于办理走私刑事案件适用法律若干问题的解释》（以下简称《走私案件解释》）的规定，自然人构成本罪需要达到偷逃应缴税额十万元以上，单位构成本罪需要达到偷逃应缴税额在二十万元以上。在本案中，关于偷逃税额的认定也是控辩双方争议焦点之一，那么"应缴税额"包括什么？如何认定呢？根据《走私案件解释》第十八条的规定："应缴税额"，包括进出口货物、物品应当缴纳的进出口关税和进口环节海关代征税的税额。应缴税额以走私行为实施时的税则、税率、汇率和完税价格计算；多次走私的，以每次走私行为实施时的税则、税率、汇率和完税价格逐票计算；走私行为实施时间不能确定的，以案发时的税则、税率、汇率和完税价格计算。根据《最高人民法院、最高人民检察院、海关总署办理走私刑事案件适用法律若干问题的意见》第三条规定：在办理走私普通货物、物品刑事案件中，对走私行为人涉嫌偷逃应缴税额的核定，应当由走私犯罪案件管辖地的海关出具《涉嫌走私的货物、物品偷逃税款海关核定证明书》（以下简称《核定证明书》）。海关出具的《核定证明书》，经走私犯罪侦查机关、人民检察院、人民法院审查确认，可以作为办案的依据和定罪量刑的证据。

本案中偷逃税额的认定正是依据海关缉私部门出具的偷逃税款送核表、核定证明书确定的。在审理过程中，法院就海关偷逃税款核税证明书核定的偷逃税额是否准确进行重点审理，经审查认为，宝格丽和菲拉格慕的香水等货物在香港并无性状和包装改变，进口数量对货物单价没有影响。根据《计核涉嫌走私的货物、物品偷逃税款暂行办法》的规定，擅自内销减免税货物、保税货物亦应当以成交价格为基础核定偷逃数额。海关核税部门以美缇商贸公司与欧洲品牌商之间的成交价格为基础审核确定计税价格符合相关规定。核税证明书仅用于确定偷逃税额，并非确定纳税义务人的依据，故在案偷逃税款核定证明书程序合法、计核正确，可以作为认定案件事实的依据。

实践中常见的走私方式主要有通关走私、绕关走私、后续走私和间接走私。(1)通关走私，是指通过设立海关的进出口口岸，以隐蔽的方式逃避海关监管，偷运应税、禁止或限制货物物品进出境的行为。这里的隐蔽方式主要是指采用伪报、藏匿、蒙混和闯关等方法。伪报，是指表面上接受海关监管，向海关进行申报。但不如实申报。常见的伪报内容有货物和物品的名称、数量、规格、原产地、贸易性质等。藏匿是将携带的进出境货物或物品隐藏在其他允许进出境货物/物品的某个部位，随该货物/物品一同进出境，逃避海关监管。根据藏匿的部位和特点，可以将藏匿分为挖空藏匿、夹藏、人体藏匿和特制工具藏匿四种形式。蒙混分为变形蒙混和伪装蒙混两种方式。变形蒙混，是指利用走私物品的可塑性和延展性，改变物品的原来形象，如把黄金加工镀色制成日用器皿。伪装蒙混，是指利用和走私物品外形、颜色相似的物品掩护走私物品。闯关，是指行为人既并不向海关申报，又未藏匿应申报货物或物品，利用海关监管某些制度或漏洞，乘机携运进出境的一种方法。(2)绕关走私，是指不经过国家开放的进出口岸和准许进出境的国境、孔道而非法携运应税、禁止和限制货物或物品进出境的行为。(3)后续走私，是指未经海关许可，擅自销售保税货物或特定减免税货物进行牟利的行为。后续走私的对象主要是保税货物和特定减免税货物，其共同特征是在未办结海关进出境手续前，不得擅自销售或转让。(4)间接走私，是指行为人直接向走私人收购走私货物、物品或者在内海、领海运输、收购、贩卖国家禁止、限制进出境货物、物品的行为。

表 13－2　走私普通货物、物品罪的禁止性行为

禁止性行为		
序号	行为模式	法律依据
1	一年内曾因走私被给予二次行政处罚后又走私的	《最高人民法院、最高人民检察院关于办理走私刑事案件适用法律若干问题的解释》
2	未经国务院或者国务院授权的机关批准，从未设立海关的地点运输、携带国家禁止或者限制进出境的货物、物品或者依法应当缴纳税款的货物、物品进出境的	《海关行政处罚实施条例》
3	经过设立海关的地点，以藏匿、伪装、瞒报、伪报或者其他方式逃避海关监管，运输、携带、邮寄国家禁止或者限制进出境的货物、物品或者依法应当缴纳税款的货物、物品进出境的	
4	使用伪造、变造的手册、单证、印章、账册、电子数据或者以其他方式逃避海关监管，擅自将海关监管货物、物品、进境的境外运输工具，在境内销售的	
5	使用伪造、变造的手册、单证、印章、账册、电子数据或者以伪报加工贸易制成品单位耗料量等方式，致使海关监管货物、物品脱离监管的	
6	以藏匿、伪装、瞒报、伪报或者其他方式逃避海关监管，擅自将保税区、出口加工区等海关特殊监管区域内的海关监管货物、物品，运出区外的	
……		

表 13－3　走私普通货物、物品罪的限制性行为

限制性行为		
序号	行为模式	法律依据
1	运输工具不经设立海关的地点进出境的	《海关法》
2	不将进出境运输工具到达的时间、停留的地点或者更换的地点通知海关的	
3	进出口货物、物品或者过境、转运、通运货物向海关申报不实的	
4	不按照规定接受海关对进出境运输工具、货物、物品进行检查、查验的	
5	进出境运输工具未经海关同意，擅自装卸进出境货物、物品或者上下进出境旅客的	
6	在设立海关的地点停留的进出境运输工具未经海关同意，擅自驶离的	
……		

三、走私领域常见的刑事法律风险防范

(一)建立如实申报制度

如实申报,是指进出口货物的收发货人或者受委托的报关企业在向海关申请办理货物通关手续时,应按照真实、准确、完整、规范的要求填报与进出口货物有关的各项内容。如实申报是进出口企业通关时的核心义务,《海关法》多项条文均对如实申报作出了明确规定,如第二十四条规定,进口货物的收货人、出口货物的发货人应当向海关如实申报,交验进出口许可证件和有关单证;第三十六条规定,过境、转运和通运货物,运输工具负责人应当向进境地海关如实申报,并应当在规定期限内运输出境;第四十七条规定,进出境物品的所有人应当向海关如实申报,并接受海关查验。因此,企业应当建立如实申报制度,严格控制申报环节,确保申报的各项信息真实、准确。

(二)建立货物跟踪制度

根据《海关法》的规定,在境内销售保税货物、特定减免税货物以及其他海关监管货物、物品、进境的境外运输工具的,应当经过海关许可并缴纳应纳税款、交验有关许可证件。因此要严格把控保税货物、特定减免税等货物、物品的去向,建立货物跟踪制度。对于批准进口的来料加工、来件装配、补偿贸易的原材料、零件、制成品、设备等保税货物,企业在境内储存、加工或装配后,应当按照法律规定和合同约定复运出境,因特殊情况需要转入境内销售的,应当经过海关许可并补缴应缴税额。

(三)建立商业合作伙伴审查机制

实践中,一些企业的法律风险是由于商业合作伙伴选择不当或者商业合作伙伴不合规引起的。如《海关法》第十条规定,报关企业接受进出口货物收发货人的委托,以自己的名义办理报关手续的,应当承担与收发货人相同的法律责任。因此,进出口企业在选择境外供应商、经销商、进出口报关代理商、物流商等外部合作伙伴时,应当对其进行必要的尽职调查,对其守法合规、贸易安全、供货资质以及海关信用等情况进行重点评估,并应当审核与该商业合作伙伴之间的书面合同、协议是否合规。与外部合作伙伴签订的合同、协议或者其他书面资料中应列明企业相关的合规规定,并要求该外部合作主体认可和遵守该合规规定。

表 13－4　走私普通货物、物品罪防范的措施

防范的一般措施		
序号	行为模式	特别说明
1	建立主动披露制度	
2	建立采购单证保管制度	
3	建立合规申报制度	
4	建立货物跟踪制度	
5	建立商业合作伙伴审查机制	
……		
防范的特别措施		
由具有刑事思维的合规官或专业律师将风险识别点融入到防范的一般措施中专项处理		

第十四章　破坏金融管理秩序领域企业刑事合规管理

一、破坏金融管理秩序犯罪概述

破坏金融管理秩序犯罪，是指违反国家对金融业和金融市场监督管理的法律、法规，从事危害国家对货币、外汇、有价证券及金融机构、证券交易机构和保险公司管理的犯罪活动。是《刑法》规定的破坏社会主义经济秩序罪的一个犯罪类别，共包含35个罪名，其与金融诈骗罪统称为金融犯罪。本章主要介绍破坏金融管理秩序罪的相关内容，虽然金融诈骗罪在广义上也属于破坏金融管理秩序罪的范畴，但因其自身的特殊性，我们将在下一章进行详细介绍。

破坏金融管理秩序犯罪可以分为六大类，破坏货币管理秩序犯罪、妨害金融机构管理秩序犯罪、破坏有价证券管理制度犯罪、扰乱证券期货市场交易秩序犯罪、危害资金管理制度犯罪及破坏外汇管理制度犯罪。

表14－1　破坏金融管理秩序犯罪的类型

序号	类型	具体罪名	刑法条文
1	破坏货币管理秩序犯罪	伪造货币罪	《刑法》第一百七十条
		出售、购买、运输假币罪	《刑法》第一百七十一条
		金融工作人员购买假币、以假币换取货币罪	《刑法》第一百七十一条
		持有、使用假币罪	《刑法》第一百七十二条
		变造货币罪	《刑法》第一百七十三条
		洗钱罪	《刑法》第一百九十一条

续表

序号	类型	具体罪名	刑法条文
2	妨害金融机构管理秩序犯罪	擅自设立金融机构罪	《刑法》第一百七十四条
		伪造、变造、转让金融机构经营许可证、批准文件罪	《刑法》第一百七十四条
		高利转贷罪	《刑法》第一百七十五条
		骗取贷款、票据承兑、金融票证罪	《刑法》第一百七十五条之一
		非法吸收公众存款罪	《刑法》第一百七十六条
		伪造、变造金融票证罪	《刑法》第一百七十七条
		妨害信用卡管理罪	《刑法》第一百七十七条之一
		窃取、收买、非法提供信用卡信息罪	《刑法》第一百七十七条
		违法发放贷款罪	《刑法》第一百八十六条
3	破坏有价证券管理制度犯罪	伪造、变造国家有价证券罪	《刑法》第一百七十八条
		伪造、变造股票、公司、企业债券罪	《刑法》第一百七十八条
		擅自发行股票、公司、企业债券罪	《刑法》第一百七十九条
		违规出具金融票证罪	《刑法》第一百八十八条
		对违法票据承兑、付款、保证罪	《刑法》第一百八十九条
4	扰乱证券期货市场交易秩序犯罪	内幕交易、泄露内幕信息罪	《刑法》第一百八十条
		利用未公开信息交易罪	《刑法》第一百八十条
		编造并传播证券、期货交易虚假信息罪	《刑法》第一百八十一条
		诱骗投资者买卖证券、期货合约罪	《刑法》第一百八十一条
		操纵证券、期货市场罪	《刑法》第一百八十二条

续表

序号	类型	具体罪名	刑法条文
5	危害资金管理制度犯罪	背信运用受托财产罪	《刑法》第一百八十五条之一
		违法运用资金罪	《刑法》第一百八十五条之一
		吸收客户资金不入账罪	《刑法》第一百八十七条
6	破坏外汇管理制度犯罪	逃汇罪	《刑法》第一百九十条

近年来，金融犯罪呈现高发态势，尤其是互联网金融犯罪。最高人民检察院统计数据显示，2018 年全国检察机关批捕破坏金融管理秩序和金融诈骗犯罪案件 2.2 万余人，起诉 3.2 万余人。其中，起诉非法吸收公众存款和集资诈骗案件超过 8000 件。2019 年 1 月至 9 月，全国检察机关共批捕破坏金融管理秩序犯罪和金融诈骗犯罪 22,340 人，同比上升 32.2%，起诉 26,608 人，同比上升 17.9%。2019 年，全国检察机关起诉非法吸收公众存款犯罪案件 10,384 件 23,060 人，同比分别上升 40.5% 和 50.7%。最高人民法院统计数据显示，2015 年至 2018 年全国法院新收非法集资刑事案件分别为 5843 件、7990 件、8480 件、9183 件，同比分别上升 108.23%、36.7%、6.13%、8.29%。除了呈现高发的态势外，金融犯罪又呈现出涉及地域广、涉案金额高、涉及人数多、社会影响大的特点。如 2015 年暴雷的 P2P 平台 e 租宝案，吸收投资用户 90 万人以上，涉及 31 个省（自治区、直辖市），涉案金额高达 762 亿元，未兑付金额高达 380 亿元。但 e 租宝案并不是金融犯罪的顶点，在其之后又相继曝出中晋系、泛亚系、钱宝网、善林金融、云联惠等金融犯罪案件，涉案金额之大、涉及人数之多、社会影响之深，令人咂舌。

为加大金融犯罪的打击力度，维护金融安全和市场经济秩序，国家相继出台一系列法律法规，如 2019 年 6 月 27 日，最高人民法院、最高人民检察院印发的《关于办理操纵证券、期货市场刑事案件适用法律若干问题的解释》和《关于办理利用未公开信息交易刑事案件适用法律若干问题的解释》；2019 年 12 月 28 日，第十三届全国人民代表大会常务委员会第十五次会议通过的新《证券法》；2020 年 12 月 26 日，第十三届全国人民代表大会常务委员会第二十四次会议通过的《刑法修正案（十一）》；2021 年 7 月 6 日，中共中央办公厅、国务院办公厅联合印发的《关于依法从严打击证券违法犯罪活动的意见》；2022 年 2 月 23 日，最高人民法院新修改通过的《关于审理非法集资刑事案件具体应用法律若干问题的解释》;2022 年 7 月 14 日,最高人民法院发布的《关于为加快建设全国统一大市场提供司法服务和保障的意见》,该意见提出要支持发展统一的资本市场。依法严惩操纵市场、内幕交易、非法集资、贷款诈骗、洗钱等金融领域犯罪,促进金融市场健康发展。国家通过出台一系列的法律法规,构建起预防和惩治金融犯罪的严密法治体系。

为了帮助企业及实务人员认识和了解破坏金融管理秩序犯罪的特点,掌握破坏金融管理秩序犯罪刑事法律风险识别和防范的方法,本章将以内幕交易、泄露内幕信息罪为例,分析企业刑事合规风险识别与防范的要点。由于非法吸收公众存款罪和集资诈骗罪存在高度的相似性,都属于非法集资犯罪,两者最主要的区别在于是否具有非法占有的目的,故笔者将非法吸收公众存款罪放在下一章,与集资诈骗罪进行对比分析,以便读者更容易理解,本章不再赘述。

二、破坏金融管理秩序领域常见的刑事法律风险识别

内幕交易,是指证券、期货内幕信息的知情人员或者通过非法途径获取证券、期货交易内幕信息的人员,在内幕信息未公开前,买卖证券或者从事与该内幕信息有关的期货交易的行为。泄露内幕信息,是指证券、期货内幕信息的知情人员或者通过非法途径获取证券、期货交易内幕信息的人员,在内幕信息未公开前,泄露该信息,或者明示、暗示他人从事买卖证券或者从事与该内幕信息有关的期货交易的行为。

中国证券监督管理委员会《2017 年案件办理情况通报》显示,虚假陈述、操纵市场、内幕交易三大类传统违法案件合计立案 203 件,占全部立案案件的 65%,仍是主要违法类型。全年新增内幕交易立案 101 件,占新增立案案件的 32%,同比增长 54%。中国证券监督管理委员会《2020 年案件办理情况通报》显示,内幕交易案件仍多有发生,法定内幕交易信息知情人涉案比依然较高。2020 年,新增内幕交易立案案例 66 件。从案发领域看,并购重组仍是内幕交易高风险领域,全年新增案件 28 起。从案发主体看,法定内幕知情人内幕交易、泄露内幕信息案发比例仍然较高,全年法定内幕信息知情人涉案 30 起。从涉案金额看,恶性内幕交易仍然多发,全年共 33 起案件交易金额超过 1000 万元,单起案件交易金额最高 7.5 亿元,超过 80% 的内幕交易案件达到刑事追诉标准。中国

证券监督管理委员会《2021 年案件办理情况通报》显示，全年共办理案件 609 起，其中重大案件 163 起，涉及财务造假、资金占有、以市值管理名义操纵市场、恶性内幕交易及中介机构未勤勉尽责等典型违法行为。依法向公安机关移送涉嫌犯罪案件（线索）177 起，同比增长 53%。内幕交易多发态势趋缓，但关键环节问题较为突出。内幕交易、泄露内幕信息犯罪作为典型的行政犯，行政违法与刑事犯罪之间往往只是严重程度不同，两者在性质、机理和手段上是一致的，企业一旦因行政违法被查处，极易因情节严重转化为刑事风险，因此做好内幕交易、泄露内幕信息行政合规对于防范化解企业刑事风险具有重大意义。

内幕交易、泄露内幕信息犯罪作为典型的证券资本市场犯罪，严重侵蚀了资本市场公开、公平、公正的原则，侵害了中小投资者的利益，一直是我国证券市场监管的打击重点。2022 年 8 月，最高人民检察院发布第三批涉案企业合规典型案例，其中包括王某某泄露内幕信息、金某某内幕交易案，该案是全国首例开展涉案企业合规工作的证券犯罪案件，目的在于依托涉案企业合规改革试点，强化资本市场非上市公司内幕信息保密合规管理。由此可见，证券期货企业内幕信息保密合规管理对于经营发展起着至关重要的作用。本章以企业内幕交易、泄露内幕信息刑事合规风险识别与防控为重点，分析企业如何做好内幕信息保密合规管理。

王某某泄露内幕信息、金某某内幕交易案

——最高人民检察院第三批涉案企业合规典型案例

基本案情：

广东 K 电子科技股份有限公司（以下简称 K 公司）长期从事汽车电子产品研发制造，连续多年获国家火炬计划重点高新技术企业称号，创设国家级驰名商标，取得 700 余项专利及软件著作权，2018 年开始打造占地 30 万平方米、可容纳 300 余家企业的产业园，已被认定为国家级科技企业孵化器。被告人王某某系 K 公司副总经理、董事会秘书。

2016 年 12 月，K 公司拟向深圳市 C 科技股份有限公司（以下简称 C 公司）出售全资子公司。2017 年 1 月 15 日，K 公司实际控制人卢某某与 C 公司时任

总经理张某某达成合作意向。同年2月9日，双方正式签署《收购意向协议》，同日下午C公司向深圳证券交易所进行报备，于次日开始停牌。同年4月7日，C公司发布复牌公告，宣布与K公司终止资产重组。经中国证券监督管理委员会认定，上述收购事项在公开前属于内幕信息，内幕信息敏感期为2017年1月15日至4月7日。被告人王某某作为K公司董事会秘书，自动议开始知悉重组计划，参与重组事项，系内幕信息的知情人员。

2016年12月和2017年2月9日，被告人王某某两次向其好友被告人金某某泄露重组计划和时间进程。被告人金某某获取内幕信息后，为非法获利，于2017年2月9日紧急筹集资金，使用本人证券账户买入C公司股票8.37万股，成交金额人民币411万余元，复牌后陆续卖出，金某某亏损合计人民币50余万元。

裁判结果：

2021年8月10日，北京市公安局以王某某、金某某涉嫌内幕交易罪向北京市人民检察院第二分院（以下简称市检二分院）移送审查起诉。审查起诉期间，市检二分院对K公司开展企业合规工作，合规考察结束后结合犯罪事实和企业合规整改情况对被告人提出有期徒刑二年至二年半，适用缓刑，并处罚金的量刑建议，与二被告人签署认罪认罚具结书。

2021年12月30日，市检二分院以泄露内幕信息罪、内幕交易罪分别对王某某、金某某提起公诉。2022年1月28日，北京市第二中级人民法院作出一审判决，认可检察机关指控事实和罪名，认为检察机关开展的合规工作有利于促进企业合法守规经营，优化营商环境，可在量刑时酌情考虑，采纳市检二分院提出的量刑建议，以泄露内幕信息罪判处王某某有期徒刑二年，缓刑二年，并处罚金人民币10万元，以内幕交易罪判处金某某有期徒刑二年，缓刑二年，并处罚金人民币20万元。

内幕交易、泄露内幕信息罪的犯罪主体，是指知悉内幕信息的人员，即内幕人员。内幕人员包括证券、期货交易内幕信息的知情人员和非法获取证券、期货交易内幕信息的人员。自然人和单位均可构成本罪。内幕交易、泄露内幕信息罪的客观方面表现为行为人违反有关法规，在涉及证券发行，证券、期货交易或者其他对证券、期货交易价格有重大影响的信息正式公开前，利用自己所知的内幕信息进行证券、期货买卖，或者建议其他人利用该内幕信息进行证券、期货买卖，或者泄露内幕信息，情节严重的行为。根据内幕交易、泄露内幕信息罪的犯罪构成可知，识别内幕人员和内幕信息是识别本罪刑事合规风险的重点。

根据《刑法》第一百八十条第三款的规定，内幕信息、知情人员的范围依照法律、行政法规的规定确定。《证券法》第五十二条规定，证券交易活动中，涉及发行人的经营、财务或者对该发行人证券的市场价格有重大影响的尚未公开的信息，为内幕信息。具体包括下列情形：发生可能对上市公司、股票在国务院批准的其他全国性证券交易场所交易的公司的股票交易价格产生较大影响的重大事件，投资者尚未得知时，公司应当立即将有关该重大事件的情况向国务院证券监督管理机构和证券交易场所报送临时报告，并予公告，说明事件的起因、目前的状态和可能产生的法律后果。前款所称重大事件包括：（1）公司的经营方针和经营范围的重大变化；（2）公司的重大投资行为，公司在一年内购买、出售重大资产超过公司资产总额百分之三十，或者公司营业用主要资产的抵押、质押、出售或者报废一次超过该资产的百分之三十；（3）公司订立重要合同、提供重大担保或者从事关联交易，可能对公司的资产、负债、权益和经营成果产生重要影响；（4）公司发生重大债务和未能清偿到期重大债务的违约情况；（5）公司发生重大亏损或者重大损失；（6）公司生产经营的外部条件发生的重大变化；（7）公司的董事、三分之一以上监事或者经理发生变动，董事长或者经理无法履行职责；（8）持有公司百分之五以上股份的股东或者实际控制人持有股份或者控制公司的情况发生较大变化，公司的实际控制人及其控制的其他企业从事与公司相同或者相似业务的情况发生较大变化；（9）公司分配股利、增资的计划，公司股权结构的重要变化，公司减资、合并、分立、解散及申请破产的决定，或者依法进入破产程序、被责令关闭；（10）涉及公司的重大诉讼、仲裁，股东大会、董事会决议被依法撤销或者宣告无效；（11）公司涉嫌犯罪被依法立案调查，公司的控股股东、实际控制人、董事、监事、高级管理人员涉嫌犯罪被依法采取强制措施。《证券法》第八十一条规定，发生可能对上市交易公司债券的交易价格产生较大影响的重大事件，投资者尚未得知时，公司应当立即将有关该重大事件的情况向国务院证券监督管理机构和证券交易场所报送临时报告，并予公告，说明事件的起因、目前的状态和可能产生的法律后果。前款所称重大事件包括：（1）公司股权结构或者生产经营状况发生重大变化；（2）公司债券信用评级发生变化；（3）公司重大资产抵押、质押、出售、转让、报废；（4）公司发生未能清偿到期债务的情况;(5)公司新增借款或者对外提供担保超过上年末净资产的百分之二十;(6)公司放弃债权或者财产超过上年末净资产的百分之十;(7)公司发生超过上年末净资产百分之十的重大损失;(8)公司分配股利,作出减资、合并、分立、解散及申请破产的决定,或者依法进入破产程序、被责令关闭;(9)涉及公司的重大诉讼、仲裁;(10)公司涉嫌犯罪被依法立案调查,公司的控股股东、实际控制人、董事、监事、高级管理人员涉嫌犯罪被依法采取强制措施;(11)国务院证券监督管理机构规定的其他事项。根据《期货和衍生品法》第十四条的规定,可能对期货交易或者衍生品交易的交易价格产生重大影响的尚未公开的信息为内幕信息。具体包括下列情形:(1)国务院期货监督管理机构以及其他相关部门正在制定或者尚未发布的对期货交易价格可能产生重大影响的政策、信息或者数据;(2)期货交易场所、期货结算机构作出的可能对期货交易价格产生重大影响的决定;(3)期货交易场所会员、交易者的资金和交易动向;(4)相关市场中的重大异常交易信息;(5)国务院期货监督管理机构规定的对期货交易价格有重大影响的其他信息。

根据《证券法》第五十一条的规定,证券交易内幕信息的知情人包括:(1)发行人及其董事、监事、高级管理人员;(2)持有公司百分之五以上股份的股东及其董事、监事、高级管理人员,公司的实际控制人及其董事、监事、高级管理人员;(3)发行人控股或者实际控制的公司及其董事、监事、高级管理人员;(4)由于所任公司职务或者因与公司业务往来可以获取公司有关内幕信息的人员;(5)上市公司收购人或者重大资产交易方及其控股股东、实际控制人、董事、监事和高级管理人员;(6)因职务、工作可以获取内幕信息的证券交易场所、证券公司、证券登记结算机构、证券服务机构的有关人员;(7)因职责、工作可以获取内幕信息的证券监督管理机构工作人员;(8)因法定职责对证券的发行、交易或者对上市公司及其收购、重大资产交易进行管理可以获取内幕信息的有关主管部门、监管机构的工作人员;(9)国务院证券监督管理机构规定的可以获取内幕信息的其他人员。根据《期货和衍生品法》第十五条的规定,内幕信息的知情人,是指由于经营地位、管理地位、监督地位或者职务便利等,能够接触或者获得内幕信息的单位和个人。期货交易的内幕信息的知情人包括:(1)期货经营机构、期货交易场所、期货结算机构、期货服务机构的有关人员;(2)国务院期货监督管理机构和其他有关部门的工作人员;(3)国务院期货监督管理机构规定的可以获取内幕信息的其他单位和个人。根据《最高人民法院、最高人民检察院关于办理内幕交易、泄露内幕信息刑事案件具体应用法律若干问题的解释》第二条的规定，非法获取证券、期货交易内幕信息的人员是指：(1)利用窃取、骗取、套取、窃听、利诱、刺探或者私下交易等手段获取内幕信息的；(2)内幕信息知情人员的近亲属或者其他与内幕信息知情人员关系密切的人员，在内幕信息敏感期内，从事或者明示、暗示他人从事，或者泄露内幕信息导致他人从事与该内幕信息有关的证券、期货交易，相关交易行为明显异常，且无正当理由或者正当信息来源的；(3)在内幕信息敏感期内，与内幕信息知情人员联络、接触，从事或者明示、暗示他人从事，或者泄露内幕信息导致他人从事与该内幕信息有关的证券、期货交易，相关交易行为明显异常，且无正当理由或者正当信息来源的。

表 14－2 内幕交易、泄露内幕信息罪的禁止性行为

禁止性行为		
序号	行为模式	法律依据
1	利用窃取、骗取、套取、窃听、利诱、刺探或者私下交易等手段获取内幕信息的	《最高人民法院、最高人民检察院关于办理内幕交易、泄露内幕信息刑事案件具体应用法律若干问题的解释》
2	内幕信息知情人员的近亲属或者其他与内幕信息知情人员关系密切的人员，在内幕信息敏感期内，从事或者明示、暗示他人从事，或者泄露内幕信息导致他人从事与该内幕信息有关的证券、期货交易，相关交易行为明显异常，且无正当理由或者正当信息来源的	
3	在内幕信息敏感期内，与内幕信息知情人员联络、接触，从事或者明示、暗示他人从事，或者泄露内幕信息导致他人从事与该内幕信息有关的证券、期货交易，相关交易行为明显异常，且无正当理由或者正当信息来源的	
4	在内幕信息敏感期内从事或者明示、暗示他人从事或者泄露内幕信息导致他人从事与该内幕信息有关的证券、期货交易，三次以上的	
5	开户、销户、激活资金账户或者指定交易(托管)、撤销指定交易(转托管)的时间与该内幕信息形成、变化、公开时间基本一致的	
6	买入或者卖出证券、期货合约行为，或者集中持有证券、期货合约行为与该证券、期货公开信息反映的基本面明显背离的	

续表

备注： 内幕交易、泄露内幕信息行政违法与刑事犯罪的区别在于是否具有“情节严重”的情形，这里的情节严重主要体现在数额上。因此，禁止性行为与限制性行为在表现形式上具有一致性，主要差别体现在证券交易成交额是否在五十万元以上、期货交易占用保证金数额是否在三十万元以上以及获利或者避免损失数额是否在十五万元以上等
……

三、破坏金融管理秩序领域常见的刑事法律风险防范

（一）建立内幕信息管理体系，加强内幕信息管理

内幕信息是内幕交易和泄露内幕信息的源头，企业内幕信息管理缺失会引发内幕信息泄露，诱发内幕交易。因此，加强内幕信息管理是治理内幕交易和泄露内部信息的治本之策。企业应当建立健全内幕信息管理体系，明确内幕信息范围、流转程序、保密措施和责任追究要求。在内幕信息依法公开披露之前，应当对触及内幕信息的业务单元和相关人员进行专门管理，确保内幕信息处于安全稳定的状态。

（二）建立内幕信息知情人登记管理制度

内幕信息知情人是内幕信息管理的核心，是防止内幕交易和泄露内幕信息的关键要素，要牢牢抓住“内幕信息知情人”这个关键少数。企业应当建立内幕信息知情人登记管埋制度，明确内幕信息知情人的保密义务、违反保密义务的责任和通过签订保密协议、禁止内幕交易告知书等必要方式将上述事项告知有关人员等内容。内幕信息知情人应当积极配合上市公司做好内幕信息知情人报送工作，真实、准确、完整的填写相关信息，并及时向上市公司报送内幕信息知情人档案相关材料，送达时间不得晚于内幕信息公开披露的时间。

表 14－3　内幕交易、泄露内幕信息罪防范的措施

防范的一般措施		
序号	行为模式	特别说明
1	建立内幕信息知情人登记制度	
2	确定内幕信息范围	
3	签订内幕信息保密协议	
4	送达内幕信息交易告知书	
5	严格内幕信息流转程序	
6	制定内幕信息保密措施	
防范的特别措施		
由具有刑事思维的合规官或专业律师将风险识别点融入到防范的一般措施中专项处理		

第十五章　金融诈骗领域企业刑事合规管理

一、金融诈骗犯罪概述

金融诈骗犯罪，是指以非法占有为目的，采用虚构事实或者隐瞒真相的方法，骗取公私财物或者金融机构信用，破坏金融管理秩序的行为。共包含8个罪名，其中集资诈骗罪为高发罪名（见表15－1）。金融诈骗罪和破坏金融管理秩序罪均属于破坏社会主义市场经济秩序犯罪，同属于金融犯罪。

表15－1　金融诈骗犯罪的类型

序号	罪名	刑法条文
1	集资诈骗罪	《刑法》第一百九十二条
2	贷款诈骗罪	《刑法》第一百九十三条
3	票据诈骗罪	《刑法》第一百九十四条
4	金融凭证诈骗罪	《刑法》第一百九十四条
5	信用证诈骗罪	《刑法》第一百九十五条
6	信用卡诈骗罪	《刑法》第一百九十六条
7	有价证券诈骗罪	《刑法》第一百九十七条
8	保险诈骗罪	《刑法》第一百九十八条

随着金融市场的发展，尤其是互联网金融的发展，一方面带动着社会经济的快速增长，另一方面也诱发着金融诈骗犯罪。特别是进入21世纪以来，我国金融市场发展迅速，伴随而来的是金融诈骗犯罪呈现日益增长的态势。最高人民法院2019年发布的《金融诈骗司法大数据专题报告》显示，信用卡诈骗在近三年金融诈骗案件总量占比约为78%，集资诈骗罪为第二大金融诈骗案件类型，连续两年逆势上升，受案量由2016年的1100余件上升至2018年的1400件，增幅达27%。虽然信用卡诈骗罪居于金融诈骗犯罪首位，但由于其犯罪主体为自

然人，不包括单位，故与企业刑事合规的联系并不密切，在此，我们不再赘述。本章我们将以集资诈骗罪为重点，详细分析企业如何做好金融诈骗犯罪刑事合规风险识别和防控。

因为集资诈骗罪与非法吸收公众存款罪同属于非法集资犯罪，在犯罪构成上具有相似性，故笔者将两项罪名进行对比分析，以便于读者更直观、清晰地了解两项罪名的异同。非法集资的常见犯罪手段是利用 P2P（网络借贷）、虚拟币交易、融资租赁、养老理财等方式向社会公众吸收资金，具有非法性、公开性、利诱性和社会性四个特点。如 2015 年暴雷的 e 租宝，涉案金额高达 762 亿元，吸引投资用户 90 余万人，未兑付金额高达 380 亿元。e 租宝暴雷似乎成为非法集资案的一个开端，在 e 租宝之后，又相继有中晋系、泛亚系、钱宝网等暴雷。由于非法集资属于涉众型犯罪，天然具有参与人数多、影响范围广的特征，极易引发群体性事件，社会危害性极大。① 我国一直对其采取强监管的态势。最高人民法院发布的审理非法集资刑事案件统计数据显示，2015 年至 2018 年，集资诈骗犯罪案件的重刑率连续四年均超过 70%，监禁刑率连续四年均超过 90%，远高于同期金融犯罪案件的重刑率和监禁刑率。

二、金融诈骗领域常见的刑事法律风险识别

集资诈骗罪，是指以非法占有为目的，违反有关金融法律法规的规定，使用诈骗方法进行非法集资，扰乱国家正常金融秩序，侵犯公私财产所有权，且数额较大的行为。本罪的犯罪主体为一般主体，任何达到刑事责任年龄、具有刑事责任能力的自然人均可构成本罪，同时，单位也可以成为集资诈骗罪的主体。犯罪主观方面为故意，且具有非法占有的目的。即行为人在主观上具有将非法聚集的资金据为己有的目的。集资诈骗罪本质上是诈骗犯罪，故在行为构造上与诈骗罪具有一致性，即具有非法占有的目的，这也是区分集资诈骗罪与非法吸收公众存款罪的关键。根据《最高人民法院关于审理非法集资刑事案件具体应用法律若干问题的解释》第七条的规定，使用诈骗方法非法集资，具有下列情形之一的，可以认定为“以非法占有为目的”：（1）集资后不用于生产经营活动或者用于

① 王新：《指导性案例对网络非法集资犯罪的界定》，载《政法论丛》2021 年第 1 期。

生产经营活动与筹集资金规模明显不成比例,致使集资款不能返还的;(2)肆意挥霍集资款,致使集资款不能返还的;(3)携带集资款逃匿的;(4)将集资款用于违法犯罪活动的;(5)抽逃、转移资金、隐匿财产,逃避返还资金的;(6)隐匿、销毁账目,或者搞假破产、假倒闭,逃避返还资金的;(7)拒不交代资金去向,逃避返还资金的;(8)其他可以认定非法占有目的的情形。本罪的侵犯的犯罪客体,包括公私财产所有权和国家金融管理秩序。

e租宝

——钰诚国际控股集团有限公司、安徽钰诚控股集团等集资诈骗案

基本案情:

被告单位安徽钰诚控股集团于2014年6月至2015年4月,被告单位钰诚国际控股集团于2015年5月至12月,在没有银行业金融机构资质的前提下,利用e租宝平台、芝麻金融平台发布虚假的融资租赁债权项目及个人债权项目,包装成"e租年享""年安丰裕"等年化收益9%～14.6%的理财产品进行销售,以承诺还本付息等为诱饵,通过电视台、网络、散发传单等途径向社会公开宣传,先后吸收115万余人资金共计人民币762亿余元,其中重复投资金额为164亿余元。二被告单位集资后,除部分集资款用于返还集资本息,以及支付员工工资、房租、广告宣传费用、收购线下销售公司和担保公司等运营成本外,其余大部分集资款在丁甲的授意下肆意挥霍、随意赠与他人,以及用于走私等违法犯罪活动,造成集资款损失共计380亿余元。

被告人丁甲作为二被告单位的实际控制人,在进行决策的同时,与高层管理人员被告人丁乙、张某、彭某等人负责指挥、管理集资活动,被告人雍某、侯某、许某负责制作虚假的债权项目,被告人刘某曼、朱某敏、刘某静按照丁甲、丁乙等人的指示,负责收取、支付、调动集资款。被告人王某焕、谢某、路某等人分别负责在e租宝、芝麻金融平台发布虚假的债权项目,被告人谢某、杨甲、姚某燕、杨乙、丁某强等人负责通过媒体、推介会等途径向社会公开进行利诱性宣传,并通过被告人齐某岩、杨某致、路某、丁某强等人分别管理的线下销售公司,同步开展线上、线下集资活动,被告人李某倩、张某彪、宗某、刘某田、王某、高某俊等人分别负

责项目审核、人员招聘、业务督导、人事管理、平台维护、提供个人名义债权等事项。

裁判结果：

北京市第一中级人民法院经审理认为，被告单位安徽钰诚控股集团、钰诚国际控股集团以非法占有为目的，使用诈骗方法进行非法集资，其行为已构成集资诈骗罪。被告人丁甲、丁乙、张某、彭某作为二被告单位非法集资中直接负责的主管人员，被告人雍某、侯某、许某、刘某曼、朱某敏、刘某静作为二被告单位非法集资中直接责任人员，以非法占有为目的，积极参与组织、策划、实施使用诈骗方法非法集资，其行为均已构成集资诈骗罪……

一、被告单位钰诚国际控股集团有限公司犯集资诈骗罪，判处罚金人民币18亿元；犯走私贵重金属罪，判处罚金人民币300万元，决定执行罚金人民币180,300万元。

二、被告单位安徽钰诚控股集团犯集资诈骗罪，判处罚金人民币1亿元。

三、被告人丁甲犯集资诈骗罪，判处无期徒刑，剥夺政治权利终身，并处罚金人民币1亿元；犯走私贵重金属罪，判处有期徒刑十二年，并处没收个人财产人民币50万元；犯非法持有枪支罪，判处有期徒刑一年六个月；犯偷越国境罪，判处有期徒刑八个月，并处罚金人民币1万元，决定执行无期徒刑，剥夺政治权利终身，并处没收个人财产人民币50万元，罚金人民币10,001万元。

四、被告人丁乙犯集资诈骗罪，判处无期徒刑，剥夺政治权利终身，并处罚金人民币7000万元。

……

（一）集资诈骗与民间借贷的区别

目的不同。集资诈骗的行为人具有非法占有的目的，意图永久性占有投资者的投资款；民间借贷则是债务主体为了弥补生产、解决生活等方面出现的暂时性资金短缺，并在约定时间内偿还本息的行为。

对象不同。集资诈骗中行为人是面向社会不特定对象吸收资金，在发出筹资要约邀请时，并不知道借款人的具体身份，出借方具有随机性；民间借贷则通常发生在具有亲属、朋友关系之间，借款人身份明确，具有特定性。

方法不同。集资诈骗中行为人通过社会公开宣传的方式向不特定对象发出筹集资金的要约邀请；民间借贷中，行为人一般通过私下的方式向特定的人表达借款的意愿。

利息不同。集资诈骗中行为人往往向出借人承诺高额的利息回报，一般情况下，集资诈骗行为人向出借人承诺的利息远高出银行同期存款利率，具有利诱性的特点；民间借贷中，可以是无息借款，也可以是有息借款，借贷双方可以根据合意约定利息，利息标准不得超过合同成立时一年期贷款市场报价利率的4倍。

(二)集资诈骗与非法吸收公众存款的区别

目的不同。两者的区别主要表现在主观目的不同。集资诈骗中，行为人主观上具有永久非法占有的目的，意图永久占有社会不特定公众的资金，而在非法吸收公众存款中，行为人不具有永久占有资金的目的，只是临时占用资金，行为人承诺在一定周期内还本付息。如果向社会公众筹集资金的目的是用于生产经营，并且实际上全部或者大部分的资金也是用于生产经营，则涉嫌非法吸收公众存款；如果向社会公众筹集资金的目的是用于个人挥霍，或者用于偿还个人债务，或者用于单位或个人拆东墙补西墙，则涉嫌非法集资。如果单位有正常业务，经济能力较强，在向社会公众筹集资金时具有偿还能力，则涉嫌非法吸收公众存款；如果单位本身就是皮包公司，或者已经资不抵债，没有正常稳定的业务，则涉嫌非法集资。《最高人民法院关于印发全国法院审理金融犯罪案件工作座谈会纪要的通知》(2001年1月21日)中规定，集资诈骗罪和欺诈发行股票、债券罪、非法吸收公众存款罪在客观上均表现为向社会公众非法募集资金。区别的关键在于行为人是否具有非法占有的目的。对于以非法占有为目的而非法集资，或者在非法集资过程中产生了非法占有他人资金的故意，均构成集资诈骗罪。但是，在处理具体案件时要注意以下两点：一是不能仅凭较大数额的非法集资款不能返还的结果，推定行为人具有非法占有的目的；二是行为人将大部分资金用于投资或生产经营活动，而将少量资金用于个人消费或挥霍的，不应仅以此便认定具有非法占有的目的。

方法不同。集资诈骗罪是诈骗罪的一个特殊类型，两者是特殊与一般的关系，故在客观方面具有与诈骗罪相同的行为构造，即要求行为人使用诈骗方法(虚构事实、隐瞒真相)向社会公众吸收资金。而非法吸收公众存款中则不要求行为人使用诈骗方法向社会公众吸收资金。

(三)集资诈骗的主要表现形式

非法集资活动涉及内容广，表现形式多样，从目前案发情况看，主要包括债权、股权、商品营销、生产经营四大类。具体表现有以下几种形式：

(1)借种植、养殖、项目开发、庄园开发、生态环保投资等名义非法集资。

(2)以发行或变相发行股票、债券、彩票、投资基金等权利凭证或者以期货交易、典当为名进行非法集资。

(3)通过认领股份、入股分红进行非法集资。

(4)通过会员卡、会员证、席位证、优惠卡、消费卡等方式进行非法集资。

(5)以商品销售与返租、回购与转让、发展会员、商家联盟与“快速积分法”等方式进行非法集资。

(6)利用民间“会”“社”等组织或者地下钱庄进行非法集资。

(7)利用现代电子网络技术构造的“虚拟”产品，如“电子商铺”“电子百货”投资委托经营、到期回购等方式进行非法集资。

(8)对物业、地产等资产进行等份分割，通过出售其份额的处置权进行非法集资。

(9)以签订商品经销合同等形式进行非法集资。

(10)利用传销或秘密串联的形式非法集资。

(11)利用互联网设立投资基金的形式进行非法集资。

(12)利用“电子黄金投资”形式进行非法集资。

(四)集资诈骗的常见手段

1.承诺高额回报

不法分子为吸引群众上当受骗，往往许诺投资者高额回报。为了骗取更多的人参与集资，非法集资者在集资初期，往往按时足额兑现承诺本息，待集资达到一定规模后，便秘密转移资金或携款潜逃，使集资参与者遭受经济损失。

2.编造虚假项目

不法分子大多通过注册合法的公司或企业，打着响应国家产业政策、支持新农村建设、实践“经济学理论”等旗号，经营项目由传统的种植、养殖行业发展到高新技术开发、集资建房、投资入股、售后返租等内容，以订立合同为幌子，编造虚假项目，承诺高额固定收益，骗取社会公众投资。有的不法分子假借委托理财名义，故意混淆投资理财概念，利用电子黄金、投资基金、网络炒汇、电子商务等新名词迷惑社会公众，承诺稳定高额回报，欺骗社会公众投资。

3. 以虚假宣传造势

不法分子为了骗取社会公众信任，在宣传上往往一掷千金，采取聘请明星代言、在著名报刊上刊登专访文章、雇人广为散发宣传单、进行社会捐赠等方式，加大宣传力度，制造虚假声势，骗取社会公众投资。有的不法分子利用网络虚拟空间将网站设在异地或租用境外服务器设立网站。有的还通过网站、博客、论坛等网络平台和 QQ、MSN 等即时通讯工具，传播虚假信息，骗取社会公众投资。一旦被查，便以下线不按规则操作等为名，迅速关闭网站，携款潜逃。

4. 利用亲情诱骗

不法分子往往利用亲戚、朋友、同乡等关系，用高额回报诱惑社会公众参与投资。有些参与传销人员，在传销组织的精神洗脑或人身强制下，为了完成或增加自己的业绩，不惜利用亲情、地缘关系拉拢亲朋、同学或邻居加入，使参与人员迅速蔓延，集资规模不断扩大。

表 15－2　集资诈骗罪的禁止性行为

<table>
<tr><td colspan="3">禁止性行为</td></tr>
<tr><td>序号</td><td>行为模式</td><td>法律依据</td></tr>
<tr><td>1</td><td>集资后不用于生产经营活动或者用于生产经营活动与筹集资金规模明显不成比例，致使集资款不能返还的</td><td rowspan="6">《最高人民法院关于审理非法集资刑事案件具体应用法律若干问题的解释》</td></tr>
<tr><td>2</td><td>肆意挥霍集资款，致使集资款不能返还的</td></tr>
<tr><td>3</td><td>携带集资款逃匿的</td></tr>
<tr><td>4</td><td>将集资款用于违法犯罪活动的</td></tr>
<tr><td>5</td><td>抽逃、转移资金、隐匿财产，逃避返还资金的</td></tr>
<tr><td>6</td><td>隐匿、销毁账目，或者搞假破产</td></tr>
<tr><td colspan="3">备注：
集资诈骗行政违法与刑事犯罪的区别主要在于是否达到“数额较大的”情形。因此，限制性行为在表现形式上与禁止性行为具有一致性，主要差别在于集资诈骗数额是否在十万元以上。</td></tr>
<tr><td colspan="3">……</td></tr>
</table>

三、金融诈骗领域常见的刑事法律风险防范

（一）树立正确的经营理念

经营理念是企业文化中最重要、最核心、最灵魂的部分，是企业在长期经营过程中所形成的价值观和指导经营活动的原则。正确的经营理念对企业整体和企业成员的价值及行为取向起引导作用。主要表现为：一是对企业成员个体的思想和行为起导向作用；二是对企业整体的价值取向和经营管理起导向作用。同时，正确的经营理念也对企业员工的思想、心理和行为具有约束和规范作用。这种约束不是制度式的硬约束，而是一种文化的软约束，会造成强大的使个体行为从众化的群体心理压力和动力，使企业成员产生心理共鸣，继而达到行为的自我控制。一些企业正是由于缺乏正确的经营理念，导致企业在经营过程中，甚至在企业设立之初就走上了违法犯罪的道路。

（二）采用合法的形式融资

"非法性"是集资诈骗罪的重要特征之一，是指违反国家金融管理法律法规或者中国人民银行、金融监管、证监会等行政主管部门依照国家金融管理法律法规制定的部门规章或者国家有关金融管理的规定、办法、实施细则等规范性文件的规定吸收资金。因此，为降低触犯集资诈骗罪刑事法律风险，企业在吸收资金时应当经过有关部门许可，采用合法的形式融资。切勿虚构投资项目，随意做出与自身经营能力不相符、不切实际的高额回报承诺。谨慎"对内集资"，确保集资对象仅限于企业内部员工。杜绝对外向不特定对象进行公开宣传。集资应用于正常的生产经营活动，切勿随意改变资金用途，滥用资金盲目博弈，比如用于股票、期货等高风险投资。发生资金链断裂情形的，切忌拆东墙补西墙，应主动防止损失扩大，切勿轻易跑路，否则难免刑事追责。另外，为他人集资行为提供担保的，务必审查了解项目的真实性、合法性，发现存在集资诈骗风险的，应主动拒绝、停止担保行为，必要时可向公安机关举报，防止自己成为不法分子的帮凶，担保不成，反受牵连。

（三）严格财务管理制度

具有非法占有目的是构成集资诈骗犯罪的法定要件，法院通常会根据资金去向、归还能力等因素判断行为人是否具有非法占有目的。实践中，多数案件的

企业实际控制人都会对吸收的资金肆意挥霍，如 e 租宝案中，大部分集资款在企业实际控制人丁甲的授意下肆意挥霍、随意赠与他人。而这正是法院认定丁甲具有非法占有目的的重要因素。这透露出一些企业财务制度的不健全、不严格，企业经营者可以任意支配企业资金，用于个人消费，这就导致企业经营就存在巨大的刑事风险。

表 15－3 集资诈骗犯罪防范的措施

防范的一般措施		
序号	行为模式	特别说明
1	树立正确的经营理念	
2	采用合法的形式融资	
3	严格财务管理制度	
防范的特别措施		
由具有刑事思维的合规官或专业律师将风险识别点融入到防范的一般措施中专项处理		

第十六章　危害税收征管领域企业刑事合规管理

一、危害税收征管犯罪概述

危害税收征管犯罪，又称涉税犯罪，是指违反国家税收法律法规，侵害国家税收管理制度，妨害国家税收管理的犯罪活动。是经济犯罪的一种，属于破坏社会主义市场经济秩序罪，共包含 14 个罪名。其中除抗税罪的犯罪主体是自然人外，其他各罪的犯罪主体都包括单位。

危害税收征管犯罪可以分为税收类犯罪和发票类犯罪。

表 16－1　危害税收征管犯罪的类型

序号	类型	具体罪名	刑法条文
1	税收类犯罪	逃税罪	《刑法》第二百零一条
		抗税罪	《刑法》第二百零二条
		逃避追缴欠税罪	《刑法》第二百零三条
		骗取出口退税罪	《刑法》第二百零四条
2	发票类犯罪	虚开增值税专用发票、用于骗取出口退税、抵扣税款发票罪	《刑法》第二百零五条
		虚开发票罪	《刑法》第二百零五条之一
		伪造、出售伪造的增值税专用发票罪	《刑法》第二百零六条
		非法出售增值税专用发票罪	《刑法》第二百零七条
		非法购买增值税专用发票、购买伪造的增值税专用发票	《刑法》第二百零八条

续表

序号	类型	具体罪名	刑法条文
2	发票类犯罪	非法制造、出售非法制造的用于骗取出口退税、抵扣税款发票罪	《刑法》第二百零九条
		非法制造、出售非法制造的发票罪	《刑法》第二百零九条
		非法出售用于骗取出口退税、抵扣税款发票罪	《刑法》第二百零九条
		非法出售发票罪	《刑法》第二百零九条
		持有伪造的发票罪	《刑法》第二百一十条之一

公安部、国家税务总局公布的数据显示，近年来，我国涉税犯罪呈现高发态势，仅 2018 年至 2019 年 7 月，全国公安机关共立案涉税犯罪案件 2.28 万起，涉案金额达 5619.8 亿元。2022 年 4 月 29 日，最高人民检察院、公安部有关部门负责人在《最高人民检察院、公安部关于公安机关管辖的刑事案件立案追诉标准的规定（二）》答记者问时介绍，2019 年至 2021 年起诉危害税收征管犯罪 3.6 万余人。涉税犯罪一方面呈现出涉案数额巨大的特点，如 2018 年广东深圳 500 亿虚开案和 2019 年安徽合肥 910 亿虚开案。另一方面又呈现出职业化、组织化、产业化，复合化的特点。职业化、组织化、产业化，是指涉税犯罪呈现职业犯罪团伙流窜作案的特点，一些地区的犯罪分子按照血缘、地缘关系形成职业化的犯罪团伙，大肆跨区域流窜作案，并且有意识地设计犯罪环节，延长犯罪链条以逃避监管和打击。同时，不同的犯罪团伙之间还相互交织配合，有的犯罪分子甚至在网上设立“发票超市”“空壳公司超市”，呈现出产业化的特征。复合化，是指涉税犯罪一般与多种经济犯罪复合。如有的犯罪分子利用地下钱庄转移资金；有的犯罪分子通过虚开增值公司业绩，以骗取银行贷款或欺诈发行股票、债券；有的犯罪分子利用发票实施贪污、职务侵占等犯罪。

税收是国家财政收入的主要来源，依法惩治涉税犯罪是维护国家金融财政稳定的必然要求。自 2019 年起，公安部连续三年组织全国公安机关开展涉税犯罪“百城会战”行动，联合国家税务总局、海关总署、中国人民银行等部门组织开展打击虚开骗税违法犯罪两年专项行为。除此之外，国家相关部门也在加强建设涉税犯罪法律监管体系,2021 年 9 月,时任最高人民法院审判委员会委员、刑事审判第四庭庭长滕伟介绍,为依法惩治逃税、骗税、抗税、虚开发票等犯罪,最高人民法院正在制定《关于办理危害税收征管刑事案件适用法律若干问题的解释》。2022 年 5 月 17 日,国家税务总局、公安部、最高人民检察院等六部门联合印发《关于严厉打击骗取留抵退税违法犯罪行为的通知》,提出把打击骗取留抵退税违法犯罪行为作为 2022 年常态化打击虚开骗税工作的重点,各地税务、公安、检察、海关、人民银行、外汇管理等部门要充分发挥六部门常态化打击虚开骗税违法犯罪工作机制,加强协调配合,加强办案指导,加强检察监督,加强信息共享,坚持数据导查、情报导侦理念,开展联合分析研判、联合确定案源、联合推进案件查办。2022 年 7 月 14 日,最高人民法院发布《关于为加快建设全国统一大市场提供司法服务和保障的意见》,提出要依法严惩逃税、抗税、骗税、虚开增值税专用发票等违法犯罪行为,加大对利用“阴阳合同”逃税、文娱领域高净值人群逃税等行为的惩处力度。

在国家对涉税犯罪的强监管态势之下,如何做好税务刑事合规管理是企业经营不可避免,也不可或缺的话题。为了帮助企业及实务人员认识和了解破坏危害税收征管犯罪的特点,掌握危害税收征管犯罪刑事法律风险识别和防范的方法,本章将以虚开增值税专用发票罪为例,分析企业刑事合规风险识别与防范的要点。

二、危害税收征管领域常见的刑事法律风险识别

虚开增值税专用发票,是指行为人为谋取非法利益,违反国家税收法律法规的规定,为他人虚开、为自己虚开、让他人为自己虚开、介绍他人虚开增值税专用发票,用于骗取出口退税、抵扣税款发票的行为。

“营改增”之后,增值税一跃成为我国第一大税种,与此同时,虚开增值税专用发票犯罪也成为企业高发的犯罪之一。2021 年 4 月 24 日,北京师范大学刑事法律科学研究院发布《2019—2020 年企业家刑事风险分析报告》,报告对 2019 年 12 月 1 日至 2020 年 11 月 30 日上传到中国裁判文书网上所有的刑事判决书、裁定书进行筛选,从中筛选出符合企业家犯罪定义的案例 2635 件,并以此作为分析样本。经分析发现,在企业家犯罪中,虚开增值税专用发票犯罪达 167

件，占比7.16%，排名第四位，是企业家涉刑的高发罪名之一。

虚开增值税专用发票罪是涉税犯罪中最常发、最具代表性的罪名，居危害税收征管犯罪的首位。据统计，虚开增值税专用发票在危害税收征管犯罪中的比重由2012年的66.24%上升至2017年的77.39%[①]，且在涉案企业合规改革试点工作中，虚开增值税专用发票犯罪也占很大比重。江苏省企业合规改革试点工作情况报告显示，在已办理的137件合规案件中，涉及12个罪名，其中近40%为虚开增值税专用发票案件。2021年6月3日，最高人民检察院发布的第一批企业合规改革试点典型案例中就包括上海市A公司、B公司、关某某虚开增值税专用发票案。2022年3月8日，最高人民检察院检察委员会副部级专职委员万春[②]就涉案企业合规改革工作接受新京报专访。在专访时，万春委员介绍，虚开发票类案件占合规案件总数的1/3。根据上述数据可知，无论是在常规的企业涉刑犯罪中，还是在涉案企业合规改革试点中，虚开增值税专用发票罪均是高发犯罪。本章将以虚开增值税专用发票刑事合规风险识别与防控为重点，分析企业如何做好税务合规管理。

A公司、B公司、关某某虚开增值税专用发票案

——最高人民检察院第一批涉案企业合规典型案例

基本案情：

被告单位上海A医疗科技股份有限公司（以下简称A公司）、上海B科技有限公司（以下简称B公司），被告人关某某系A、B两家公司实际控制人。

2016年至2018年，关某某在经营A公司、B公司业务期间，在无真实货物交易的情况下，通过他人介绍，采用支付开票费的方式，让他人为两家公司虚开增值税专用发票共219份，价税合计2887余万元，其中税款419余万元已申报抵扣。2019年10月，关某某到案后如实供述上述犯罪事实并补缴涉案税款。

① 吴萃、程浩然：《观点|虚开增值税专用发票无罪辩护案例研究》，载微信公众号“天达共和法律观察”2020年8月29日，https://mp.weixin.qq.com/s/rk64ZPacrs1oqxiNmQX9Xg。

② 万春，2019年1月至2022年4月任最高人民检察院检察委员会副部级专职委员，现任最高人民检察院二级大检察官。

2020年6月，公安机关以A公司、B公司、关某某涉嫌虚开增值税专用发票罪移送检察机关审查起诉。上海市宝山区人民检察院受理案件后，走访涉案企业及有关方面了解情况。经调查，涉案企业系我国某技术领域的领军企业、上海高新技术企业，科技实力雄厚，对地方经济发展和促进就业有很大贡献。公司管理人员及员工学历普遍较高，对合规管理的接受度高，执行力强，企业合规具有可行性，检察机关遂督促企业做出合规承诺并开展合规建设。

裁判结果：

2020年11月，检察机关以A公司、B公司、关某某涉嫌虚开增值税专用发票罪对其提起公诉并适用认罪认罚从宽制度。12月，上海市宝山区人民法院采纳检察机关全部量刑意见，以虚开增值税专用发票罪分别判处被告单位A公司罚金15万元，B公司罚金6万元，被告人关某某有期徒刑三年，缓刑五年。

判断企业是否具有虚开增值税专用发票的刑事法律风险应当从该罪的犯罪构成入手，即企业的行为是否符合本罪的构成要件。虚开增值税专用发票罪的犯罪主体包括自然人和单位。犯罪主观方面为故意，即在主观上必须具有虚开发票用于骗取（抵扣偷逃税款）的目的。2018年之前，通说认为只要行为人实施了虚开增值税专用发票的行为并达到法定金额即构成本罪，不需要确定行为人是否具有骗取税款的目的。但在2018年12月4日，最高人民法院发布的第二批保护产权和企业家合法权益典型案例之后，该通说观点发生转变。在第二批典型案例中的张某虚开增值税专用发票案中，最高人民法院认为，张某以其他单位名义对外签订销售合同，由该单位收取货款、开具增值税专用发票，不具有骗取国家税款的目的，未造成国家税款损失，其行为不构成虚开增值税专用发票罪。2020年7月24日，最高人民检察院出台《关于充分发挥检察职能服务保障“六稳”“六保”的意见》提出要依法慎重处理企业涉税案件。注意把握一般涉税违法行为与以骗取国家税款为目的的涉税犯罪的界限，对于有实际生产经营活动的企业为虚增业绩、融资、贷款等非骗税目的且没有造成税款损失的虚开增值税专用发票行为，不以虚开增值税专用发票罪定性处理，依法作出不起诉决定的，移送税务机关给予行政处罚。本罪侵犯的客体是增值税专用发票管理秩序和国家税收管理制度。犯罪客观方面是为他人虚开、为自己虚开、让他人为自己虚开、介绍他人虚开增值税专用发票，用于骗取出口退税、抵扣税款发票达到法定数额的行为。

无行为则无犯罪，如何认定“虚开”，是判断构成虚开增值税专用发票罪的关键，也是识别企业刑事合规风险的有效方法。

虚开增值税专用发票的常见行为类型有以下几类。

（一）虚构进项不虚构销项

虚构进项不虚构销项通常发生在让他人为自己虚开或自己为自己虚开的场合。行为人在有真实销项的场合，为了逃避应征税款，采取从专业开票公司或有富余票的公司买票、自己给自己虚开农产品收购票等手段取得进项增值税专用发票用以抵扣税款，进而解决自己进项不足的问题。通过该行为，一方面可以减少增值税的税款缴纳，另一方面还因为虚增了成本费用，可以减少企业所得税的缴纳。虚构进项不虚构销项的虚开增值税专用发票类型在实务中普遍存在。

（二）虚构销项不虚构进项

虚构销项不虚构进项通常发生在为他人虚开的场合。这里的不虚构进项包括三种情况：一是进项真实，即利用富余票进行虚开；二是根本没有进项，但不虚构进项，即走逃式虚开，纯粹对外虚开；三是进项是真实的，但进项享有税收优惠政策，即利用政策虚开。

利用富余票虚开，是指有实际经营业务的企业，因为销售业务的对象是不需要增值税专用发票的小规模纳税人、非增值税纳税人或者个人，因此产生多余的销项——“富余票”，将富余的专票虚开给他人牟利，受票企业将该专票用于抵扣。即真实货物为甲购买，但发票却开给了乙。

走逃式虚开又被称为暴力虚开，是指以空壳公司为依托，不进行实际经营，对外虚开增值税专用发票，短时间大量虚开后即失联或走逃。走逃式虚开案件是目前虚开增值税专用发票罪的主要犯罪类型。

利用政策票虚开，是指开票方利用其对发票项的交易享有增值税税收优惠政策，如农产品税收优惠、即征即退、各种财政补贴等，为受票方虚开增值税专用发票，骗取优惠补贴的行为。

（三）既虚构进项又虚构销项

既虚构进项又虚构销项在为他人虚开、让他人为自己虚开、自己为自己虚开的场合均有可能出现。

第一种是以空壳公司为平台，无实际经济业务，通过虚构交易，一方面让他人为自己虚开或者自己为自己虚开，另一方面对外为他人虚开。该类型和上述的走逃式虚开本质一样，无非是走逃式虚开省去了进项虚构的这一环，对外虚开一段时间后就走逃，“打一枪换一个地方”。

第二种是变票洗票虚开。变票洗票是通过在增值税专用发票流转过程中刻意增加中间环节，由变票洗票公司在取得虚开增值税专用发票抵扣进项税额后，再对外开具增值税专用发票，中间环节的进项发票或销项发票往往都没有真实的经营活动，层层流转后达到变票或洗票的目的。所谓洗票类似于洗钱，即将上游企业通过“暴力虚开”等方式取得的增值税专用发票通过拉长流转链条，达到不易被识别的效果。所谓变票，是指在流转过程中不断变更商品品名，达到将变票后增值税专用发票贩卖获利或偷逃特殊税款的目的。

第三种则是对开、环开等特殊虚开。企业经营中，常设置一些考核指标，如销量、业绩等。实务中就出现了为了完成上述指标，虚构商品交易的事实，在两方或几方主体间对开、环开增值税专用发票的情形。通过虚开专票增加销量和业绩，但各方均如实缴纳相应税额，且因对开、环开的专票数额是一致的，缴纳或抵扣的税额也都相等，客观上不会造成增值税额的流失。开票企业通过虚构供货事实收入货款实现融资目的，受票企业通过将货物再向控制企业流转虚增销售业绩，过程中增值税专用发票在开票企业、受票企业、控制企业之间循环流转。

表 16－2　虚开增值税专用发票罪的禁止性行为

禁止性行为		
序号	行为模式	法律依据
1	为他人、为自己开具与实际经营业务情况不符的发票	《发票管理办法》
2	让他人为自己开具与实际经营业务情况不符的发票	
3	介绍他人开具与实际经营业务情况不符的发票	
4	没有货物购销或者没有提供或接受应税劳务而为他人、为自己、让他人为自己、介绍他人开具增值税专用发票	《最高人民法院关于适用〈全国人民代表大会常务委员会关于惩治虚开、伪造和非法出售增值税专用发票犯罪的决定〉的若干问题的解释》
5	有货物购销或者提供或接受了应税劳务但为他人、为自己、让他人为自己、介绍他人开具数量或者金额不实的增值税专用发票	
6	进行了实际经营活动，但让他人为自己代开增值税专用发票	

续表

备注： 1. 虚开增值税专用发票行政违法与刑事犯罪的区别主要在于虚开的税款数额或者造成国家税款损失数额是否达到刑事立案追诉标准。因此，虚开增值税专用发票限制性行为在表现形式上与禁止性行为具有一致性，主要差别在于虚开的税款数额是否在十万元以上或者造成国家税款损失数额在五万元以上的。 2.《最高人民法院关于适用〈全国人民代表大会常务委员会关于惩治虚开、伪造和非法出售增值税专用发票犯罪的决定〉的若干问题的解释》（法发〔1996〕30 号）第一条规定了虚开增值税专用发票的定罪量刑标准。2018 年 8 月 22 日，最高人民法院发布《关于虚开增值税专用发票定罪量刑标准有关问题的通知》（法〔2018〕226 号），该通知第一条规定，本通知下发之日起，人民法院在审判工作中不再参照执行《最高人民法院关于适用〈全国人民代表大会常务委员会关于惩治虚开、伪造和非法出售增值税专用发票犯罪的决定〉的若干问题的解释》（法发〔1996〕30 号）第一条规定的虚开增值税专用发票罪的定罪量刑标准。虽然，不再参照执行法发〔1996〕30 号中关于虚开增值税专用发票罪的定罪量刑标准，但法发〔1996〕30 号第一条中关于认定属于虚开增值税专用发票行为的规定，对于企业识别和预防刑事合规风险还有一定的借鉴意义。
……

三、危害税收征管领域常见的刑事法律风险防范

（一）建立交易审核制度

合法取得并以自己名义开具与实际交易相符的增值税专用发票，注意资金流、发票流、货物流“三流一致”，若存在“先卖后买”、挂靠经营等“三流不一致”情况的，尽量通过签订与上家的货物买卖合同、取得货物的所有权，签订书面挂靠协议、形成明确挂靠关系等方式，形成完整的交易锁链，防止被认定为虚开增值税专用发票。

（二）建立完善的财务制度

企业应当建立健全资本权属清晰、财务关系明确、符合法人治理结构要求的财务管理制度，严格遵守国家有关内部财务制度、规定和财经纪律，按照风险与收益均衡、不相容职务分离等原则，建立必要的费用开支范围、标准和报销审批制度，明确管理权限和责任，统一使用和管理资金；建立健全会计账簿，统一登记、核算各项业务事项，控制财务风险。

（三）建立发票使用登记制度

企业应当建立发票使用登记制度，设置发票登记簿，并定期向主管税务机关

报告发票使用情况。企业应当按照税务机关的规定存放和保管发票，不得擅自损毁、转借、转让发票。已经开具的发票存根联和发票登记簿要保存5年。

表16－3　虚开增值税专用发票罪防范的措施

<table>
<tr><td colspan="3">防范的一般措施</td></tr>
<tr><td>序号</td><td>行为模式</td><td>特别说明</td></tr>
<tr><td>1</td><td>建立交易审核制度</td><td></td></tr>
<tr><td>2</td><td>建立完善的财务制度</td><td></td></tr>
<tr><td>3</td><td>建立发票使用登记制度</td><td></td></tr>
<tr><td colspan="3">防范的特别措施</td></tr>
<tr><td colspan="3">由具有刑事思维的合规官或专业律师将风险识别点融入到防范的一般措施中专项处理</td></tr>
</table>

第十七章　侵犯知识产权犯罪领域企业刑事合规管理

一、侵犯知识产权犯罪概述

侵犯知识产权犯罪，是指违反知识产权保护法律法规，未经知识产权权利人许可，非法利用其知识产权（包括商标权、专利权、著作权），侵犯国家知识产权管理秩序和知识产权权利人合法权益，违法所得数额较大或者情节严重的行为。属于破坏社会主义市场经济秩序罪的一个犯罪类别，共包含8项罪名。

侵犯知识产权犯罪可以分四类，包括侵犯商标权类犯罪、侵犯专利权类犯罪、侵犯著作权类犯罪和侵犯商业秘密类犯罪。

表17－1　侵犯知识产权犯罪的类型

序号	类型	具体罪名	刑法条文
1	侵犯商标权类犯罪	假冒注册商标罪	《刑法》第二百一十三条
		销售假冒注册商标的商品罪	《刑法》第二百一十四条
		非法制造、销售非法制造的注册商标标识罪	《刑法》第二百一十五条
2	侵犯专利权类犯罪	假冒专利罪	《刑法》第二百一十六条
3	侵犯著作权类犯罪	侵犯著作权罪	《刑法》第二百一十七条
		销售侵权复制品罪	《刑法》第二百一十八条
4	侵犯商业秘密类犯罪	侵犯商业秘密罪	《刑法》第二百一十九条
		为境外窃取、刺探、收买、非法提供商业秘密罪	《刑法》第二百一十三条之一

随着“大众创业、万众创新”口号的提出,创新型国家发展不断影响着我国经济社会的变革,我国知识产权申请量(专利申请量、商标注册量)连续多年位居全球第一,与此同时,知识产权保护工作的难度也在不断加重。最高人民检察院发布的2021年1~6月全国检察机关办案数据显示,2021年1月至6月,全国检察机关共起诉侵犯知识产权犯罪6017人,同比上升12.6%,起诉率达到91.8%,高于整体刑事犯罪6.2个百分点,并且是近五年来的最高点。侵犯知识产权犯罪案件体现出两个特点:一是罪名集中,主要为假冒注册商标罪和销售假冒注册商标罪,分别起诉2676人和2138人,合占起诉总数的80%;二是案发地集中,以东南经济较发达地区为主,其中广东起诉1463人、上海987人、浙江416人、河南371人、江苏341人,五地占全国起诉总数的59.5%。

下面我们以案发数量较多的深圳地区为例,分析侵犯知识产权犯罪案件的特点。2021年11月,深圳市人民检察院发布《深圳检察机关知识产权刑事法律保护工作白皮书(2017—2021)》,白皮书通报,2017年至2021年8月,深圳市检察机关共受理侵犯知识产权犯罪审查逮捕案件1801件3433人、审查起诉案件1705件3169人。其中,97%以上案件与侵犯商标权有关,侵犯商标权类犯罪案件数量和人数分别占总数的97.5%和97.04%。侵犯知识产权犯罪案件呈现犯罪类型和领域集中的特点。从犯罪类型来看,侵犯商标类案件占比最大,其中涉嫌假冒注册商标罪占比58.09%,涉嫌销售假冒注册商标的商品罪占比33.3%。从涉案领域来看,侵犯商标权类案件侵权产品主要集中在电子、烟酒、服装及奢侈品领域,又因电子产品产业链长、市场需求大、犯罪门槛低,涉及手机及配件的侵权案件最为突出。

根据上述数据,我国知识产权保护工作任重而道远。创新是引领发展的第一动力、保护知识产权就是保护创新,2021年2月1日,《求是》杂志发表习近平总书记《全面加强知识产权保护工作激发创新活力推动构建新发展格局》重要文章,文章提出,全面建设社会主义现代化国家,必须更好推进知识产权保护工作。知识产权保护工作关系国家治理体系和治理能力现代化,关系高质量发展,只有严格保护知识产权,依法对侵权假冒的市场主体、不法分子予以严厉打击,才能提升供给体系质量、有力推进高质量发展。为加强对知识产权的保护,国家先后出台相关政策法律,如2019年11月4日,中共中央办公厅、国务院办公厅联合发布《关于强化知识产权保护的意见》,提出要加大刑事打击力度,研究降低侵犯知识产权犯罪入罪标准，提高量刑处罚力度，修改罪状表述，推动解决涉案侵权物品处置等问题。强化打击侵权假冒犯罪制度建设，探索完善数据化打假情报导侦工作机制，开展常态化专项打击行动，持续保持高压严打态势。2021年9月24日，最高人民法院发布《关于加强新时代知识产权审判工作为知识产权强国建设提供有力司法服务和保障的意见》，提出要加大刑事打击力度，依法惩治侵犯知识产权犯罪。2022年4月25日，最高人民检察院、国家知识产权局联合发布《关于强化知识产权协同保护的意见》，提出要共同推动构建知识产权“严保护、大保护、快保护、同保护”工作格局。

面对日益严峻的知识产权保护形势，做好知识产权刑事合规风险防控工作是企业经营发展必须解决的重要问题，为了帮助企业认识和了解侵犯知识产权犯罪的特点，掌握侵害知识产权犯罪刑事法律风险识别和防范的方法，本章笔者将以销售假冒注册商标的商品罪为例，分析企业刑事合规风险识别与防范的要点。

二、侵犯知识产权领域常见的刑事法律风险识别

销售假冒注册商标的商品罪，是指明知是假冒注册商标的商品，而予以销售，违法所得数额较大或者有其他严重情节的行为。为了加大对侵犯商标类犯罪的打击力度，《刑法修正案(十一)》对销售假冒注册商标的商品罪进行了修改。一是将定罪量刑标准由“销售金额数额较大”“销售金额数额巨大”，分别修改为“违法所得数额较大或者有其他严重情节”“违法所得数额巨大或者有其他特别严重情节”。将“销售金额”修改为“违法所得”。二是提高了本罪的刑罚。将第一档量刑的主刑由“三年以下有期徒刑或者拘役”修改为“三年以下有期徒刑”，删除“拘役”的规定；将第二档的量刑的上限由“七年有期徒刑”改为“十年有期徒刑”。

表 17－2　销售假冒注册商标的商品罪修正前后对比

修正前	修正后
《刑法》第二百一十四条　销售明知是假冒注册商标的商品，销售金额较大的，处三年以下有期徒刑或者拘役，并处或者单处罚金；销售金额数额巨大的，处三年以上有期徒刑，并处罚金。	《刑法》第二百一十四条　销售明知是假冒注册商标的商品，违法所得数额较大或者有其他严重情节的，处三年以下有期徒刑，并处或者单处罚金；违法所得数额巨大或者有其他特别严重情节的，处三年以上十年以下有期徒刑，并处罚金。

邓某某、某善食品(厦门)有限公司等
销售假冒注册商标的商品案

——最高人民检察院指导性案例

基本案情：

2017 年 5 月至 2019 年 1 月初，被告人邓某某伙同张某建(另案处理)等人明知购入、持有的速溶咖啡为假冒“星巴克”“STARBUCKS VIA”等注册商标的商品情况下，仍以人民币 180 余元/件(每件 20 盒，每盒 5 条，下同)的价格将 21，304 件上述商品销售给被告单位某善公司，销售金额计人民币 3，830，000 余元。

2019 年 1 月 4 日，公安机关在被告人邓某某及张某建等人租赁的位于广东省广州市白云区石井街道宝鸭北路自编 3 号二楼加工点内查获假冒星巴克速溶咖啡 6480.7 件及假冒星巴克头像商标 59，500 个、假冒星巴克包装盒 34，600 个、假冒星巴克包装箱 2886 个、假冒星巴克铝膜 281，000 张、咖啡粉 1560 千克、灌装机 4 台等，成品假冒星巴克速溶咖啡货物价值人民币 1，160，000 余元。

被告单位某善食品(厦门)有限公司(以下简称某善公司)成立于 2016 年 8 月，主要从事食品生产、销售等经营活动，被告人陈某文、甄某连系该公司实际经营人。被告人张某泉及赵某伟、张某(均另案处理)等人均系该公司销售员，均负责对外推销双善公司经营的假冒“星巴克”“STARBUCKSVIA”速溶咖啡及饼干、红酒等食品。被告人甄某系该公司发货员，负责在广东省广州市将假冒“星巴克”“STARBUCKSVIA”速溶咖啡发货至无锡、常州。

2017 年 5 月，时任某善公司实际经营人的被告人陈某文、甄某连，以单位名义，与被告人邓某某及张某建等人达成合作协议，双方约定某善公司从邓某某等人控制的广州市百益食品贸易有限公司购入假冒“星巴克”“STARBUCKS VIA”等注册商标的速溶咖啡予以销售。尔后，某善公司陆续从被告人邓某某等人处购入假冒“星巴克”“STARBUCKS VIA”等注册商标的速溶咖啡 21,304 件并对外销售。

2017 年 12 月至 2019 年 1 月初，时任某善公司实际经营人的被告人陈某文、甄某连在明知从邓某某等人处购入的速溶咖啡为假冒“星巴克”“STARBUCKS VIA”等注册商标的商品情况下，仍以单位名义，通过销售员推销、物流发货等方式，先后销售给无锡市某国际贸易有限公司、江苏某商贸易有限公司、杭州某贸易有限公司、汕头市某食品有限公司、西藏某百货、乌鲁木齐某食品经营部等分布在全国 18 个省份的 50 余名商户共计 19,264 件，涉案销售金额共计人民币 7,240,000 余元。其中，被告人陈某文、甄某连均参与销售 19,264 件，涉案销售金额计人民币 7,240,000 余元；被告人张某泉参与销售 9812 件，涉案销售金额计人民币 3,640,000 余元；被告人甄某参与销售 3396 件，涉案销售金额计人民币 1,290,000 余元。

2019 年 1 月 4 日，被告人陈某文、甄某连在福建省厦门市集美区被公安机关抓获，被告人甄某在广东省广州市白云区被公安机关抓获，2019 年 6 月 27 日，被告人张某泉至公安机关投案。案发后，公安机关在位于广东省广州市白云区仓库及该仓库门口粤 A × × × × × 箱式卡车内共计查获某善公司待销售的假冒星巴克 VIA 咖啡 2040 件，货物价值人民币 690,000 余元。

裁判结果：

被告人邓某某伙同他人销售明知是假冒注册商标的商品，销售金额数额巨大，应当以销售假冒注册商标的商品罪追究其刑事责任，且系共同犯罪。被告单位某善公司销售明知是假冒注册商标的商品，销售金额数额巨大，被告人陈某文、甄某连作为直接负责的主管人员，被告人张某泉、甄某作为其他直接责任人员，其行为均应当以销售假冒注册商标的商品罪追究其刑事责任，且系单位犯罪、共同犯罪。公诉机关的指控，事实清楚，证据确实、充分，指控的罪名成立，本院予以采纳。

一、被告人邓某某犯销售假冒注册商标的商品罪，判处有期徒刑五年，并处罚金人民币300万元。

二、被告单位某善食品(厦门)有限公司犯销售假冒注册商标的商品罪,判处罚金人民币320万元。

三、被告人陈某文犯销售假冒注册商标的商品罪,判处有期徒刑五年,并处罚金人民币200万元。

四、被告人甄某连犯销售假冒注册商标的商品罪,判处有期徒刑四年六个月,并处罚金人民币200万元。

五、被告人张某泉犯销售假冒注册商标的商品罪,判处有期徒刑二年,缓刑二年三个月,并处罚金人民币18万元。

六、被告人甄某犯销售假冒注册商标的商品罪,判处有期徒刑一年九个月,缓刑二年,并处罚金人民币10万元。

七、被告人邓某某违法所得人民币20万元,被告单位某善公司、被告人陈某文、甄某连共同违法所得人民币100万元,依法予以追缴并上缴国库;被告人张某泉主动退出违法所得人民币4万元,被告人甄某主动退出违法所得人民币23,000元,依法予以没收上缴国库。

八、公安机关扣押的假冒注册商标的商品等,由公安机关依法处理。

九、禁止被告人张某泉、甄某在缓刑考验期内从事生产、销售咖啡的经营活动。

销售假冒注册商标的商品罪的犯罪主体为一般主体,包括自然人和单位。在司法实践中,涉案的主体多为企业和个体工商户。犯罪主观方面为故意,即行为人主观上必须明知是假冒他人注册商标的商品。行为人是否“明知”是判断是否构成犯罪的关键,实践中,通常从销售商品的进货渠道、进货价格、商品质量等方面判断行为人是否明知。《最高人民法院、最高人民检察院关于办理侵犯知识产权刑事案件具体应用法律若干问题的解释》中也对“明知”的情形进行列举式规定,具体包括以下情况:知道自己销售的商品上的注册商标被涂改、调换或者覆盖的;因销售假冒注册商标的商品受到过行政处罚或者承担过民事责任、又销售同一种假冒注册商标的商品的;伪造、涂改商标注册人授权文件或者知道该文件被伪造、涂改的;其他知道或者应当知道是假冒注册商标的商品的情形。2003年12月23日,最高人民法院、最高人民检察院、公安部、国家烟草专卖局联合发布的《关于办理假冒伪劣烟草制品等刑事案件适用法律问题座谈会纪要》中也对销售明知是假冒烟用注册商标的烟草制品行为中的"明知"进行规定,即以明显低于市场价格进货的;以明显低于市场价格销售的;销售假冒烟用注册商标的烟草制品被发现后转移、销毁物证或者提供虚假证明、虚假情况的可以认定为"明知"。本罪的犯罪客体为复合客体,既侵犯了国家对商标的管理制度,又侵犯了他人注册商标的专用权。犯罪客观方面表现为销售明知是假冒注册商标的商品的行为。这里的销售包括产品销售的各个环节,具体而言包括批发、零售、代售、贩卖等各个环节。"假冒注册商标的商品"是指在同一种商品上使用与注册商标相同的商标的商品。刑法意义上的"相同商标"是指与被假冒的注册商标完全相同,或者与被假冒的注册商标在视觉上基本无差别、足以对公众产生误导的商标。司法实践中严格坚持"视觉上与注册商标基本无差别、足以对公众产生误导"必须同时满足、缺一不可的认定标准。

表 17-3 销售假冒注册商标的商品罪的禁止性行为

禁止性行为		
序号	行为模式	法律依据
1	知道自己销售的商品上的注册商标被涂改、调换或者覆盖的	《最高人民法院、最高人民检察院关于办理侵犯知识产权刑事案件具体应用法律若干问题的解释》
2	销售假冒注册商标的商品受到过行政处罚或者承担过民事责任、又销售同一种假冒注册商标的商品的	
3	伪造、涂改商标注册人授权文件或者知道该文件被伪造、涂改的	
……		

表 17-4 销售假冒注册商标的商品罪的限制性行为

限制性行为		
序号	行为模式	法律依据
1	未经商标注册人的许可,在同一种商品上使用与其注册商标相同的商标的	《商标法》
2	未经商标注册人的许可,在同一种商品上使用与其注册商标近似的商标,或者在类似商品上使用与其注册商标相同或者近似的商标,容易导致混淆的	
3	销售侵犯注册商标专用权的商品的	
4	伪造、擅自制造他人注册商标标识或者销售伪造、擅自制造的注册商标标识的	
5	未经商标注册人同意,更换其注册商标并将该更换商标的商品又投入市场的	
6	故意为侵犯他人商标专用权行为提供便利条件,帮助他人实施侵犯商标专用权行为的	
……		

三、侵犯知识产权领域常见的刑事法律风险防范

(一)加大合规培训力度,提高知识产权保护意识

实践中,侵犯商标刑事犯罪多发生于企业高级管理人员,在企业的经营中高级管理人员带头侵犯他人的注册商标,并指使员工销售假冒注册商标的商品,这体现出涉案企业从上至下缺乏知识产权保护意识及知识产权合规理念不足。因此,企业应当建立知识产权合规培训制度,加强对企业经营者及工作人员的合规培训,提高其知识产权保护意识。用理念指导经营、用意识指引实践,进而规范相关人员的行为,降低企业经营中侵犯他人知识产权行为的发生。

(二)加强知识产权合规管理,合法使用商标

未经注册商标所有者许可,企业不得在同一种商品上使用与其注册商标完全相同或在视觉上基本无区别、足以使公众产生误导的商标。企业可通过注册

商标转让、使用许可等方式,合法使用他人的注册商标。企业通过转让方式合法使用他人的注册商标的,应调查核实商标权利证明文件是否完整、真实、合法,如在同一商品上注册有近似商标,或者在类似商品上注册有相同或近似商标,需要同时转让。在设计、使用企业商标时,应事先检索和比对,确保预使用的企业商标具有明显的特征;对自己使用的商标及时注册,防止被别人抢注成功后,反被别人举报侵权;销售明知是假冒注册商标的商品,或者伪造、擅自制造他人注册商标标识或者销售伪造、擅自制造的注册商标标识都属于违法行为,商品销售企业、产品外包装生产企业均应仔细审查合同相对方的商标权利证明文件是否完整、真实、合法,以避免承担刑事责任。

(三)建立知识产权合规审查制度

建立知识产权合规审查制度是企业合规管理的内在要求,也是企业行稳致远的制度保障。企业应当建立健全规范化的知识产权事务管理和决策流程,将知识产权合规审查作为规章制度制定、重大事项决策、重要合同签订、重大项目运营等经营管理行为的必经程序,及时对不合规的内容提出修改意见,未经合规审查的项目不得实施。公司要在生产、销售前了解清楚商标注册的情况。因此,就要灵活应用中国商标网,进入查询页面后,会看到多种查询方式,包括商标近似查询、商标综合查询、商标状态查询、商标公告查询等,其中最常用的是商标近似查询,通过该查询可以清楚某一文字、图形是否注册或者是否在某一品类注册。公司要在销售商品前做到商品来源合法合理,如果销售时不知道是侵犯注册商标专用权的商品,并且能证明该商品是自己合法取得并说明提供者的,将很有可能规避刑事风险,具体做法为:(1)价格正常,不能是不合理的低价;(2)有供货单位合法签章的供货清单和货款收据;(3)有供销双方签订的进货合同且已真实履行的;(4)有合法进货发票记载事项与涉案商品对应的。

(四)建立知识产权合规举报制度

企业应当建立合规举报制度,鼓励对潜在或实际存在的违反知识产权合规方针或合规义务的行为进行举报,并对举报者进行保护,举报由无利益冲突的合规专员进行独立调查,并将调查结果和处理意见向决策层进行汇报、记录。同时,企业应拓宽合规绩效反馈来源,为相关人员设立举报机制、求助热线、情况反馈、建议箱等,为供应商、承包商等第三方设立投诉处理系统,重点搜集有关企业不合规情况、合规疑问及对合规有效性和合规绩效评价等反馈内容。

表 17-5 销售假冒注册商标的商品罪防范的措施

防范的一般措施		
序号	行为模式	特别说明
1	加大合规培训力度,提高知识产权保护意识	
2	加强知识产权合规管理,合法使用商标	
3	建立知识产权合规审查制度	
4	建立知识产权合规举报制度	
防范的特别措施		
由具有刑事思维的合规官或专业律师将风险识别点融入到防范的一般措施中专项处理		

第十八章　扰乱市场秩序犯罪领域企业刑事合规管理

一、扰乱市场秩序犯罪概述

扰乱市场秩序犯罪，是指违反国家市场监督管理的法律、法规，进行不正当竞争，从事非法经营贸易或者中介服务活动，以及强行进行交易，扰乱和破坏等价有偿、公平竞争和平等交易的市场秩序，情节严重的行为。是破坏社会主义市场经济秩序罪的一个犯罪类别，共包含13项罪名。

表18－1　扰乱市场秩序犯罪的类型

序号	罪名	刑法条文
1	损害商业信誉、商品声誉罪	《刑法》第二百二十一条
2	虚假广告罪	《刑法》第二百二十二条
3	串通投标罪	《刑法》第二百二十三条
4	合同诈骗罪	《刑法》第二百二十四条
5	组织、领导传销活动罪	《刑法》第二百二十一条之一
6	非法经营罪	《刑法》第二百二十五条
7	强迫交易罪	《刑法》第二百二十六条
8	伪造、倒卖伪造的有价票证罪	《刑法》第二百二十七条
9	倒卖车票、船票罪	《刑法》第二百二十七条
10	非法转让、倒卖土地使用权罪	《刑法》第二百二十八条
11	提供虚假证明文件罪	《刑法》第二百二十九条
12	出具证明文件重大失实罪	《刑法》第二百二十九条
13	逃避商检罪	《刑法》第二百三十条

2020年最高人民检察院工作报告中提到，新型危害经济社会管理秩序犯罪上升，1999年至2019年，扰乱市场秩序犯罪增长19.4倍。笔者以“扰乱市场秩序罪”为关键词，在“威科先行·法律信息库”对最近五年（2018～2022年，截至2022年9月8日）扰乱市场秩序犯罪情况进行检索，检索结果显示，最近五年，共有刑事判决书60,125份，其中破坏社会主义市场经济秩序罪刑事判决书60,101份，占比99.96%，位居第一。在破坏社会主义市场经济秩序犯罪中，扰乱市场秩序罪刑事判决书60,029份，占比99.88%，是破坏社会主义市场经济秩序犯罪中最高发的犯罪类别。在扰乱市场秩序罪中，常发的罪名依次是非法经营罪；合同诈骗罪；组织、领导传销活动罪；强迫交易罪；串通投标罪。

根据上述数据可知，扰乱市场秩序犯罪是当前最主要的犯罪类型。尤其在新冠疫情期间，扰乱市场秩序犯罪不断上升，不少单位和个人，哄抬防疫物资的价格，严重扰乱市场秩序，为依法打击上述行为，相关部门先后印发《关于依法惩治妨害新型冠状病毒感染肺炎疫情防控违法犯罪的意见》《关于政法机关依法保障疫情防控期间复工复产的意见》，提出要依法严惩哄抬物价犯罪。指出在疫情防控期间，违反国家有关市场经营、价格管理等规定，囤积居奇，哄抬疫情防控急需的口罩、护目镜、防护服、消毒液等防护用品、药品或者其他涉及民生的物品价格，牟取暴利，违法所得数额较大或者有其他严重情节，严重扰乱市场秩序的，以非法经营罪定罪处罚。除了非法经营罪之外，串通投标罪也是企业刑事合规风险防控的重点之一。自2020年3月最高人民检察院开展企业合规改革试点以来，先后发布了3批15件涉案企业合规典型案例，其中涉及串通投标罪的案件有2件，分别是第二批中的山东沂南县Y公司、姚某明等人串通投标案和第三批中的福建省三明市X公司、杨某某、王某某串通投标案。

招投标活动的核心在于公平与自由竞争，其优越性在于优胜劣汰，以最佳配置的方式使用人、财、物，以实现资源最优化配置、提高经济效益、保证项目质量。无论是实施何种形式的串标行为均会破坏公平的竞争秩序。① 依法严惩扰乱市场秩序犯罪是建立公平、开放、透明、竞争的现代市场秩序的必然要求，是发挥市场在资源配置中决定性作用的基础，是优化营商环境保障。习近平总书记强调，法治是最好的营商环境。公平公正的市场秩序是优化营商环境的重要表现。

---

① 石经海、李阳阳：《串通投标犯罪的刑法治理》，载《重庆大学学报（社会科学版）》2021年第6期。

2022 年 7 月 14 日，最高人民法院发布《关于为加快建设全国统一大市场提供司法服务和保障的意见》，提出要维护统一的市场竞争秩序，依法惩处扰乱市场秩序违法犯罪行为。面对国家整治扰乱市场秩序犯罪的严峻态势，企业需要理性思考问题之源，为了帮助企业认识和了解扰乱市场秩序犯罪的特点，掌握扰乱市场秩序犯罪刑事法律风险识别和防范的方法，本章笔者将以串通投标罪为例，分析企业刑事合规风险识别与防范的要点。

二、扰乱市场秩序犯罪领域常见的刑事法律风险识别

串通投标罪，是指投标人相互串通投标报价，损害招标人或者其他投标人利益，或投标人与招标人串通投标，损害国家、集体、公民的合法利益达到了情节严重的行为。串通投标罪的成立必须以投标活动客观存在为前提，目前我国招标分为两类，一类是法定招标，另一类是自愿招标。法定招标，是指法律规定的必须通过招标进行的项目，具体包括大型基础设施、公用事业等关系社会公共利益、公共安全的项目；全部或者部分使用国有资金投资或者国家融资的项目；使用国际组织或者外国政府贷款、援助资金的项目。自愿招标，是指除依法必须进行招标的项目外，招标人可以自行决定是否采用招标的方式选择合作方，但是，招标人一旦选择采用招标的方式选择合作方时，仍需要严格按照《招标投标法》《招标投标法实施条例》等相关法律法规规定的程序进行。

安徽某建筑工程公司、张某、夏某等串通投标案

基本案情：

肥东县人民检察院指控：2018 年 3 月，肥东县白龙镇 2018 年畅通工程第一期施工项目（项目编号：×××20）公开招标，被告人张某、孙某为了承建该工程，二人经商量，由安徽某雄建筑工程有限公司、张某寻找公司参与投标，由孙某承担参与投标的报名费、标书费等相关费用，后张某安排夏某通过贺某等人找来某水利水电有限公司、安徽某俊建设工程有限公司、安徽某豪建筑工程有限公司等共 10 余家公司参与投标，并提供报名费、标书费等。开标前，安徽某雄建筑工

程有限公司分别向某水利水电有限公司、安徽某俊建设工程有限公司、安徽某豪建筑工程有限公司等公司提供保证金人民币35万元，后该工程由安徽某雄建筑工程有限公司以人民币10,154,826.00元中标，由孙某实际施工，孙某支付安徽某雄建筑工程有限公司中标价2%作为管理费及相关投标费用。

2018年9月，"肥东经开区金阳南路（南环路—横大路）道路改造工程"施工项目（项目编号：×××96）公开招标，被告人徐某为了承建该工程，在招投标活动中，通过韦某（另案处理）等人找来安徽某兴建筑安装工程有限公司、合肥某源建设工程有限公司、安徽某航建筑工程有限公司参与投标，又通过张某、夏某联系贺建等人找来安徽某市政工程有限公司、某水利水电有限公司、安徽某宇市政园林工程建设有限公司等十余家公司参与投标。开标前，徐某分别向安徽某洁市政工程有限公司、某水利水电有限公司、安徽某宇市政园林工程建设有限公司等公司提供保证金人民币30万元及报名费、标书费等。后该工程由安徽某雄建筑工程有限公司以人民币6,624,128.00元中标，由徐某实际施工，徐某支付安徽某雄建筑工程有限公司中标价2%作为管理费。

裁判结果：

法院经审理认为，被告单位安徽某雄建筑工程有限公司与被告人徐某、孙某为获取招标工程，伙同被告人贺某等人串通投标报价，情节严重，其行为均构成串通投标罪，且属共同犯罪。被告人张某、夏某作为安徽某雄建筑工程有限公司主管人员和其他责任人员，其行为均构成串通投标罪。法院经审理判决：

被告单位安徽某雄建筑工程有限公司犯串通投标罪，判处罚金人民币30万元。

被告人张某犯串通投标罪，判处有期徒刑十个月，缓刑一年，并处罚金人民币20万元。

被告人夏某犯串通投标罪，判处有期徒刑八个月，并处罚金人民币8万元。

串通投标罪的犯罪主体是特殊主体，仅限于招标人和投标人。招标人，是指依法提出招标项目、进行招标的法人或者其他组织。投标人，是指响应招标、参加投标竞争的法人或者其他组织。关于投标人是否包括个人在实践中存在争议，但是根据《招标投标法》第二十五条第二款的规定，"依法招标的科研项目允许个人参加投标的，投标的个人适用本法有关投标人的规定"。另根据《政府采购货物和服务招标投标管理办法》第三十条的规定,“投标人,是指响应招标、参加投标竞争的法人、其他组织或者自然人”。可见,个人也可以作为投标人。本罪的犯罪客观方面表现为行为人实施串通投标、损害招标人或者其他投标人利益,情节严重的行为,或者投标人与招标人串通投标损害国家、集体、公民的合法利益的行为。

串通投标可以分为两类:(1)投标人之间相互串通投标,具体包括下列情形:投标人之间协商投标报价等投标文件的实质性内容;投标人之间约定中标人;投标人之间约定部分投标人放弃投标或中标;属于同一集团、协会、商会等组织成员的投标人按照该组织要求协同投标;投标人之间为谋取中标或者排斥特定投标人而采取的其他联合行为。除了上述属于串通投标的行为外,具有下列情形的,视为投标人相互串通投标:不同投标人的投标文件由同一单位或者个人编制;不同投标人委托同一单位或者个人办理投标事宜;不同投标人的投标文件载明的项目管理成员为同一人;不同投标人的投标文件异常一致或者投标报价呈规律性差异;不同投标人的投标文件相互混装;不同投标人的投标保证金从同一单位或者个人的账户转出。(2)招标人与投标人之间相互串通投标。具体包括:招标人在开标前开启投标文件并将有关信息泄露给其他投标人;招标人直接或者间接向投标人泄露标底、评标委员会成员等信息;招标人明示或暗示投标人压低或者抬高投标报价;招标人授意投标人撤换、修改投标文件;招标人明示或者暗示投标人为特定投标人中标提供方便;招标人与投标人为谋求特定投标人中标而采取的其他串通行为。以上法律规定的串通投标的行为,虽然上述串通投标行为并不必然属于刑事犯罪,但是当达到情节严重的情形时,极易引发刑事法律风险,因此,上述串通投标行为企业刑事法律风险防控的要点,企业在参加招标活动时应当避免出现上述情形。

最高人民检察院统计数据显示,2019 年 6 月至 2022 年 6 月,检察机关共起诉串通投标罪 2300 余件 7000 余人。笔者以“串通投标罪”为关键词,在“威科先行 · 法律信息库”对串通投标刑事案件进行检索,检索结果显示,2001 年至 2017 年,串通投标罪审理案件数共计 1013 件;最近五年,串通投标犯罪审理案件数达 2621 件。其中,2018 年 409 件、2019 年 785 件、2020 年 895 件、2021 年 362 件,根据检索数据可知,近年来串通投标罪呈现增长态势,2021 年略有下降。从犯罪地域来看,湖北省串通投标案发率最高,最近五年湖北省涉及串通投标刑事案件 354 件,占全国串通投标犯罪案件的 13.59%,位居第一;其次是浙江省,最近五年涉及串通投标刑事案件293件，占比11.25%；再次是江西省，最近五年涉及串通投标刑事案件269件，占比10.33%；然后是湖南省，最近五年涉及串通投标刑事案件264件，占比10.12%；最后是安徽省，最近五年涉及串通投标刑事案件200件，占比7.68%。以上五个省份串通投标刑事案件案发数占全国案件的一半以上，是串通投标刑事风险防控的重点地区。从犯罪领域来看，建设工程行业一直是串通投标罪的“重灾区”，这和建设工程的行业特点密不可分，在建设工程领域，招投标是最主要的市场交易方式。因此，建设工程企业应当加强对串通投标的刑事合规管理，降低涉刑风险。从犯罪主体的身份来看，串通投标罪的涉案人员以企业的中高层管理人员为主，主要包括法定代表人、实际控制人、董事长、总经理、分公司负责人、项目经理等。

表18－2　串通投标罪的禁止性行为

<table>
<tr><th colspan="3">禁止性行为</th></tr>
<tr><th>序号</th><th>行为模式</th><th>法律依据</th></tr>
<tr><td>1</td><td>投标人之间协商投标报价等投标文件的实质性内容</td><td rowspan="6">《刑法》</td></tr>
<tr><td>2</td><td>投标人之间约定中标人</td></tr>
<tr><td>3</td><td>投标人之间约定部分投标人放弃投标或中标</td></tr>
<tr><td>4</td><td>属于同一集团、协会、商会等组织成员的投标人按照该组织要求协同投标</td></tr>
<tr><td>5</td><td>招标人直接或者间接向投标人泄露底标、评标委员会成员等信息</td></tr>
<tr><td>6</td><td>招标人明示或暗示投标人压低或抬高投标报价</td></tr>
<tr><td colspan="3">备注：
1.《刑法》中规定了串通投标罪的行为主体，即投标人与招标人，串通投标通常发生在投标人之间或者投标人与招标人之间。《刑法》中没有具体规定“串通投标”的行为类型。笔者根据司法实践，对串通投标的行为类型进行如上总结，以供读者参考。
2.串通投标行政违法与刑事犯罪的区别主要在于是否达到“情节严重”的情形。因此，串通投标限制性行为在表现形式上与禁止性行为具有一致性，主要差别在于：是否造成直接经济损失数额在五十万元以上、违法所得数额在二十万元以上、标项目金额在四百万元以上的，或者采取威胁、欺骗或者贿赂等非法手段，或者虽未达到上述数额标准，但二年内因串通投标受过二次以上行政处罚，又串通投标的。</td></tr>
<tr><td colspan="3">……</td></tr>
</table>

三、扰乱市场秩序犯罪领域常见的刑事法律风险防范

（一）建立招投标管理制度

“无规矩不成方圆”，制度建设是抓好工作的根本，企业应当依据《招标投标法》《招标投标法实施条例》等相关法律规定并结合自身经营情况，建立招投标管理制度，依法规范招投标行为。加强企业内部标准化和程序化管理，严格遵守法律规定的招投标程序，对于招标单位而言，应当按照规定发布招标公告、编制招标文件，不得组织单个或部分潜在投标人踏勘项目现场，不得以不合理条件限制、排斥潜在投标人或者投标人。对于投标企业而言，不得为谋取中标或者排斥特定投标人而采取任何联合行动，包括与其他投标人协商投标文件、约定中标人等。

（二）推广电子化招投标

电子化招投标可以根据 IP 地址、MAC 地址、硬盘序列号等信息对串通投标的行为进行识别分析，有利于提高招投标的透明度，节约资源和交易成本。2020 年 2 月 8 日，国家发展改革委办公厅发布《关于积极应对疫情创新做好招投标工作保障经济平稳运行的通知》，提出要加快推进招投标全流程电子化，着力消除全流程电子化的盲点、断点、堵点，尽快在各行业领域全面推广电子招投标，实现发布招标公告公示、下载招标文件、提交投标文件、开标、评标、异议澄清补正、合同签订、文件归档等全流程电子化，扭转电子和纸质招投标双轨并行的局面。

（三）建立招投标监督机制

实践中，串通投标罪的行为人多为企业的中高层管理人员，他们作为企业的领导者、管理者，掌握着企业重要资源，对于企业发展具有关键性作用。因此，加强对企业中高层管理人员的有效监督是防范和化解企业招投标领域刑事法律风险的重要举措，要发动全体人员参与到监督中，避免出现企业领导者、管理者在业务开展中出现“一言堂”的情形。

表 18－3　串通投标罪防范的措施

防范的一般措施		
序号	行为模式	特别说明
1	建立招投标管理制度	
2	推广电子化招投标	
3	建立招投标监督机制	
防范的特别措施		
由具有刑事思维的合规官或专业律师将风险识别点融入到防范的一般措施中专项处理		

第十九章　信息网络犯罪领域企业刑事合规管理

一、信息网络犯罪概述

信息网络犯罪是对利用信息网络或者针对信息网络系统实施的犯罪的统称。我国信息网络犯罪主要经历了三个阶段的发展变化,第一阶段是2000年之前,该阶段是将计算机信息系统作为犯罪对象。此时,与之有关的罪名有非法侵入计算机信息系统罪和破坏计算机信息系统罪,同时《刑法》对利用计算机实施传统犯罪的处罚作了提示性规定。这一阶段网络犯罪的概念主要是指运用计算机技术,借助网络实施的具有严重危害性的行为。[①] 第二阶段是2000年之后至2015年《刑法修正案(九)》实施前,该阶段是将计算机、信息网络作为犯罪工具。以信息网络技术为手段的传统犯罪,特别是侵犯财产类犯罪大幅上升,单纯以计算机信息系统为对象的犯罪显著下降。第三阶段是2015年《刑法修正案(九)》实施以后,该修正案新增设了拒不履行信息网络安全管理义务罪;非法利用信息网络罪;帮助信息网络犯罪活动罪;编造、故意传播虚假信息罪等罪名。该阶段是将信息网络作为犯罪空间。随着网络平台的兴起,网络空间与现实空间并行交融的"双层社会"已经形成。[②] 在网络空间这一新型犯罪空间内,犯罪行为的危害性呈几何倍数递增,需要予以特别规制。[③]

信息网络犯罪可以分为三类,危害计算机信息系统安全犯罪;拒不履行信息网络安全管理义务、非法利用信息网络、帮助信息网络犯罪;通过信息网络实施的诈骗、赌博、侵犯公民个人信息等犯罪。

---

① 刘广三、杨厚瑞:《计算机网络与犯罪》,载《山东公安专科学校学报》2000年第2期。

② 于志刚:《"双层社会"中传统刑法的适用空间——以"两高"〈网络诽谤解释〉发布为背景》,载《法学》2013年第10期。

③ 敬力嘉:《信息网络犯罪治理中协同立法模式之提倡》,载《人民检察》2020年第24期。

表 19－1 信息网络犯罪的类型

序号	类型	具体罪名	刑法条文
1	危害计算机信息系统安全犯罪	非法侵入计算机信息系统罪	《刑法》第二百八十五条
		非法获取计算机信息系统数据、非法控制计算机信息系统罪	《刑法》第二百八十五条
		提供侵入、非法控制计算机信息系统的程序、工具罪	《刑法》第二百八十五条
		破坏计算机信息系统罪	《刑法》第二百八十六条
2	拒不履行信息网络安全管理义务、非法利用信息网络、帮助信息网络犯罪	拒不履行信息网络安全管理义务罪	《刑法》第二百八十六条之一
		非法利用信息网络罪	《刑法》第二百八十七条之一
		帮助信息网络犯罪活动罪	《刑法》第二百八十七条之二
3	通过信息网络实施的诈骗、赌博、侵犯公民个人信息等犯罪。该类信息网络犯罪是指行为人以信息网络技术为犯罪手段实施的传统犯罪，现行《刑法》共有480多个罪名，很多犯罪都可以通过信息网络技术实施，因此不再一一列明，在此仅列举常发的几项罪名	诈骗罪（电信网络诈骗犯罪）	《刑法》第二百一十条
		赌博罪	《刑法》第三百零三条
		侵犯公民个人信息罪	《刑法》第二百五十三条之一

中国互联网信息中心（CNNIC）发布的《中国互联网发展状况统计报告》显示，截至2022年6月，我国网民规模为10.51亿，互联网普及率达74.4%。另中国信息通信研究院发布的2019版《中国互联网行业发展态势暨景气指数报告》显示，截至2018年年底，全球互联网上市公司30强中，中国企业有10家，占1/3，

我国已成为互联网大国。随着信息网络技术快速发展的同时,信息网络犯罪也在快速增长。中国司法大数据研究院发布的《涉信息网络犯罪特点和趋势(2017.1~2021.12)司法大数据专题报告》显示,2017年至2021年,全国法院一审审结涉信息网络犯罪案件共计28.2万余件,共涉及66万余名被告人,且案件数量呈逐年上升趋势,其中,2018年同比上升57.18%、2019年同比上升28.43%、2020年同比上升20.90%、2021年同比上升104.56%。从罪名分布来看,涉信息网络犯罪案件共涉及282个罪名,其中诈骗罪案件量占比最高,为36.53%,其次为帮助信息网络犯罪活动,案件量占比为23.76%。从犯罪主体来看,涉信息网络犯罪案件中18周岁以上未满40周岁的被告人占比最大,18周岁至28周岁被告人占比在2019年达到最低后又出现上升,存在网络犯罪罪犯年轻化的苗头,29周岁及以上被告人占比逐年降低。

电信网络诈骗犯罪是信息网络犯罪中案发数量最多,最具代表性的犯罪。电信网络诈骗罪不是我国现行《刑法》规定的具体犯罪类型,它的具体罪名仍是诈骗罪,与传统诈骗罪相比,电信网络诈骗罪的本质特征就是犯罪的全部或主要环节是通过电信、网络手段完成。从信息的寻获、信息的发布到被害人的锁定,从诈骗行为的着手到深入,从被害人转账交款到行为人转移账款,各个环节均在虚拟空间中完成,双方不需要见面接触,不受时间和空间的限制,这是此类犯罪的根本特征,也是其区别于传统诈骗的核心之处。① 最高人民法院发布的数据显示,2017年至2021年,全国一审审结电信网络诈骗犯罪案件10.3万件,22.3万人被判处刑罚。其中,2018年同比上升71.69%;2019年同比上升25.15%;2020年同比上升40.36%;2021年同比下降17.55%。当前,电信网络诈骗犯罪呈现出领域广、手段新、危害深的特点。领域广是指诈骗行为涉及日常生活诸多领域,其中投资理财、相亲交友、网络购物类诈骗占到近一半。手段新主要体现在三个方面:一是诈骗话术新,犯罪分子往往蹭前沿业态的热点,以新技术、新概念包装诈骗项目并吸引社会公众参与其中,比较典型的就是以投资虚拟货币实施的诈骗。二是诈骗技术新,不少网络技术、网络设备被非法用于违法犯罪,不仅提高了犯罪效率、降低了犯罪成本,也为犯罪分子逃避监管或规避调查提供了支持帮助。三是诈骗"空间"新,犯罪分子在传统跨地域基础上,出现了跨平台的趋势。

---

① 吴加明:《"电信网络诈骗"的概念界定与立法运用》,载《学海》2021年第3期。

行为人将整个诈骗行为分割成多个子行为，如收集信息、引流、虚假投资、洗钱等，在多个平台上实施。从单个平台看，每个行为都是符合规则的，但是串联起来就是一个相互配合、相互衔接的犯罪行为。危害深是指被骗人数多、涉案金额大，不少是老百姓的养老钱、看病钱、求学钱。且容易引发受骗人自杀、死亡等后果，严重危害社会稳定。如徐玉玉被电信诈骗案，犯罪分子陈文辉等人骗取徐玉玉家人多方筹措的学费，致徐玉玉极端悲愤之下猝死。

帮助信息网络犯罪活动罪并不是一个传统罪名，是2015年《刑法修正案（九）》新增设的一个罪名，主要是指行为人明知他人利用信息网络实施犯罪，而为其犯罪提供互联网接入、服务器托管、网络储存、通信传输等技术支持，或者提供广告推广、支付结算等帮助犯罪的行为。该罪自2015年设置至2018年，案发数量一直较低，全国适用本罪判决的案件不足百件。但自2019年以后，帮助信息网络犯罪活动罪呈现高速增长的态势，最高人民检察院公布的数据显示，2021年1月至9月，全国检察机关起诉帮助信息网络犯罪活动罪7.9万余人，比2020年同期增加21.3倍。2021年10月至12月，帮助信息网络犯罪活动罪案件数量仍继续飞涨，各级检察机关又起诉5万余人。结合前九个月数据，2021年全国检察机关共起诉涉嫌帮助信息网络犯罪活动罪嫌疑人12.93万人，同比上升8.43倍。帮助信息网络犯罪活动罪起诉人数已居于2021年刑事犯罪案件的第三位（前两位分别是危险驾驶罪、盗窃罪），成为电信网络诈骗犯罪链条上的第一大罪，几乎涉及电信网络诈骗犯罪链条中信息获取、推广引流、技术支持、场所提供、支付结算等各个环节。

虽然上述两项罪名在信息网络犯罪中案发数量最多，占比最大，但其仍然不属于本质性、根源性的犯罪，最多是侵犯公民个人信息犯罪的下游犯罪。侵犯公民个人信息犯罪被称为网络犯罪的“百罪之源”，由此滋生了电信网络诈骗、敲诈勒索、绑架等一系列犯罪。如前文提到的徐玉玉被诈骗案，正是由于被告人杜天禹窃取并出售公民个人信息给被告人陈文辉，陈文辉精准实施诈骗犯罪而引发的。最高人民检察院统计数据显示，2021年全国检察机关共起诉侵犯公民个人信息犯罪9800余人，同比上升64%。最高人民检察院指出，下一步将把惩治侵犯公民个人信息作为打击治理电信网络诈骗犯罪的重点工作，将行业“内鬼”和职业团伙作为重点从严惩治。在查办电信网络诈骗的同时，溯源上游个人信息泄露的渠道和人员，围绕信息获取、流通、使用等各环节，同步加强全链条打击。

通过对上述数据和具体罪名的分析可知,当前信息网络犯罪呈现多发、高发的态势,严重了影响人民群众的安全感。为了坚决遏制信息网络犯罪,国家不断加强顶层制度设计,出台一系列法律法规,构建起惩治信息网络犯罪的严密法律体系。2016年11月7日,第十二届全国人民代表大会常务委员会第二十四次会议通过《网络安全法》,明确网络产品和服务提供者、网络运营者的安全义务;完善个人信息保护规则;建立关键信息基础设施安全保护制度;确立关键信息基础设施重要数据跨境传输的规则。在《网络安全法》实施五年后,2022年9月14日,国家互联网信息办公室发布《关于修改〈中华人民共和国网络安全法〉的决定(征求意见稿)》,本次修订主要是为了解决《网络安全法》对企业威慑力和与《个人信息保护法》衔接度不足等问题。该征求意见稿完善了违反网络运行安全一般规定的法律责任、修订了关键信息基础设施安全保护的法律责任制度,衔接数据出境安全管理体系、调整了网络信息安全法律责任制度,增设兜底条款、修订了个人信息保护法律责任制度,设置转致性规定。[①] 2017年5月8日,最高人民法院、最高人民检察院发布《关于办理侵犯公民个人信息刑事案件适用法律若干问题的解释》,该解释对"公民个人信息"的范围、非法"提供公民个人信息"的认定、"非法获取公民个人信息"的认定、侵犯公民个人信息罪定罪量刑标准、设立网站/通讯群组侵犯公民个人信息行为的定性、拒不履行公民个人信息安全管理行为的处理、涉案公民个人信息的数量计算规则、侵犯公民个人信息犯罪罚金刑适用规则等问题进行明确,进一步加强了对公民个人信息的刑法保护。2021年6月17日,最高人民法院、最高人民检察院和公安部联合发布《关于办理电信网络诈骗等刑事案件适用法律若干问题的意见(二)》,对司法实践中存在的电信网络诈骗犯罪案件以及关联犯罪案件的管辖、跨境电信网络诈骗犯罪案件的取证、涉手机卡、信用卡犯罪案件的处理、办理电信网络诈骗犯罪案件的政策适用等新的突出问题进行规定。2022年8月30日,最高人民法院、最高人民检察院和公安部联合发布《关于办理信息网络犯罪案件适用刑事诉讼程序若干问题的意见》,对信息网络犯罪案件的管辖、信息网络犯罪案件的取证、信息

---

① 宁宣凤、吴涵、张浣然:《回首峥嵘尽,连天草树芳——〈网络安全法〉首次修订的回顾与展望》,载微信公众号"金杜研究院"2022年9月17日,https://mp.weixin.qq.com/s/_mMrmo5L5t6bNVINZZCZfA。

网络犯罪案件的证据审查、信息网络犯罪案件涉案财物的处理等问题进行进一步规范。

近年来，国家不断加强信息网络领域的立法，对信息网络刑事犯罪坚持从严打击、全链条打击的要求，要求深化信息网络犯罪治理工作，依法严厉惩治信息网络犯罪及其上下游关联犯罪，维护人民群众的合法权益和社会和谐稳定。在此背景下，企业如何做好信息网络刑事合规对于企业经营发展显得尤为重要，为了帮助企业及实务人员认识和了解信息网络犯罪的特点，掌握信息网络犯罪刑事法律风险识别和防范的方法，本章笔者将以侵犯公民个人信息罪为例，分析信息网络领域企业刑事合规风险识别与防范的要点。

二、信息网络犯罪领域常见的刑事法律风险识别

侵犯公民个人信息罪，是指违反国家有关规定，向他人出售、提供公民个人信息，或者通过窃取等方法非法获取公民个人信息，情节严重的行为。本罪的犯罪主体为一般主体，即只要达到刑事责任年龄且具有刑事责任能力的自然人都可以构成本罪，单位也可以成为本罪的主体。单位犯本罪的，实行双罚制，即对单位判处罚金，对其直接负责的主管人员或者其他直接责任人员判处相应的刑罚。本罪的主观方面是故意，过失不构成本罪。本罪侵犯的客体是公民个人信息的安全和自由。本罪的客观方面表现为违反国家有关规定，向他人出售或者提供公民个人信息，或者窃取或者以其他方法非法获取公民个人信息，情节严重的行为。

杭州魔蝎数据科技有限公司、周某翔等侵犯公民个人信息案

基本案情：

2016年年初，被告单位杭州魔蝎数据科技有限公司（以下简称魔蝎公司）由周某翔等人出资成立，被告人周某翔系魔蝎公司法定代表人、总经理，负责公司整体运营，被告人袁某系魔蝎公司技术总监，系技术负责人，负责相关程序设计。魔蝎公司主要与各网络贷款公司、小型银行进行合作，为网络贷款公司、银行提

供需要贷款的用户的个人信息及多维度信用数据,方式是魔蝎公司将其开发的前端插件嵌入上述网贷平台App中,在网贷平台用户使用网贷平台的App借款时,贷款用户需要在魔蝎公司提供的前端插件上,输入其通讯运营商、社保、公积金、淘宝、京东、学信网、征信中心等网站的账号、密码,经过贷款用户授权后,魔蝎公司的爬虫程序代替贷款用户登录上述网站,进入其个人账户,利用各类爬虫技术,爬取(复制)上述企、事业单位网站上贷款用户本人账户内的通话记录、社保、公积金等各类数据,并按与用户的约定提供给网贷平台用于判断用户的资信情况,并从网贷平台获取每笔0.1元至0.3元不等的费用。

其间,魔蝎公司在和个人贷款用户签订的《数据采集服务协议》中明确告知贷款用户"不会保存用户账号密码,仅在用户每次单独授权的情况下采集信息",但未经用户许可仍采用技术手段长期保存用户各类账号和密码在自己租用的阿里云服务器上。被告人周某翔明知公司存在保存用户账户密码的行为,未尽管理职责;被告人袁某负责编写具有保存用户账户密码功能的网关程序。截至2019年9月案发时,对魔蝎公司租用的阿里云服务器进行勘验检查,发现以明文形式非法保存的个人贷款用户各类账号和密码条数多达21,241,504条。其中大部分账号密码,如淘宝、京东等,无法二次使用,仅有邮箱等部分账号密码存在未经用户授权被魔蝎公司二次使用的情况。

法院经审理认为,被告单位杭州魔蝎数据科技有限公司以其他方法非法获取公民个人信息,情节特别严重,其行为已构成侵犯公民个人信息罪。被告人周某翔、袁某分别系对被告单位魔蝎公司侵犯公民个人信息行为直接负责的主管人员和其他直接责任人员,其行为均已构成侵犯公民个人信息罪。

裁判结果:

一、被告单位杭州魔蝎数据科技有限公司犯侵犯公民个人信息罪,判处罚金人民币30,000,000元(罚金限判决生效后十日内缴清)。

二、被告人周某翔犯侵犯公民个人信息罪,判处有期徒刑三年,缓刑四年,并处罚金人民币500,000元(缓刑考验期限,从判决确定之日起计算;罚金限判决生效后十日内缴清)。

三、被告人袁某犯侵犯公民个人信息罪,判处有期徒刑三年,缓刑三年,并处罚金人民币300,000元(缓刑考验期限,从判决确定之日起计算;罚金限判决生效后十日内缴清)。

四、扣押于公安机关的作案工具电脑等予以没收，被告单位杭州魔蝎数据科技有限公司退缴至本院的违法所得款人民币30,000,000元予以没收，并上缴国库。

如何认定“公民个人信息”是判断行为人是否构成犯罪的前提。许多法律中都对公民个人信息作出了规定。如《最高人民法院、最高人民检察院、公安部关于依法惩处侵害公民个人信息犯罪活动的通知》中规定，公民个人信息包括公民的姓名、年龄、有效证件号码、婚姻状况、工作单位、学历、履历、家庭住址、电话号码等能够识别公民个人身份或者涉及公民个人隐私的信息、数据资料；《网络安全法》中规定，个人信息是指以电子或者其他方式记录的能够单独或者与其他信息结合识别自然人个人身份的各种信息，包括但不限于自然人的姓名、出生日期、身份证件号码、个人生物识别信息、住址、电话号码等；《民法典》中规定，个人信息是指以电子或者其他方式记录的能够单独或者与其他信息结合识别特定自然人的各种信息，包括自然人的姓名、出生日期、身份证件号码、生物识别信息、住址、电话号码、电子邮箱、健康信息、行踪信息等。但上述法律规定中的“公民个人信息”是否等同于刑法意义上的“公民个人信息”呢？2017年5月8日，最高人民法院、最高人民检察院联合发布的《关于办理侵犯公民个人信息刑事案件适用法律若干问题的解释》中对“公民个人信息”的范围作出了明确规定，即《刑法》第二百五十三条之一规定的“公民个人信息”是指以电子或者其他方式记录的能够单独或者与其他信息结合识别特定自然人身份或者反映特定自然人活动情况的各种信息，包括姓名、身份证件号码、通信通讯联系方式、住址、账号密码、财产状况、行踪轨迹等。通过比较不同法律中公民个人信息的规定可知，《刑法》上关于公民个人信息的认识确实和其他部门法之间存在细微差别，不同部门法的规范目的不同，在概念使用上有所不同，这是非常正常的现象。但是，这丝毫不意味着《刑法》上的判断可以抛开《民法典》、《网络安全法》乃至《个人信息保护法》“另搞一套”；也并不是像有的学者所认为的那样，《刑法》中的个人信息可以不要求可识别性①。

本罪的客观方面要求行为人违反国家有关规定，向他人出售、提供公民个人

① 周光权：《侵犯公民个人信息罪的行为对象》，载《清华法学》2021年第15卷第3期。

信息,或者通过窃取等方法非法获取公民个人信息,并达到情节严重的后果。即在行为方式上首先是要违反“国家有关规定”。根据《最高人民法院、最高人民检察院关于办理侵犯公民个人信息刑事案件适用法律若干问题的解释》第二条的规定,违反法律、行政法规、部门规章有关公民个人信息保护的规定的,应当认定为《刑法》第二百五十三条之一规定的“违反国家有关规定”。即此处的“违反国家有关规定”包括法律、行政法规、部门规章。但《刑法》第九十六条规定:“本法所称违反国家规定,是指违反全国人民代表大会及其常务委员会制定的法律和决定,国务院制定的行政法规、规定的行政措施、发布的决定和命令。”可见“违反国家有关规定”不等同于“违反国家规定”,违反国家有关规定包括部门规章,范围要更大一些。其次,构成本罪要达到情节严重,那么何为“情节严重”呢?根据《最高人民法院、最高人民检察院关于办理侵犯公民个人信息刑事案件适用法律若干问题的解释》第五条的规定,具有下列情节的,应当认定为“情节严重”:出售或者提供行踪轨迹信息,被他人用于犯罪的;知道或者应当知道他人利用公民个人信息实施犯罪,向其出售或者提供的;非法获取、出售或者提供行踪轨迹信息、通信内容、征信信息、财产信息五十条以上的;非法获取、出售或者提供住宿信息、通信记录、健康生理信息、交易信息等其他可能影响人身、财产安全的公民个人信息五百条以上的;非法获取、出售或者提供第三项、第四项规定以外的公民个人信息五千条以上的;数量未达到第三项至第五项规定标准,但是按相应比例合计达到有关数量标准的;违法所得五千元以上的;将在履行职责或者提供服务过程中获得的公民个人信息出售或者提供给他人,数量或者数额达到第三项至第七项规定标准一半以上的;曾因侵犯公民个人信息受过刑事处罚或者二年内受过行政处罚,又非法获取、出售或者提供公民个人信息的;其他情节严重的情形。

表 19 – 2 侵犯公民个人信息罪的禁止性行为

禁止性行为		
序号	行为模式	法律依据
1	出售或者提供行踪轨迹信息,被他人用于犯罪的	《最高人民法院、最高人民检察院关于办理侵犯公民个人信息刑事案件适用法律若干问题的解释》
2	知道或者应当知道他人利用公民个人信息实施犯罪,向其出售或者提供的	
3	非法获取、出售或者提供行踪轨迹信息、通信内容、征信信息、财产信息五十条以上的	
4	非法获取、出售或者提供住宿信息、通信记录、健康生理信息、交易信息等其他可能影响人身、财产安全的公民个人信息五百条以上的	
5	非法获取、出售或者提供第三项、第四项规定以外的公民个人信息五千条以上的	
6	数量未达到第三项至第五项规定标准,但是按相应比例合计达到有关数量标准的	
……		

表 19 – 3 侵犯公民个人信息罪的限制性行为

限制性行为		
序号	行为模式	法律依据
1	未取得个人同意处理个人信息的	《个人信息保护法》
2	未在处理个人信息前,以显著方式、清晰易懂的语言真实、准确、完整地向个人告知个人信息处理者的名称或者姓名和联系方式	
3	未在处理个人信息前,以显著方式、清晰易懂的语言真实、准确、完整地向个人告知个人信息的处理目的、处理方式,处理的个人信息种类、保存期限	
4	未在处理个人信息前,以显著方式、清晰易懂的语言真实、准确、完整地向个人告知个人行使《个人信息保护法》规定权利的方式和程序	
5	向其他个人信息处理者提供其处理的个人信息时,未向个人告知接收方的名称或者姓名、联系方式、处理目的、处理方式和个人信息的种类,并未取得个人的单独同意	
6	处理不满十四周岁未成年人个人信息,未取得未成年人的父母或者其他监护人的同意的	
……		

三、信息网络犯罪领域常见的刑事法律风险防范

(一)建立企业个人信息管理制度

企业个人信息管理制度是企业进行数据管理的核心,加强对个人信息的管理是防范化解刑事法律风险的重要举措。通过制度建设,把公民个人信息的收集、存储、使用、加工、传输、提供、公开等各个环节纳入日常管理中。明确个人信息处理的基本原则和基本制度,如处理个人信息应当遵循合法、正当、必要和诚信原则,不得通过误导、欺诈、胁迫等方式;处理个人信息应当具有明确、合理的目的,并应当与处理目的直接相关,采取对个人权益影响最小的方式;收集个人信息,应当限于实现处理目的的最小范围,不得过度收集个人信息;处理个人信息应当遵循公开、透明原则,公开个人信息处理规则,明示处理的目的、方式和范围。

(二)建立个人信息分类分级管理制度

企业可以根据个人信息的种类,对于所处理的个人信息,进行分类分级管理。如《最高人民法院、最高人民检察院关于办理侵犯公民个人信息刑事案件适用法律若干问题的解释》中规定的姓名、身份证件号码、通信通讯联系方式、住址、账号密码、财产状况、行踪轨迹等个人信息因为涉及个人隐私,敏感度程度高,处理不当极易引发刑事风险。分类分级的主要标准可以参考下列情形:按照敏感程度进行分类;按照信息来源进行分类;按照信息的用途进行分配;按照信息是否需要对外提供或跨境提供进行分类。

(三)对个人信息(数据)进行脱敏处理

数据脱敏,是指采用数据清洗等脱敏技术手段对(合法)收集的公民个人信息进行技术处理以后形成的,不能单独或者通过其他数据结合是必备某一特定自然人的数据。目前我国立法中,无论是民事立法还是刑事立法,对"公民个人信息"界定一般是能够识别个人身份或者反映特定自然人活动情况的信息。因此企业在处理公民个人信息时,可以对相关个人信息采取匿名化、去标识化、假名化处理。通过处理后的数据,不能识别特定自然人身份或者反映特定自然人活动情况,不属于《刑法》规定的公民个人信息,可以应用到更多的业务场景,甚至是形成企业所独有的数据资产,为企业带来收益。

表 19－4 侵犯公民个人信息罪防范的措施

防范的一般措施		
序号	行为模式	特别说明
1	制定内部管理制度和操作规程	
2	对个人信息实行分类管理	
3	采取相应的加密、去标识化等安全技术措施	
4	合理确定个人信息处理的操作权限	
5	定期对从业人员进行安全教育和培训	
6	制定并组织实施个人信息安全事件应急预案	
防范的特别措施		
由具有刑事思维的合规官或专业律师将风险识别点融入到防范的一般措施中专项处理		

第二十章　侵犯财产犯罪领域企业刑事合规管理

一、侵犯财产犯罪概述

侵犯财产犯罪,是指故意非法占有、挪用公私财物,或者故意破坏生产经营,毁坏公私财物的行为,共包含13项罪名。我国《刑法》传统理论认为,侵犯财产罪侵犯的客体是公私财物的所有权,但随着经济社会的发展,债权也被纳入财物的范围。具体表现为:在立法上,《刑法修正案(八)》增设了拒不支付劳动报酬罪,将用人单位有能力支付而拒不支付劳动报酬的行为纳入财产犯罪的范围,而劳动者在取得劳动报酬之前,不享有劳动报酬的所有权,因此这里获得劳动报酬法人权利本质上是一种债权。在司法实践中,也认可债权属于财物,如最高人民法院发布的第92号指导案例——戚道云等抢劫案,认定为消灭债务,采用暴力、胁迫手段抢回欠款凭证,以消灭摘取的行为属于抢劫。欠款凭证本身不是财物,但却是财产权利的证明凭证,丧失这种凭证,债权人就难以甚至根本无法向债务人主张自己的财产权利,最终会丧失财产所有权。因此,可以认为,在特定情况下,欠款凭证往往就等于同值的财产①。

侵犯财产犯罪可以分为三类,具体包括占有财产型犯罪、挪用财产型犯罪和毁损财产型犯罪。

---

① 蔡桂生:《刑法中侵犯财产罪保护客体的务实选择》,载《政治与法律》2016年第12期。

表 20－1 侵犯财产犯罪的类型

序号	类型	具体罪名	刑法条文
1	占有财产型犯罪	抢劫罪	《刑法》第二百六十三条
		盗窃罪	《刑法》第二百一十条
		诈骗罪	《刑法》第二百一十条
		抢夺罪	《刑法》第二百六十七条
		聚众哄抢罪	《刑法》第二百六十八条
		侵占罪	《刑法》第一百八十三条
		职务侵占罪	《刑法》第一百八十三条
		敲诈勒索罪	《刑法》第二百七十四条
		拒不支付劳动报酬罪	《刑法》第二百七十六条之一
2	挪用财产型犯罪	挪用资金罪	《刑法》第二百七十二条
		挪用特定款物罪	《刑法》第二百七十三条
3	毁损财产型犯罪	故意毁坏财物罪	《刑法》第二百七十五条
		破坏生产经营罪	《刑法》第二百七十六条

侵犯财产犯罪是我国《刑法》规定的传统犯罪类型,也是案发率最高的犯罪类型。2021 年 6 月,最高人民法院、最高人民检察院联合发布《关于常见犯罪的量刑指导意见(试行)》,对 23 种常见犯罪的量刑原则、量刑方法和情节适用进行规范,其中包括抢劫罪、盗窃罪、诈骗罪、抢夺罪、职务侵占罪、敲诈勒索罪六项侵犯财产犯罪,占常见犯罪类型的 26%。笔者以“侵犯财产罪”为关键词,在“威科先行·法律信息库”进行检索,检索结果显示,截至 2022 年 9 月 20 日,信息库共收录侵犯财产罪裁判文书 3,665,040 件,占全部刑事案件裁判文书的 31.79%,位居第一。侵犯财产犯罪中与企业刑事合规有关的犯罪主要表现为职务侵占罪、拒不支付劳动报酬罪和挪用资金罪。北京师范大学中国企业家犯罪预防研究中心发布的《2019—2020 年企业家刑事风险分析报告》显示,2020 年企业家犯罪的前十名高频罪名分别是非法吸收公众存款罪、职务侵占罪、拒不支付劳动报酬罪、虚开增值税专用发票罪、合同诈骗罪、挪用资金罪、集资诈骗罪、非法经营罪、污染环境罪和重大责任事故罪。10 项罪名中,侵犯财产类犯罪占 3 项。职务侵占罪、拒不支付劳动报酬罪分别居第二位和第三位,挪用资金罪居第

六位。为了帮助企业及实务人员认识和了解侵犯财产犯罪的特点,掌握侵犯财产犯罪刑事法律风险识别和防范的方法,本章笔者将以职务侵占罪为例,分析企业刑事合规风险识别与防范的要点。

二、侵犯财产犯罪领域常见的刑事法律风险识别

职务侵占罪,是指公司、企业或者其他单位的工作人员,利用职务上的便利,将本单位财物非法占为己有,数额较大的行为。职务侵占罪和挪用资金罪都是典型的职务犯罪,两者在犯罪构成上存在诸多相似之处。在犯罪主体上,两者均是特殊主体,即公司、企业或者其他单位具有相关职责的工作人员,这里的公司、企业、单位不包括国有公司、企业和事业单位。在犯罪主观方面,两者都是故意,但职务侵占罪要求具有非法占有的目的,挪用资金罪则无此要求,这也是区分两罪的关键。在犯罪客体上,职务侵占罪侵犯的客体是公司、企业和其他单位的财物所有权。挪用资金罪侵犯的客体是公司、企业或者其他单位的资金使用权。在犯罪客观方面,两者都表现为利用职务之便,职务侵占罪表现为利用自己在职务上所具有的主管或者经手本单位财物的方便条件,将本单位财物非法占有,数额较大的行为。而挪用资金罪表现为利用职务之便,挪用本单位资金归个人使用或者借贷给他人使用,包括期限性挪用(数额较大,超过三个月未还)、目的性挪用(用于非法活动)、期限与目的并存(数额较大,未超三个月,进行营利活动)。在犯罪对象上,职务侵占罪的犯罪对象是本单位中由行为人管理的财物,包括资金、物品等。而挪用资金罪的犯罪对象仅指本单位中行为人管理的资金。

表 20－2　职务侵占罪与挪用资金罪对比

	职务侵占罪	挪用资金罪
犯罪主体	特殊主体,公司、企业或者其他单位具有相关职责的工作人员	
犯罪主观方面	故意,具有非法占有的目的	故意,不具有非法占有的目的
犯罪客体	公司、企业或者其他单位的财物所有权	公司、企业或者其他单位的资金使用权

续表

	职务侵占罪	挪用资金罪
犯罪客观方面	利用自己在职务上所具有的主管或者经手本单位财物的方便条件，将本单位财物非法占有，数额较大的行为	挪用本单位资金归个人使用或者借贷给他人使用，包括期限性挪用（数额较大，超过三个月未还）、目的性挪用（用于非法活动）、期限与目的并存（数额较大，未超三个月，进行营利活动）
犯罪对象	本单位中由行为人保管的财物，包括资金、物品等	本单位中行为人管理的资金

利用"职务便利"是判断行为人是否构成职务侵占罪的关键。利用职务便利，是指行为人事先基于职务职责占有、控制、支配着本单位的合法财物，并且行为人利用在单位职务职责范围内权力的便利条件，非法占有单位财物。利用工作便利不等同于利用职务便利。利用工作便利，是指行为人事先没有占有、控制、支配本单位财物，亦无主管、管理或者经手单位财物的职责。因在单位工作，而了解单位管理的内情、对财物保管的情况知晓、工作环境熟悉等具备作案的便利条件。"利用工作便利"实施侵占本单位财产的行为，不能认定构成职务侵占罪。如快递公司员工分拣作业过程中利用暂时接触、经手邮包的便利条件，窃取邮包后私自取出内装财物据为己有的，涉嫌盗窃罪；单位工作人员欺骗单位财会人员，虚报申领出差费用，涉嫌诈骗罪。

为了加大惩治民营企业内部发生的侵害企业财产的犯罪，《刑法修正案（十一）》和《最高人民检察院、公安部关于公安机关管辖的刑事案件立案追诉标准的规定（二）》均对职务侵占罪朝着更为严厉的方向调整。《刑法修正案（十一）》主要从三个方面对职务侵占罪进行了修正：一是调整了语言表述。将原条文中的"人员"修改为"工作人员"，进一步明确职务侵占罪的犯罪主体。二是调整了量刑档次。将原来两档法定刑调整为三档法定刑，法定最高刑由十五年有期徒刑提高至无期徒刑，加大了刑事处罚力度。三是增设罚金刑。原条文中本罪并未规定罚金刑，仅在"数额较大"时规定"可以并处没收财产"。修正案删去了"没收财产"的附加刑，对三档量刑档次均增设罚金刑，且未对罚金的上下限进行规定。为了与《刑法修正案（十一）》保持一致，2022 年 4 月 29 日，最高人民检察院和公安部联合发布新修订的《最高人民检察院、公安部关于公安机关管辖的刑事案件立案追诉标准的规定（二）》，降低了职务侵占罪的入罪门槛。对职务侵占罪等5种非国家工作人员职务犯罪的立案追诉标准采用与受贿罪等国家工作人员职务犯罪相同的入罪标准，对国企民企、内资外资、中小微企业等各类市场主体予以同等司法保护，充分体现和落实产权平等保护的时代精神。根据2016年最高人民法院、最高人民检察院发布的《关于办理贪污贿赂刑事案件适用法律若干问题的解释》规定，职务侵占罪原来的入罪标准按照受贿罪、贪污罪、挪用公款罪、行贿罪相对应的数额标准的二倍执行，即6万元。

表20－3　《刑法修正案（十一）》修正前后职务侵占罪规定对比

修正前	修正后
第二百七十一条　【职务侵占罪】公司、企业或者其他单位的人员，利用职务上的便利，将本单位财物非法占为己有，数额较大的，处五年以下有期徒刑或者拘役；数额巨大的，处五年以上有期徒刑，可以并处没收财产。	第二百七十一条　【职务侵占罪】公司、企业或者其他单位的工作人员，利用职务上的便利，将本单位财物非法占为己有，数额较大的，处三年以下有期徒刑或者拘役，并处罚金；数额巨大的，处三年以上十年以下有期徒刑，并处罚金；数额特别巨大的，处十年以上有期徒刑或者无期徒刑，并处罚金。

D科技公司营销中心总监张某某、经理罗某某职务侵占案

——最高人民检察院发布的检察机关依法办理民营企业职务侵占犯罪典型案例

基本案情：

2018年至2019年，被告人张某某先后担任广州D公司西南区域营销中心云南办事处高级经理和西南区域营销中心总监，被告人罗某某先后担任上述办事处经理和高级经理。其间，二人利用负责和主管“某交互智能平板产品及配件”（以下简称某产品）在云南区域的销售业务，指使该公司销售人员分别向广州公司及客户故意隐瞒可以直接进行交易的真相，虚构必须通过云南区域总经销才能进行交易的事实，以此虚增二人参股的昆明A公司、云南B公司作为总经销的中间交易环节；后二人再利用负责审核及审批某产品销售价格的职务便利，帮助A公司、B公司以较低价格从广州公司购入某产品，随后以较高价格转

卖给客户，通过“低买高卖”赚取差价的方式侵占D公司的财产共计人民币155万余元，最终二人以A公司和B公司股东分红的名义从中获取个人利益。

裁判结果：

2021年7月23日，广东省广州市黄埔区人民检察院以职务侵占罪对二人提起公诉。2021年9月30日，广东省广州市黄埔区人民法院以犯职务侵占罪，判处二被告人有期徒刑三年，适用缓刑，并处罚金的刑罚。

案件办理后，黄浦区人民检察院全面梳理检视广州D公司管理制度方面的不足，发现公司存在权限下放过于集中、内部核查跟踪不到位、监察机制运行不健全等内生问题。为此，检察机关向广州D公司发出检察建议，指明该公司存在问题，提出合理配置人员权限、完善内部监察机制的有效建议，督促公司积极整改，进一步建立健全合规管理体系，推动企业健康发展。广州D公司收到检察建议后积极整改落实。

实践中，职务侵占罪常见犯罪方法有：利用职权虚构应发的奖金、业务提成、劳务费；利用职权亦以单位名义采购商品或服务供个人消费使用；虚增交易环节，以“低买高卖”赚取差价的方式侵占单位财产。根据职务侵占罪的行为模式，可以将职务侵占的手段分为三种类型：(1)侵吞型，是指行为人利用职务上的便利，将自己主管、管理、经手的本单位财物直接据为己有。如财务人员收款不入账、业务人员截留货款。除直接侵吞公司财物的行为外，还包括将单位财物赠与他人、故意抬高商品价格从中赚取差价等行为。(2)骗取型，是指行为人利用职务上的便利，采取虚构事实、隐瞒真相的方法，非法占有本单位财物的行为。如单位工作人员采用虚假投资项目、虚假合同或者虚假发票等方式，非法占有单位财物。(3)窃取型，是指行为利用职务上的便利，采取秘密窃取的方式，非法占有本单位财物的行为。职务侵占中的窃取与盗窃罪中的窃取概念并不等同，职务侵占罪中行为人实施窃取活动前已经合法管理、使用该财物。而盗窃罪中的窃取行为，通常而言，在盗窃行为发生前，行为人并未对财物依法进行管理使用。

表 20－4　职务侵占罪的禁止性行为

<table>
<tr><th colspan="3">禁止性行为</th></tr>
<tr><th>序号</th><th>行为模式</th><th>法律依据</th></tr>
<tr><td>1</td><td>伪造费用支出,套取报销款</td><td rowspan="6">《刑法》</td></tr>
<tr><td>2</td><td>伪造虚假合同,套取公司资金</td></tr>
<tr><td>3</td><td>制作假工资表或者劳务费用套取公司资金</td></tr>
<tr><td>4</td><td>以公司名义向他人借款之后占为己有或携款逃匿</td></tr>
<tr><td>5</td><td>将合法持有的本单位财物进行非法处分或使用,即变持有为所有</td></tr>
<tr><td>6</td><td>虚构不存在的项目或业务占有公司资金</td></tr>
<tr><td colspan="3">备注:
1. 根据 2008 年 8 月 14 日,公安部法制局向山西省公安厅法制处出具的《关于对不够刑事立案标准的职务侵占行为如何处理问题的答复》,对达不到职务侵占罪追诉标准的职务侵占行为不能予以治安管理处罚。因此,职务侵占行为不存在限制性行为一说。
2.《刑法》及相关刑事法律中并没有具体规定职务侵占罪的行为类型,笔者根据司法实践,对职务侵占罪的行为类型进行以上总结,以供读者参考。</td></tr>
<tr><td colspan="3">……</td></tr>
</table>

三、侵犯财产犯罪领域常见的刑事法律风险防范

(一)加强重点人员的监督

职务侵占罪的犯罪主体主要集中在企业管理层及具有特殊责任的人员,如实际控制人、经理、财务、销售人员等。重点人员是企业刑事风险的高发区,企业应当定期组织相关部门对单位的采购、工程、仓储、材料、销售、检查、验收等重点岗位的人员进行检查监督。建立管理台账,详细记录重点人员的姓名、职务、岗位职责等信息。加强对重点人员的培训,提高其合规意识,降低职务犯罪发生的风险。

(二)加强企业财务管理

企业财务管理制度不健全是诱发职务侵占犯罪的主要因素。企业应当加强财务管理,提升运营资金的会计系统控制,严格规范资金的收支制度,严格执行

收支两条线管理制度，规范财务报销流程。在与客户签订合同时，优先以银行转账等非现金方式结算，企业财务人员要经常核对公司财务状况，掌握收款情况。

（三）建立举报制度

注册舞弊审查师协会（Association of Certified Fraud Examiners，ACFE）《2020年舞弊防范与调查报告》显示，通过举报发现企业舞弊的案例比例约为44%，而对于设置举报热线的组织，该比例更是高达53%。可见，举报制度是发现舞弊行为最有效的方法。因此，企业应当建立起有效的举报制度，比如，设置举报邮箱或者举报热线，并定时监督其是否有效运行。同时，要建立举报人保护制度，为员工创造安全的举报环境，这也是举报制度有效运行的前提。

表20－5 职务侵占罪防范的措施

防范的一般措施		
序号	行为模式	特别说明
1	加强企业财务管理	
2	加强对重点人员的监督	
3	合理配置人员权限	
4	加强商业伙伴管理	
防范的特别措施		
由具有刑事思维的合规官或专业律师将风险识别点融入到防范的一般措施中专项处理		

第二十一章　扰乱公共秩序犯罪领域企业刑事合规管理

一、扰乱公共秩序犯罪概述

扰乱公共秩序罪,是指故意或过失破坏国家对社会的正常管理活动,扰乱社会公共秩序,情节严重,依照《刑法》应予刑法处罚的行为。①本罪侵犯的客体是社会公共秩序,常见的扰乱公共秩序的行为有扰乱机关、团体、企业、事业单位秩序,致使工作、生产、营业、医疗、教学、科研不能正常进行的;扰乱车站、港口、码头、机场、商场、公园、展览馆或者其他公共场所秩序的;扰乱公共汽车、电车、火车、船舶、航空器或者其他公共交通工具上的秩序的……扰乱公共秩序罪属于妨害社会管理秩序罪的一个犯罪类别,共包含55项罪名,绝大多数犯罪属于故意犯、作为犯。

表21-1　扰乱公共秩序犯罪的类型

序号	罪名	刑法条文
1	妨害公务罪	《刑法》第二百七十七条
2	袭警罪	《刑法》第二百七十七条
3	煽动暴力抗拒法律实施罪	《刑法》第二百七十八条
4	招摇撞骗罪	《刑法》第二百七十九条
5	伪造、变造、买卖国家机关公文、证件、印章罪	《刑法》第二百八十条
6	伪造公司、企业、事业单位、人民团体印章罪	《刑法》第二百八十条
7	伪造、变造、买卖身份证件罪	《刑法》第二百八十条
8	使用虚假身份证件、盗用身份证件罪	《刑法》第二百八十条之一

① 赵秉志、刘志伟:《论扰乱公共秩序罪的基本问题》,载《政法论坛》1999年第2期。

续表

序号	罪名	刑法条文
9	冒名顶替罪	《刑法》第二百八十条之二
10	非法生产、买卖警用装备罪	《刑法》第二百八十一条
11	非法获取国家秘密罪	《刑法》第二百八十二条
12	非法持有国家绝密、机密文件、资料、物品罪	《刑法》第二百八十二条
13	非法生产、销售专用间谍器材、窃听、窃照专用器材罪	《刑法》第二百八十三条
14	非法使用窃听、窃照专用器材罪	《刑法》第二百八十四条
15	组织考试作弊罪	《刑法》第二百八十四条之一
16	非法出售、提供试题、答案罪	《刑法》第二百八十四条
17	代替考试罪	《刑法》第二百八十四条
18	非法侵入计算机信息系统罪	《刑法》第二百八十五条
19	非法获取计算机信息系统数据、非法控制计算机信息系统罪	《刑法》第二百八十五条
20	提供侵入、非法控制计算机信息系统程序、工具罪	《刑法》第二百八十五条
21	破坏计算机信息系统罪	《刑法》第二百八十六条
22	拒不履行信息网络安全管理义务罪	《刑法》第二百八十六条之一
23	非法利用信息网络罪	《刑法》第二百八十七条之一
24	帮助信息网络犯罪活动罪	《刑法》第二百八十七条之二
25	扰乱无线电通讯管理秩序罪	《刑法》第二百八十八条
26	聚众扰乱社会秩序罪	《刑法》第二百九十条
27	聚众冲击国家机关罪	《刑法》第二百九十条
28	扰乱国家机关工作秩序罪	《刑法》第二百九十条
29	组织、资助非法聚集罪	《刑法》第二百九十条
30	聚众扰乱公共场所秩序、交通秩序罪	《刑法》第二百九十一条
31	投放虚假危险物质罪	《刑法》第二百九十一条之一
32	编造、故意传播虚假恐怖信息罪	《刑法》第二百九十一条之一

续表

序号	罪名	刑法条文
33	编造、故意传播虚假信息罪	《刑法》第二百九十一条
34	高空抛物罪	《刑法》第二百九十一条之二
35	聚众斗殴罪	《刑法》第二百九十二条
36	寻衅滋事罪	《刑法》第二百九十三条
37	催收非法债务罪	《刑法》第二百九十三条之一
38	组织、领导、参加黑社会性质组织罪	《刑法》第二百九十四条
39	入境发展黑社会组织罪	《刑法》第二百九十四条
40	包庇、纵容黑社会性质组织罪	《刑法》第二百九十四条
41	传授犯罪方法罪	《刑法》第二百九十五条
42	非法集会、游行、示威罪	《刑法》第二百九十六条
43	非法携带武器、管制刀具、爆炸物参加集会、游行、示威罪	《刑法》第二百九十七条
44	破坏集会、游行、示威罪	《刑法》第二百九十八条
45	侮辱国旗、国徽、国歌罪	《刑法》第二百九十九条
46	侵害英雄烈士名誉、荣誉罪	《刑法》第二百九十九条之一
47	组织、利用会道门、邪教组织、利用迷信破坏法律实施罪	《刑法》第三百条
48	组织、利用会道门、邪教组织、利用迷信致人重伤、死亡罪	《刑法》第三百条
49	聚众淫乱罪	《刑法》第三百零一条
50	引诱未成年人聚众淫乱罪	《刑法》第三百零一条
51	盗窃、侮辱、故意毁坏尸体、尸骨、骨灰罪	《刑法》第三百零二条
52	赌博罪	《刑法》第三百零三条
53	开设赌场罪	《刑法》第三百零三条
54	组织参与国(境)外赌博罪	《刑法》第三百零三条
55	故意延误投递邮件罪	《刑法》第三百零四条

维护社会公共秩序是构建和谐社会的必然要求。近年来,一些新型扰乱公共秩序犯罪引发全社会关注,如山东王某某被冒名顶替案、江苏徐某某高空抛掷菜刀案、三亚罗某某侮辱抗美援朝志愿军英烈案等。为了回应和依法惩治实践中产生的新的扰乱社会秩序的犯罪,《刑法修正案(十一)》增设了袭警罪,冒名顶替罪,高空抛物罪,催收非法债务罪,侵害英雄烈士名誉、荣誉罪,组织参与国(境)外赌博罪等新罪名。虽然扰乱公共秩序犯罪包含的罪名众多,但与企业经营有关的犯罪却并不多见,主要有伪造证件类犯罪和信息网络类犯罪。其中,由于信息网络犯罪的特殊性,已在本书第十九章专章论述,故在本章不再赘述。为了帮助企业及实务人员认识和了解扰乱公共秩序犯罪的特点,掌握扰乱公共秩序犯罪刑事法律风险识别和防范的方法,本章笔者将以伪造、变造、买卖国家机关公文、证件、印章罪为例,分析企业刑事合规风险识别与防范的要点。

二、扰乱公共秩序犯罪领域常见的刑事法律风险识别

伪造、变造、买卖国家机关公文、证件、印章罪,是指行为人实施了对国家机关公文、证件、印章的伪造、变造和买卖行为。我国《刑法》对本罪采取简单罪状的描述方式,没有明确规定本罪的犯罪构成。下面我们在分析本罪犯罪构成的基础上对实践中常见的犯罪手段进行探讨。本罪的犯罪主体为一般主体,即凡是达到刑事责任年龄,具有刑事责任能力的自然人均可成为本罪的犯罪主体。本罪的犯罪主观方面为故意,即行为人必须明知是国家机关制作或者应由国家机关制作的公文、证件、印章而伪造、买卖或者明知是国家机关制作的真实的公文、证件、印章而变造。[①] 本罪侵犯的客体是国家机关的正常管理活动和信誉。国家机关的公文、证件、印章是国家机关管理社会与公共事务的重要载体和认证依据,代表的是国家机关的公共信用,任何人不得非法制作和使用。本罪的客观方面表现为伪造、变造、买卖国家机关公文、证件、印章的行为。伪造是指没有权限的人冒用国家机关的名义制作公文、证件、印章,或者有制作权限的人擅自以国家机关的名义制作与事实不相符合的公文、证件、印章。伪造既包括制作根本不存在的某一公文、证件、印章的行为,也包括模仿某一存在的公文、证件、印章

① 张明楷:《刑法学》,法律出版社 2016 年版,第 1038 页。

的行为。变造是指用涂改、消擦、拼接等方法,对真实的国家机关公文、证件、印章口模型加工改制,改变其原来真实内容的行为。买卖是指有偿转让国家机关公文、证件、印章,包括购买和销售两种行为。最高人民检察院发布的《关于买卖伪造的国家机关证件行为是否构成犯罪的问题的答复》指出,对于买卖伪造的国家机关证件的行为,以买卖国家机关证件罪追究刑事责任,因此买卖国家机关公文、证件、印章罪中的买卖既包括买卖真实的国家机关证件,也包括买卖伪造或变造的国家机关证件。

实践中常见伪造国家机关公文、证件、印章的情形有:一是伪造、变造、买卖居民身份证、护照、社会保障卡、驾驶证等可以用于证明身份的证件。出于对身份证件的有效管理,立法机关将其单列为一罪,即伪造、变造、买卖身份证件罪。二是伪造、变造、买卖职业/执业资格证、特种作业操作证等职业技能证书。三是伪造、变造、买卖国有土地使用证、不动产权证等权属证书。而在防疫期间,实践中也出现了伪造防疫证明文件和医护执业资格证的情形,如 2022 年 4 月 3 日,沈阳市大东区闫某甲等人伪造带有"大东区新冠肺炎防控指挥部"公章的电子出入通行证;2022 年 4 月 17 日,上海市李某等人伪造印有上海市相关行政单位公章的防疫车辆通行证和防疫生活物资保障企业证明;2022 年 5 月 21 日,北京市昌平区何某某、殷某某等人伪造、购买虚假护士执业证书,从事核酸采样工作被昌平区警方抓获。2022 年 7 月 31 日,北海市公安局发布《关于依法严惩"7·12"疫情防控期间伪造、变造、买卖防疫工作违法犯罪行为的通告》,通告指出:疫情防控期间,由相关部门严格依法审批出具、发放的工作证件是确保防疫保障人员、车辆顺利通行的有效证明,属于国家机关证件。

某建筑安装工程有限公司业务经理刘某某等伪造国家机关证件案

——2021 年全国首例伪造国家机关证件罪入刑宣判案例

基本案情:

2021 年 8 月,山东省应急管理厅会同聊城市、临清市应急管理局对某铜铝业有限公司进行执法检查时发现,4 名员工的特种作业操作证复印件均系伪造,经查，4 人均为当地某建筑安装工程有限公司员工，该公司业务经理刘某某为应付执法检查，伪造了 4 人的特种作业操作证复印件。临清市应急管理局立即对该建筑安装工程有限公司进行立案调查，并依法将刘某某违法犯罪行为线索及材料移送临清市公安局；临清市公安局以涉嫌伪造国家机关证件罪对刘某某立案侦查；临清市应急管理局依法对某建筑安装工程有限公司作出罚款人民币 4 万元的行政处罚决定。

2021 年 12 月 9 日，山东省临清市人民法院依法公开开庭审理并当庭宣判："刘某某犯伪造国家机关证件罪，判处拘役五个月，缓刑八个月，并处罚金 2000 元；被告人田某某（复印部业主）犯伪造国家机关证件罪，判处拘役五个月，缓刑八个月，并处罚金 2000 元。"

本罪的犯罪对象是国家机关的公文、证件、印章，因此判断行为人是否构成本罪，需要对"国家机关""公文""证件""印章"这几项概念进行明晰。这里的国家机关包括立法机关、行政机关、司法机关，以及中国共产党的各级机关和中国人民政治协商会议的各级机关。公文，是指以国家机关名义制作的处理公务的文书。文书，是指使用文字或者代替文字的符号制作的，具有某种程度的持续存在状态，表达意思或者观念的文件。公文必须具有表达意思或观念的内容，仅有公文的固定格式，而无实际内容的不属于公文。公文的附件（公文正文的说明、补充或者参考资料）属于公文。由于许多附件在公文形成之前便已经存在，故在公文形成之前附件是否属于国家机关公文，则需要独立判断。公文不限于书面公文，国家机关官方网站上发布的公文也属于国家机关公文。证件，一般是指有权制作的国家机关颁发的，用以证实身份、权利义务关系或者其他事项的凭证。印章，应包括印形和印影。印形，是指固定了国家机关名称等内容并可以通过一定方式表示在其他物体上的图章。印影，是指印形加盖在纸张等物体上所呈现的形象。印章既包括表示国家机关名称的印章，也包括国家机关用以表示某种特殊用途的专用章。[①]

学历证书、学位证书是否属于国家机关证件？实践中，一些人为了找工作方便，会购买虚假的学历证书和学位证书，那么伪造、变造、买卖高等院校学历、学

---

① 张明楷：《伪造、变造、买卖国家机关公文、证件、印章罪的认定》，载《民主与法制》2021 年第 46 期。

位证书是否构成伪造、变造、买卖国家机关证件罪呢？根据《教育法》第二十二条规定："国家实行学业证书制度。经国家批准设立或者认可的学校及其他教育机构按照国家有关规定，颁发学历证书或者其他学业证书。"第二十三条规定："国家实行学位制度。学位授予单位依法对达到一定学术水平或者专业技术水平的人员授予相应的学位，颁发学位证书。"据此，无论是学历证书，还是学位证书，都是由各普通高等学校颁发，而非由国家各级教育主管机关颁发。国家教育主管机关在颁发证书的过程中是"监制机关"，因此，高等院校学历、学位证书不属于国家机关证件。但是伪造高等院校学历、学位证书并不意味着不构成犯罪，由于学历、学位证书上加盖有高校的印章，所以伪造学历、学位证书可能涉嫌伪造事业单位印章罪。

表 21－2　伪造、变造、买卖国家机关公文、证件、印章罪的禁止性行为

禁止性行为		
序号	行为模式	法律依据
1	伪造、变造、买卖机动车行驶证、登记证书，累计三本以上的	《最高人民法院、最高人民检察院关于办理与盗窃、抢劫、诈骗、抢夺机动车相关刑事案件具体应用法律若干问题的解释》
2	伪造、变造、买卖机动车行驶证、登记证书，累计达到第一款规定数量标准五倍以上的（加重情节）	
3	伪造、变造、买卖机动车牌证及机动车入户、过户、验证的有关证明文件的	《最高人民法院、最高人民检察院、公安部、国家工商行政管理局关于依法查处盗窃、抢劫机动车案件的规定》
4	伪造、变造、买卖海关签发的报关单、进口证明、外汇管理机关的核准件等凭证或者购买伪造、变造的上述凭证	《最高人民法院关于审理骗购外汇、非法买卖外汇刑事案件具体应用法律若干问题的解释》
5	伪造、变造、买卖林木采伐许可证、木材运输证件，森林、林木、林地权属证书，占用或者征用林地审核同意书、育林基金等缴费收据以及其他国家机关批准的林业证件	《最高人民法院关于审理破坏森林资源刑事案件具体应用法律若干问题的解释》
6	伪造、变造、买卖各级人民政府设立的行使行政管理权的临时性机构的公文、证件、印章	《最高人民检察院法律政策研究室关于伪造、变造、买卖政府设立的临时性机构的公文、证件、印章行为如何适用法律问题的答复》

续表

备注： 伪造、变造、买卖国家机关公文、证件、印章罪属于行为犯，除《最高人民法院、最高人民检察院关于办理与盗窃、抢劫、诈骗、抢夺机动车相关刑事案件具体应用法律若干问题的解释》规定了伪造、变造、买卖机动车行驶证、登记证书需要达到一定数量才予以立案追诉之外，《刑法》及相关司法解释没有规定伪造、变造、买卖国家机关公文、证件、印章罪的具体立案标准，因此，只要存在伪造、变造、买卖国家机关公文、证件、印章的行为即构成犯罪。
……

三、扰乱公共秩序犯罪领域常见的刑事法律风险防范

(一)加强合规培训

根据我国法律规定，任何单位和个人禁止买卖国家机关公文、证件、印章，不得非法制作和使用国家机关公文、证件、印章。因此，企业要组织全体人员学习并了解关于国家机关公文、证件、印章的法律规定，熟悉我国国家机关常见的公文、证件、印章种类。如特种作业操作证、海关签发的报关单、进口证明、外汇管理机关的核准件、技术进出口许可证、技术进出口合同登记证、货物进出口配额证明、批准文件、许可证、自动进口许可证明等。知悉国家机关公文、证件、印章的取得、使用方法，不得非法制作和使用。

(二)严格企业安全管理制度

实践中，一些企业为了降低成本，应付检查会伪造、变造相关国家机关证件，尤其是从事特种作业的企业。如电工作业、登高架设作业、制冷与空调作业、煤矿安全作业、金属非金属矿山安全作业、危险化学品安全作业、烟花爆竹安全作业等。根据法律规定，从事上述特种作业的人员必须经过专门的安全技术培训并考核合格，取得特种作业操作证后，方可上岗作业。但现实中，一些企业在员工不具备特种作业操作证的情况下，即要求或允许员工开展特种作业。这透露出企业安全管理意识的不足、安全管理制度的缺失。因此，企业应当严格企业安全生产制度，核查员工是否取得国家规定的作业/技能证书，确保员工依法持证上岗。

表 21－3 伪造、变造、买卖国家机关公文、证件、印章罪防范的措施

防范的一般措施		
序号	行为模式	特别说明
1	加强合规培训	
2	建立国家机关证件管理制度	
3	严格企业安全管理制度	
防范的特别措施		
由具有刑事思维的合规官或专业律师将风险识别点融入到防范的一般措施中专项处理		

第二十二章　危害公共卫生犯罪领域企业刑事合规管理

一、危害公共卫生犯罪概述

危害公共卫生罪，是指违反国家有关卫生管理的法律规定，从事危害国家卫生管理的活动，已经或者可能损失公众的健康，依照《刑法》应当追究刑事责任的行为①。是妨害社会管理秩序罪的一个犯罪类别，共包含 13 项罪名。危害公共卫生罪经历了从简单到复杂、从模糊到明确的演变过程。在 1979 年《刑法》中对于危害公共违法犯罪的规定十分简略，只有一个简单条文，即第一百七十八条规定："违反国境卫生检疫规定，引起检疫传染病的传播，或者有引起检疫传染病传播严重危险的，处三年以下有期徒刑或者拘役，可以并处或者单处罚金"。该条规定仅对违反国境卫生检疫的行为进行了处罚，这对于防治危害公共卫生犯罪来说是不严密的。1997 年颁布的《刑法》改变了这一状态，首先，从罪名看，1979 年《刑法》增加了妨害传染病防治罪；传染病菌种、毒种扩散罪；妨害国境卫生检疫罪等罪名。其次，从犯罪主体看，1979 年《刑法》不仅注重惩治危害公共卫生的个人犯罪行为，而且注重惩治危害公共卫生的单位犯罪。如对妨害传染病防治罪；妨害国境卫生检疫罪；非法采集、供应血液、制作、供应血液制品罪等多项罪名规定了单位犯罪。最后，从防控环节看，1979 年《刑法》不仅注重"检疫"，而且注重"防疫"，不仅注重在"国境"上阻截传染病的侵入，而且注重在"国内"进行传染病的预防和治疗②。自此，我国关于危害公共卫生防治形成了一套较为严密的法律体系。

危害公共卫生罪可以分为五类，具体包括传染病防治管理犯罪、国境卫生检

---

① 刘鑫、曾跃萍：《浅析危害公共卫生罪》，载《中国卫生法制杂志》1997 年第 4 期。

② 冯军：《危害公共卫生行为的刑法防治——以〈刑法修正案（十一）〉的相关规定为中心》，载《法学》2021 年第 2 期。

疫犯罪、血液及血液制品管理犯罪、医疗行为管理犯罪及动植物出入境检疫管理犯罪。

表 22－1　危害公共卫生犯罪的类型

序号	类型	具体罪名	刑法条文
1	传染病防治管理犯罪	妨害传染病防治罪	《刑法》第三百三十条
		传染病菌种、毒种扩散罪	《刑法》第三百三十一条
2	国境卫生检疫犯罪	妨害国境卫生检疫罪	《刑法》第三百三十二条
3	血液及血液制品管理犯罪	非法组织卖血罪	《刑法》第三百三十三条
		强迫卖血罪	《刑法》第三百三十三条
		非法采集、供应血液、制作、供应血液制品罪	《刑法》第三百三十四条
		采集、供应血液、制作、供应血液制品事故罪	《刑法》第三百三十四条
4	医疗行为管理犯罪	非法采集人类遗传资源、走私人类遗传资源材料罪	《刑法》第三百三十四条之一
		医疗事故罪	《刑法》第三百三十五条
		非法行医罪	《刑法》第三百三十六条
		非法进行节育手术罪	《刑法》第三百三十六条
		非法植入基因编辑、克隆胚胎罪	《刑法》第三百三十六条之一
5	动植物出入境检疫管理犯罪	妨害动植物防疫、检疫罪	《刑法》第三百三十七条

虽然 1979 年《刑法》对危害公共卫生罪作了较为系统性的规定，但该罪名在实践中适用的频率仍旧非常低。笔者以“危害公共卫生罪”为关键词，在“威科先行 · 法律信息库”进行检索，检索结果显示，截至 2022 年 9 月 19 日，信息库共收录危害公共卫生犯罪案件 13, 571 件，仅占妨害社会管理秩序罪的 0. 51%。其中 2001 年至 2017 年共有危害公共卫生犯罪案件 9370 件，最近五年共有危害公共卫生犯罪 4618 件。危害公共安全犯罪案发量较高的时期主要集中在 2003

年“非典”疫情和2019年新冠疫情暴发期间。其间，为了指导涉疫公共卫生刑事案件的审理，国家又出台和修改了一系列法律规定。

2003年“非典”疫情暴发之后，为了保障预防、控制突发传染病疫情工作的顺利推进，指导涉疫相关刑事案件的正确办理，最高人民法院、最高人民检察院联合发布《关于办理妨害预防、控制突发传染病疫情等灾害的刑事案件具体应用法律若干问题的解释》，该解释对如何正确处理突发传染病疫情期间发生的各种危害公共卫生的行为作出了具体规定。如规定了故意传播突发传染病病原体，危害公共安全的，按以危险方法危害公共安全罪定罪处罚。2008年6月25日，最高人民检察院、公安部联合发布《关于公安机关管辖的刑事案件立案追诉标准的规定（一）》，明确了妨害传染病防治罪的刑事立案标准，即违反《传染病防治法》的规定，引起甲类或者按照甲类管理的传染病传播或者有传播严重危险，涉嫌下列情形之一的，应予立案追诉：一是供水单位供应的饮用水不符合国家规定的卫生标准的；二是拒绝按照疾病预防控制机构提出的卫生要求，对传染病病原体污染的污水、污物、粪便进行消毒处理的；三是准许或者纵容传染病病人、病原携带者和疑似传染病病人从事国务院卫生行政部门规定禁止从事的易使该传染病扩散的工作的；四是拒绝执行疾病预防控制机构依照《传染病防治法》提出的预防、控制措施的。本条规定中的“甲类传染病”是指鼠疫、霍乱；“按甲类管理的传染病”，是指乙类传染病中传染性非典型肺炎、炭疽中的肺炭疽、人感染高致病性禽流感以及国务院卫生行政部门根据需要报经国务院批准公布实施的其他需要按甲类管理的乙类传染病和突发原因不明的传染病。

2019年新冠疫情暴发，其传播速度之快、感染人数之多、持续时间之长均远超2003年暴发的“非典”疫情。其间，危害公共卫生犯罪案件量再次反弹，为了依法惩治妨害新冠疫情防控违法犯罪行为，保障疫情防控工作的顺利开展，国家再次出台和修订了涉及疫情防控的政策和法律。2020年2月6日，最高人民法院、最高人民检察院、公安部和司法部联合发布《关于依法惩治妨害新型冠状病毒感染肺炎疫情防控违法犯罪的意见》，提出坚决把疫情防控作为当前压倒一切的头等大事来抓，依法及时从严惩治抗拒疫情防控措施、暴力伤医、制假售假、哄抬物价、诈骗/聚众哄抢、造谣传谣、疫情防控失职渎职/贪污挪用、破坏交通设施、破坏野生动物资源等妨害疫情防控的各类违法犯罪。

在全球疫情大流行的形势下，中央提出“外防输入、内防反弹”的防控策略，为遏制境外疫情的传播扩散,2020 年 3 月 13 日,最高人民法院、最高人民检察院、公安部、司法部和海关总署联合发布《关于进一步加强国境卫生检疫工作依法惩治妨害国境卫生检疫违法犯罪的意见》,要求依法惩治妨害国境卫生检疫的违法犯罪行为,明确规定下列五种情形属于《刑法》规定的妨害国境卫生检疫行为:(1)检疫传染病染疫人或者染疫嫌疑人拒绝执行海关依照国境卫生检疫法等法律法规提出的健康申报、体温监测、医学巡查、流行病学调查、医学排查、采样等卫生检疫措施,或者隔离、留验、就地诊验、转诊等卫生处理措施的;(2)检疫传染病染疫人或者染疫嫌疑人采取不如实填报健康申明卡等方式隐瞒疫情,或者伪造、涂改检疫单、证等方式伪造情节的;(3)知道或者应当知道实施审批管理的微生物、人体组织、生物制品、血液及其制品等特殊物品可能造成检疫传染病传播,未经审批仍逃避检疫,携运、寄递出入境的;(4)出入境交通工具上发现有检疫传染病染疫人或者染疫嫌疑人,交通工具负责人拒绝接受卫生检疫或者拒不接受卫生处理的;(5)来自检疫传染病流行国家、地区的出入境交通工具上出现非意外伤害死亡且死因不明的人员,交通工具负责人故意隐瞒情况的。

在新冠疫情暴发的背景下,妨害传染病防治罪案件频发,为了准确理解、适用和依法惩治妨害传染病防治罪,2020 年 12 月 26 日《刑法修正案(十一)》对妨害传染病防治罪进行了修改,一是将本条规定的传染病种类由"甲类传染病"修改为"甲类传染病以及依法确定采取甲类传染病预防、控制措施的传染病"扩大了本罪的适用范围。二是在"后果特别严重"情节中增加"出售、运输疫区中被传染病病原体污染或者可能被传染病病原体污染的物品,未进行消毒处理的"作为第四项,加强了与《传染病防治法》的衔接。三是对表述做了调整,如将"卫生防疫机构"修改为"疾病预防控制机构""县级以上人民政府、疾病预防控制机构",将"粪便"修改为"场所和物品"①。

在当前新冠疫情常态化防控的背景下,危害公共卫生犯罪成为企业经营新的风险点之一,为了帮助企业及实务人员认识和了解危害公共卫生犯罪的特点,掌握危害公共卫生犯罪刑事法律风险识别和防范的方法,本章笔者将以妨害传

---

① 郭涛:《妨害传染病防治罪的理解与适用——以新冠疫情防控为视角》,载微信公众号"信阳法院"2022 年 3 月 21 日,https://mp.weixin.qq.com/s/xnKp3ftajLbB1sYi3YMz9w。

染病防治罪为例，分析企业刑事合规风险识别与防范的要点。

二、危害公共卫生犯罪领域常见的刑事法律风险识别

妨害传染病防治罪，是指违反《传染病防治法》的规定，引起甲类传染病以及依法确定采取甲类传染病预防、控制措施的传染病传播或者有传播严重危险的行为。在新冠疫情暴发之前，妨害传染病防治罪在司法实践中的适用率很低，但自 2020 年以后，妨害传染病防治罪开始走进大众视野。笔者以“妨害传染病防治罪”为关键词，在中国裁判文书网进行检索，结果显示，截至 2022 年 9 月 19 日，共发布妨害传染病防治罪刑事判决书 73 篇，其中 2020 年发布判决书 63 篇，2020 年之前未发布相关判决书。并且自 2020 年 2 月 11 日至 2022 年 6 月 5 日，最高人民检察院共发布十八批全国检察机关依法办理涉新冠疫情典型案例，其中妨害传染病防治罪典型案例占比约为 22%。

1997 年《刑法》虽然增设了妨害传染病防治罪，但由于构成本罪需要引起甲类传染病传播或者有传播的严重危险，且根据《传染病防治法》的规定，甲类传染病是指鼠疫、霍乱。2003 年的非典型肺炎未被纳入甲类感染病，因此妨害传染病防治罪在实践中的适用率很低。2008 年 6 月 25 日，最高人民检察院、公安部联合发布《关于公安机关管辖的刑事案件立案追诉标准的规定（一）》，将构成妨害传染病防治罪中的“甲类传染病”扩大到“甲类或者按照甲类管理的传染病”，进一步扩大了本罪的适用范围，但实践中仍然缺乏妨害传染病防治罪刑事案件，导致该罪名一直是《刑法》中的“僵尸罪名”。直到 2019 年新冠疫情暴发，该罪名才被激活。2020 年 1 月 20 日，国家卫生健康委员会发布 2020 年第 1 号公告，宣布将新型冠状病毒感染的肺炎纳入《传染病防治法》规定的乙类传染病，并采取甲类传染病的预防、控制措施。同时，2020 年 12 月 26 日发布的《刑法修正案（十一）》对传染病防治罪的犯罪构成进行了修正，将传染病种类由“甲类传染病”修改为“甲类传染病以及依法确定采取甲类传染病预防、控制的传染病”，至此为违反《传染病防治法》规定，引起新冠疫情传播或者有传播严重危险的行为纳入妨害传染病防治罪的适用范围提供了依据。

本罪的犯罪主体为一般主体，包括个人和单位。即只要达到刑事责任年龄且具有刑事责任能力的自然人都可以构成本罪，单位犯本罪的，实行双罚制，即

对单位判处罚金,对其直接负责的主管人员或者其他直接责任人员判处相应的刑罚。常见的单位犯罪主体有核酸检测机构、餐饮、商超、物流等企业。如2022年5月,北京朴石医学检验实验室、北京金准医学检验实验室及北京中同蓝博医学检验实验室三家医学检验实验室因在核酸检测过程中涉嫌妨害传染病防治罪被立案侦查。2022年6月,北京天堂超市酒吧因涉嫌妨害传染病防治被刑事立案侦查。本罪的犯罪主观方面在司法实践中存在较大争议,但多数观点认为本罪的主观方面为过失,这里的过失是指行为人对引起传染病传播或者有传播严重危险的危害结果的认识,即行为人应当预见危害结果的发生但因为疏忽大意而没有预见,或者已经预见而轻信能够避免。至于行为人对自己违反《传染病防治法》规定的行为本身所持主观心理状态,则为明知。本罪侵犯的客体是复杂客体,是国家关于传染病防治的管理制度和公共卫生安全。本罪的客观方面表现为违反《传染病防治法》的规定,引起甲类传染病以及依法确定采取甲类传染病预防、控制措施的传染病传播或者有传播严重危险的行为。

被告单位某某国际贸易有限公司、被告人李某甲等人妨害传染病防治案

——全国检察机关依法办理涉新冠肺炎疫情典型案例

基本案情:

某某国际贸易有限公司(以下简称某某公司)是一家经营进口冷冻肉类产品销售业务的公司,该公司将进口的冷冻肉类存放在位于山东省济南市历城区的某农贸有限公司冷库中,然后再对外销售。按照当地防疫规定,冷链食品出、入库时均需要经营者提前24小时报备,并对食品外包装进行核酸检测,检测合格后的产品方可出、入库。在销售时,部分购买方会要求该公司提供冷链食品的核酸检测报告。

2020年11月7日凌晨4时,某某公司自国外采购的一批冷链牛肉制品到达济南,被告人李某甲(某某公司法定代表人,负责公司全部事宜)为使该批进口冷链食品快速入库、出库,并在购买方有需求时,方便向购买方提供相应的核酸检测报告,指使、纵容被告人李某乙(某某公司内勤,负责货物核酸检测

联系工作）伪造核酸检测报告，将之前存有的济南某医学检验实验室核酸检测报告电子版真件的样本名称、批次，更改为本次货物的名称、批次，负责人改为被告人李某丙（某某公司销售人员，负责公司货物销售），并将该报告发给被告人陈某某（某某公司库管，负责公司货物出、入库的管理）。被告人陈某某在明知核酸检测报告系被告人李某乙伪造，且出、入库冷链食品未进行核酸检测的情况下，仍使用该报告办理出、入库手续。被告人李某丙在明知核酸检测报告系被告人李某乙伪造的情况下，仍在销售冷链食品时向购买方提供。之后该批次冷链牛肉制品陆续违规售出。其中90件在销往山东省济宁市梁山县后，经当地疾病预防控制部门检测，发现其中1件冷冻牛肉外包装新冠病毒检测呈阳性，梁山县对该90件牛肉全部封存，并向相关部门通报该情况。济南、济宁多地疫情防控机构启动了应急预案，为该批次冷链牛肉制品的封存回收、产品核酸检测、人员隔离管控采取了一系列措施，除对冷库内存储的冷链食品全部封存并进行检测外，还对相关从业人员及周边群众进行了隔离，耗费了大量时间和人员进行核酸检测和调查、排查工作。经核查，累计动用执法人员1960人次、车辆280台次。

裁判结果：

2020年11月14日，济南市公安局历城分局以涉嫌妨害传染病防治罪对本案立案侦查，同年12月15日以涉嫌妨害传染病防治罪提请批准逮捕犯罪嫌疑人李某甲、李某乙、陈某某、李某丙。济南市历城区人民检察院经审查后依法作出批准逮捕决定。2021年2月7日，本案被移送审查起诉。2021年3月5日，历城区人民检察院对某某公司、李某甲、李某乙、陈某某、李某丙以妨害传染病防治罪向历城区人民法院依法提起公诉。2021年6月4日，历城区人民法院以妨害传染病防治罪判处被告人李某甲等人七个月至十个月有期徒刑，判处某某公司罚金5万元。一审宣判后，被告单位及被告人均未提出上诉，判决已生效。

表 22－2　妨害传染病防治罪的禁止性行为

禁止性行为		
序号	行为模式	法律依据
1	供水单位供应的饮用水不符合国家规定的卫生标准的	《刑法修正案（十一）》
2	拒绝按照疾病预防控制机构提出的卫生要求，对传染病病原体污染的污水、污物、场所和物品进行消毒处理的	
3	准许或者纵容传染病病人、病原携带者和疑似传染病病人从事国务院卫生行政部门规定禁止从事的易使该传染病扩散的工作的	
4	出售、运输疫区中被传染病病原体污染或者可能被传染病病原体污染的物品，未进行消毒处理的	
5	拒绝执行县级以上人民政府、疾病预防控制机构依照传染病防治法提出的预防、控制措施的	
……		

表 22－3　妨害传染病防治罪的限制性规定

限制性规定		
序号	行为模式	法律依据
1	未按照规定承担本单位的传染病预防、控制工作、医院感染控制任务和责任区域内的传染病预防工作的	《传染病防治法》
2	未按照规定报告传染病疫情，或者隐瞒、谎报、缓报传染病疫情的	
3	发现传染病疫情时，未按照规定对传染病病人、疑似传染病病人提供医疗救护、现场救援、接诊、转诊的，或者拒绝接受转诊的	
4	未按照规定对本单位内被传染病病原体污染的场所、物品以及医疗废物实施消毒或者无害化处置的	
5	未按照规定对医疗器械进行消毒，或者对按照规定一次使用的医疗器具未予销毁，再次使用的	
6	在医疗救治过程中未按照规定保管医学记录资料的	
……		

客观行为是判断行为人是否构成犯罪的关键，《刑法修正案（十一）》在吸收原《刑法》和《关于公安机关管辖的刑事案件立案追诉标准的规定（一）》规定的基础上，对妨害传染病防治罪的构成要件进行了完善，明确规定违反《传染病防治法》的规定，有下列情形之一，引起甲类传染病以及依法确定采取甲类传染病预防、控制措施的传染病传播或者有传播严重危险的，构成妨害传染病防治罪：供水单位供应的饮用水不符合国家规定的卫生标准的；拒绝按照疾病预防控制机构提出的卫生要求，对传染病病原体污染的污水、污物、场所和物品进行消毒处理的；准许或者纵容传染病病人、病原携带者和疑似传染病病人从事国务院卫生行政部门规定禁止从事的易使该传染病扩散的工作的；出售、运输疫区中被传染病病原体污染或者可能被传染病病原体污染的物品，未进行消毒处理的；拒绝执行县级以上人民政府、疾病预防控制机构依照传染病防治法提出的预防、控制措施的。

与新冠疫情相关的另一个罪名是以危险方法危害公共安全罪，在新冠疫情暴发初期，许多涉疫案件是以“以危害方法危害公共安全罪”进行立案。在实践中，行为人是涉嫌妨害传染病防治罪还是以危险方法危害公共安全罪争议较大，尤其在两者刑事责任不同的情况下，妨害传染病防治罪的法定最高刑为七年有期徒刑，而以危险方法危害公共安全罪的法定最高刑为死刑，准确区分这两项罪名具有重大意义。从犯罪主体上看，根据《关于依法惩治妨害新型冠状病毒感染肺炎疫情防控违法犯罪的意见》的规定，涉疫的以危险方法危害公共安全罪的犯罪主体是已经确诊的新型冠状病毒感染肺炎病人、病原携带者和新型冠状病毒感染肺炎疑似病人，而妨害传染病防治罪对犯罪主体则无此要求。因此在上述主体拒绝执行卫生防疫机构依照《传染病防治法》提出的防控措施，引起新型冠状病毒传播或者有传播严重危险的，优先考虑是否构成以危险方法危害公共安全罪。从行为模式上看，以危险方法危害公共安全罪要求行为人进入公共场所或者公共交通工具，由于新冠病毒具有极强的传染性，进出上述场所极易引起病毒传播，危害公共安全。而妨害传染病防治罪亦无此特殊要求。以上两点是妨害传染病防治罪与以危险方法危害公共安全罪的最显著的区别，在实务中可以根据上述两点并结合具体案情进行判断。

三、危害公共卫生犯罪领域常见的刑事法律风险防范

（一）建立健康检测制度

健康检测是发现感染新冠病毒和防范疫情扩散的重要手段。企业应当建立健康检测制度，尤其是对外营业的商场、餐厅、酒吧等人口密集场所的经营者应当严格落实健康检测制度，对进入场所的工作人员和顾客进行体温监测和核验健康码，体温和健康码正常者才可以进入。实践中，由于一些企业没有严格落实健康检测制度，引发疫情传播，陷入刑事风险。如 2022 年 6 月，北京天堂超市管理有限公司（天堂酒吧）正是由于没有严格落实健康检测制度，未认真核查进入场所顾客的健康宝和体温，引发聚集性疫情，最终被刑事立案侦查。

（二）加强进口货物/物品管控

对于进口企业而言，要加强进口货物/物品，尤其是进口冷链食品的管控，对其加工、运输、存储、销售场所环境进行抽样检测和预防性消毒。对进口货物/物品在境内的生产、流通、销售进行全程防控和追溯管理。在进口货物/物品的流通、销售等环节发现核酸检测阳性物质的，应当对相关物品进行临时封存、消毒处理，对相关的工作区域进行消毒，同时向阳性物品的来源地和同批次物品的流向地通报信息。对于检出新冠病毒核酸阳性的冷链食品，按照新冠疫情防控冷链食品分级分类处置有关要求进行处置。

（三）建立疫情发现报告制度

企业在健康检测过程中，发现工作人员有发热、干咳、乏力、咽痛、嗅（味）觉减退、腹泻等症状的，及时对其进行核酸检测，一旦发现核酸检测结果为阳性的，立即隔离其工作岗位和宿舍，并根据医学观察情况进一步封闭其所在的办公室、车间等办公单元以及员工宿舍楼等生活场所，严禁无关人员进入，同时在专业人员指导下对其活动场所及使用物品进行消毒。配合有关方面做好密切接触者防控措施。遵从“逢阳必报、逢阳即报”的原则，落实“早预防、早发现、早报告、早隔离、早治疗”的措施，及时向当地疫情防控部门报告。

表 22－4 妨害传染病防治罪防范的措施

防范的一般措施		
序号	行为模式	特别说明
1	建立健康检测制度	
2	建立疫情发现报告制度	
3	建立教育培训制度	
4	制定疫情防控应急预案	
5	建立防疫消毒制度	
防范的特别措施		
由具有刑事思维的合规官或专业律师将风险识别点融入到防范的一般措施中专项处理		

第二十三章　破坏环境资源保护犯罪领域企业刑事合规管理

一、破坏环境资源保护犯罪概述

破坏环境资源保护犯罪，是指行为人违反国家关于环境资源保护的法律法规，故意或者过失污染或者破坏生态环境和自然资源，对环境资源、他人生命健康或者公私财产造成或者足以造成严重损害后果的犯罪活动，属于妨害社会管理秩序罪的一个类别，共包含 16 项罪名，其中污染环境罪是企业高发罪名。

破坏环境资源保护犯罪可以分为五类，包括污染环境犯罪、破坏动物资源犯罪、破坏土地资源犯罪、破坏矿产资源犯罪和破坏植物资源犯罪。

表 23－1　破坏环境资源保护犯罪的类型

序号	类型	具体罪名	刑法条文
1	污染环境犯罪	污染环境罪	《刑法》第三百三十八条
		非法处置进口的固体废物罪	《刑法》第三百三十九条
		擅自进口固体废物罪	《刑法》第三百三十九条
2	破坏动物资源犯罪	非法捕捞水产品罪	《刑法》第三百四十条
		危害珍贵、濒危野生动物罪	《刑法》第三百四十一条
		非法狩猎罪	《刑法》第三百四十一条
		非法猎捕、收购、运输、出售陆生野生动物罪	《刑法》第三百四十一条
		非法引进、释放、丢弃外来入侵物种罪	《刑法》第三百四十四条之一
3	破坏土地资源犯罪	非法占用农用地罪	《刑法》第三百四十二条
		破坏自然保护地罪	《刑法》第三百四十二条之一

续表

序号	类型	具体罪名	刑法条文
4	破坏矿产资源犯罪	非法采矿罪	《刑法》第三百四十三条
		破坏性采矿罪	《刑法》第三百四十三条
5	破坏植物资源犯罪	危害国家重点保护植物罪	《刑法》第三百四十四条
		盗伐林木罪	《刑法》第三百四十五条
		滥伐林木罪	《刑法》第三百四十五条
		非法收购、运输盗伐、滥伐的林木罪	《刑法》第三百四十五条

最高人民法院2020年至2022年发布的《中国环境资源审判》统计数据显示，2019年全国法院共受理各类环境资源刑事一审案件39,957件，审结36,733件，判处罪犯114,633人，收结案数同比2018年分别上升50.9%和43.4%。2020年全国法院审结一审环境资源刑事案件3.8万件，同比上升2.9%，另最高人民法院发布的《中国环境司法发展报告(2020)》统计数据显示，2020年环境资源案件与全国法院案件数量呈现下降拐点不同，环境资源民事、行政、刑事案件和环境公益诉讼、生态环境损害赔偿诉讼案件数量均有所上升，其中环境民事、环境行政、环境刑事、环境公益诉讼、生态环境损害赔偿等案件的一审收案量分别同比增长98.69%、6.88%、17.30%、68.05%、48.98%。2021年全国法院共受理环境资源刑事一审案件39,023件，审结35,460件，审结案件数量有所下降。另根据《中国环境司法发展报告(2021)》统计数据，2021年全国法院环境民事、环境行政、环境刑事、环境公益诉讼、生态环境损害赔偿等案件一审收案量分别同比增长10.18%、23.42%、-4.33%、25.97%、131.50%，即除了环境刑事案件出现下降拐点以外，环境民事、环境行政、环境公益诉讼、生态环境损害赔偿等案件都有较大幅度上升。根据上述数据可知，近年来，我国环境资源刑事案件总体上呈现增长态势，虽然2021年有所下降，但总体上仍呈现高发、多发的趋势。

环境资源保护是生态文明建设的必然要求，是关系人民福祉、关乎民族未来的大计，是实现中华民族伟大复兴的中国梦的重要内容。党的十八大以来，党中央把生态文明建设作为统筹推进"五位一体"总体布局和协调推进"四个全面"战略布局的主要内容，开展一系列根本性、开创性、长远性工作，提出一系列新理念新思想新战略,生态文明理念日益深入人心,污染治理力度之大、制度出台频度之密、监管执法之严、环境质量改善之快前所未有。

2021 年 6 月 4 日,最高人民法院举行新闻发布会,表示将严厉惩治污染环境、破坏生态、盗掘古墓葬等犯罪行为,依法处以实刑,慎用缓刑。由此可见,当前我国对破坏环境资源保护类犯罪持从严管理、从重处罚的态度。实际上,自党的十八大以来,依法严惩污染环境、破坏资源犯罪是全国各级法院的常态化工作。

2014 年 6 月 23 日,最高人民法院发布《关于全面加强环境资源审判工作为推进生态文明建设提供有力司法保障的意见》,提出依法严惩污染环境、破坏资源犯罪。加大对涉及环境资源保护刑事案件的审判力度,依法严惩污染环境、乱砍滥伐、滥捕野生动物、乱采滥挖矿产资源、非法占用农用地、制污排污、非法处置进口固体废物、擅自进口固体废物等污染环境和破坏资源违法犯罪行为。2016 年 5 月 26 日,最高人民法院发布《关于充分发挥审判职能作用为推进生态文明建设与绿色发展提供司法服务和保障的意见》,提出依法从严惩处破坏环境资源造成严重后果以及主观恶性大的犯罪行为,有效威慑潜在的污染行为人,教育广大人民群众自觉保护生态环境,防范和减少环境污染、生态破坏犯罪的发生。2016 年 11 月 28 日,为依法惩处非法采矿、破坏性采矿犯罪活动,最高人民法院、最高人民检察院发布《关于办理非法采矿、破坏性采矿刑事案件适用法律若干问题的解释》,该解释主要从四个方面体现从严惩治的原则:一是从严设置破坏野生动物资源的定罪量刑标准;二是突出对特定破坏野生动物资源犯罪的从严惩治;三是对破坏野生动物资源犯罪实现全链条惩治;四是推动完善行刑双向衔接机制。2016 年 12 月 23 日,为应对实践中环境污染犯罪出现的新情况、新问题,如危险废物犯罪呈现产业化迹象,大气污染犯罪打击困难,篡改、伪造自动监测数据和破坏环境质量监测系统的刑事规制存在争议等,进一步加大对生态环境的司法保护力度,最高人民法院、最高人民检察院发布《关于办理环境污染刑事案件适用法律若干问题的解释》。

2018 年 6 月 16 日,中共中央、国务院发布《关于全面加强生态环境保护坚决打好污染防治攻坚战的意见》,提出要坚持用最严格制度最严密法治保护生态环境。保护生态环境必须依靠制度、依靠法治。必须构建产权清晰、多元参与、激励约束并重、系统完整的生态文明制度体系,让制度成为刚性约束和不可触碰的“高压线”。2018年6月27日，最高人民检察院发布《关于充分发挥检察职能为打好“三大攻坚战”提供司法保障的意见》，提出要从严惩处破坏生态环境刑事犯罪，以零容忍态度坚决打击非法排放、倾倒或者处置有毒有害污染物、非法排放超标污染物等污染环境犯罪，依法严厉惩治群众反映强烈、社会影响恶劣的严重破坏生态环境案事件背后的滥用职权、玩忽职守等职务犯罪，着力保护绿水青山。2018年7月10日，全国人民代表大会常务委员会通过《关于全面加强生态环境保护依法推动打好污染防治攻坚战的决议》，提出要建立健全最严格最严密的生态环境保护法律制度。2019年2月20日，为深入学习贯彻习近平生态文明思想，认真落实党中央重大决策部署和全国人大常委会决议要求，全力参与和服务保障打好污染防治攻坚战，推进生态文明建设，形成各部门依法惩治环境污染犯罪的合力，最高人民法院、最高人民检察院、公安部、司法部、生态环境部联合发布《关于办理环境污染刑事案件有关问题座谈会纪要》。

2022年4月6日，为依法惩治破坏野生动物资源犯罪，保护生态环境，维护生物多样性和生态平衡，最高人民法院、最高人民检察院发布《关于办理破坏野生动物资源刑事案件适用法律若干问题的解释》。2022年7月1日，最高人民法院发布《关于充分发挥环境资源审判职能作用依法惩处盗采矿产资源犯罪的意见》，提出要用最严格制度、最严密法治筑牢维护矿产资源和生态环境安全的司法屏障。突出打击重点，保持依法严惩态势。落实常态化开展扫黑除恶专项斗争部署要求，持续依法严惩“沙霸”、“矿霸”及其“保护伞”，彻底斩断其利益链条、铲除其滋生土壤。

上述仅是笔者列举的部分关于环境资源保护的相关法律规定，除上述与刑事较为密切的立法（政策）外，在党的十八大以后，国家还出台或者修订一系列与环境资源保护的民事和行政立法，如2014年4月24日修订的，被称为史上最严的新《环境保护法》；2017年6月27日修订的《水污染防治法》；2021年1月24日国务院发布的《排污许可管理条例》；2021年12月28日最高人民法院发布的《关于生态环境侵权案件适用禁止令保全措施的若干规定》；2022年6月14日最高人民法院发布的《关于审理森林民事纠纷案件适用法律若干问题的解释》。上述法律规定共同构建起一套较为完整严密的生态环境保护法律体系。

在司法层面，为了解决环境资源案件“立案难”“取证难”等问题，加大环境资源案件审判力度，2014年最高人民法院环境审判庭成立，开展环境资源刑事、民事、行政"三合一"归口审判模式探索。随后最高人民法院指导全国各级人民法院稳步推进设立专门环境资源审判机构，包括环境资源审判庭、派出法庭和合议庭、专业化审判团队。2014 年全国法院设立环境资源审判机构 134 个、2015 年为 456 个、2016 年为 559 个、2017 年为 956 个、2018 年为 1271 个。截至 2019 年年底，全国共有环境资源专门审判机构 1353 个，其中环境资源审判庭 513 个，合议庭 749 个，人民法庭 91 个。共有 23 家高级人民法院实行环境资源刑事、民事、行政案件"二合一"或者"三合一"归口审理模式。2021 年 12 月，最高人民法院将"破坏环境资源保护罪"案件的审理、审判指导及相关职能划归环境资源审判庭行使，实现了环境资源审判刑事、民事、行政审判职能"三合一"，截至 2022 年 6 月底，全国 31 个省（区、市）高级人民法院及新疆生产建设兵团分院中已有 31 家设立了环境资源审判机构，其中 28 家试行环境资源刑事、民事、行政案件"三合一"或者包含执行在内的"四合一"归口审判模式，构建起一套中国特色的环境资源审判体系，为高效便捷解决环境资源案件提供了路径。

在当前国家不断加强立法和优化审判组织，进一步加大对破坏环境资源保护犯罪惩治力度的背景下，为了帮助企业及实务人员认识和了解破坏环境资源保护犯罪的特点，掌握破坏环境资源保护犯罪刑事法律风险识别和防范的方法，本章笔者将以污染环境罪为例，分析企业刑事合规风险识别与防范的要点。

二、破坏环境资源保护犯罪领域常见的刑事法律风险识别

污染环境罪，是指自然人或者单位违反国家规定，排放、倾倒或者处置有放射性的废物、含传染病病原体的废物、有毒物质或者其他有害物质，严重污染环境的行为。[①] 最高人民检察院统计数据显示，全国污染环境犯罪案件查处数量总体呈上升趋势，2018 年 1 月至 2020 年 8 月，全国检察机关共批捕污染环境犯罪案件 5364 件 9517 人，同比分别上升 64.47% 和 80%；起诉 7226 件 16,687 人，同比分别上升 47.44% 和 72.99%。另根据 2021 年 4 月，北京师范大学中国企业家犯罪预防研究中心发布的《2019—2020 年企业家刑事风险分析报告》显示，污染环境罪居 2020 年企业家犯罪罪名排序第九位，是企业家高发罪名之一。并且从最

① 张明楷：《污染环境罪的概念与法益》，载《民主与法制》2022 年第 4 期。

高人民检察院发布的三批15件涉案企业合规典型案例来看，污染环境罪在涉案企业合规改革中已有适用合规不起诉的案例，即张家港市L公司、张某甲等人污染环境案，同时该案与第三批涉案企业合规典型案例中的广西陆川县23家矿山企业非法采矿案均属于破坏环境资源保护犯罪。

为了进一步加大对污染环境罪的打击力度，《刑法修正案（十一）》对污染环境罪作出大幅度的修订：一是增加了量刑档次，提高了本罪法定刑。即将原来的量刑档次由两档调整为三档，将本罪的法定刑增加到七年以上有期徒刑并处罚金，这体现了当前国家对污染环境犯罪惩罚的严厉化态势。二是将"后果特别严重"修改为"情节严重"，降低了本罪法定刑升格条件的入罪门槛。本罪由结果犯变成情节犯（实践中，也有学者认为修改后的污染环境罪属于行为犯、准抽象危险犯，但无论哪一种理解，相较于结果犯而言，这一修改明显降低了污染环境罪的入罪门槛），即原来需要行为人造成严重的实害结果才构成犯罪，而现在只要行为人实施了《刑法》规定的行为或者造成一定的危险就可以成立犯罪。三是规定了竞合犯的处理原则，实务中，污染环境罪经常与投放危险物质罪、非法处置进口固体废物罪、非法经营罪等罪名发生竞合，修订后的法律规定将司法解释的内容以法律的形式确定下来。

表23－2　污染环境罪修订前后对比

修订前	修订后
第三百三十八条　违反国家规定，排放、倾倒或者处置有放射性的废物、含传染病病原体的废物、有毒物质或者其他有害物质，严重污染环境的，处三年以下有期徒刑或者拘役，并处或者单处罚金；后果特别严重的，处三年以上七年以下有期徒刑，并处罚金。	第三百三十八条　违反国家规定，排放、倾倒或者处置有放射性的废物、含传染病病原体的废物、有毒物质或者其他有害物质，严重污染环境的，处三年以下有期徒刑或者拘役，并处或者单处罚金；情节严重的，处三年以上七年以下有期徒刑，并处罚金；有下列情形之一的，处七年以上有期徒刑，并处罚金： （一）在饮用水水源保护区、自然保护地核心保护区等依法确定的重点保护区域排放、倾倒、处置有放射性的废物、含传染病病原体的废物、有毒物质，情节特别严重的； （二）向国家确定的重要江河、湖泊水域排放、倾倒、处置有放射性的废物、含传染病病原体的废物、有毒物质，情节特别严重的； （三）致使大量永久基本农田基本功能丧失或者遭受永久性破坏的； （四）致使多人重伤、严重疾病，或者致人严重残疾、死亡的。 有前款行为，同时构成其他犯罪的，依照处罚较重的规定定罪处罚。

江阴市某有限公司、吴某污染环境案

基本案情：

江苏省江阴市人民检察院指控：2014年4月14日至2016年5月25日，被告人吴某担任某有限公司财务经理期间，负责某有限公司废机油处置工作，为了公司谋取非法利益，未按照国家规定的危险废物处置流程，在明知孙某2（另案处理）无危险废物经营许可证的情况下，将某有限公司经营过程中产生的废机油销售给孙某228次共计29.565吨，从中非法获利95,392元，后孙某2将废机油销售给无危险废物经营许可证的唐某2（另案处理）等人，唐某2再将部分废机油运输到高邮的无危险废物经营许可证的炼油厂对废机油提炼后销售。经江阴市环保局认定，涉案废机油属于危险废物hw08。

江阴市人民法院经审理查明：被告单位某有限公司成立于2009年12月3日，经营范围包括汽车维修及售后服务等。2014年年初，孙某2到某有限公司向公司财务经理吴某（负责某有限公司废机油处置工作）提出收购某有限公司维修保养汽车产生的废机油；被告人吴某在孙某2无危险废物经营许可证的情况下，仍同意将废机油出售给孙某2处置，并初步商定收购价格。同年4月14日至2016年5月25日，孙某2使用电动吸油泵、吸油管、油桶等工具，先后28次到某有限公司收购废机油164.25桶（重29.565吨），支付某有限公司废机油款95,392元。

裁判结果：

法院经审理判决：

一、被告单位江阴市某有限公司犯污染环境罪，判处罚金人民币10万元。

二、被告人吴某犯污染环境罪，判处拘役五个月，缓刑六个月，并处罚金人民币5000元。

三、禁止被告人吴某在缓刑考验期限内从事与废机油处置相关的生产经营活动。

四、追缴扣押在案的被告单位江阴市某有限公司违法所得人民币95,392元，予以没收，上缴国库。

认识和了解污染环境罪的构成要件,是识别和防范企业环境保护刑事法律风险的有效手段,为了帮助企业及实务人员了解污染环罪的行为模式,下面笔者将从污染环境罪的犯罪构成入手,分析构成污染环境罪的主客观要件。

首先,从犯罪主体来看,本罪的犯罪为一般主体,包括自然人和单位。但在司法实践中,由于单位犯罪的认定难度大,存在追究自然人犯罪多,追究单位犯罪少的问题,为了解决该问题,2019 年 2 月 20 日,最高人民法院、最高人民检察院、公安部、司法部、生态环境部五部门联合发布《关于办理环境污染刑事案件有关问题座谈会纪要》,该纪要对污染环境单位犯罪的认定作出了具体的规定。具有下列情形的,应当认定为单位犯罪:经单位决策机构按照决策程序决定的;经单位实际控制人、主要负责人或者授权的分管负责人决定、同意的;单位实际控制人、主要负责人或者授权的分管负责人得知单位成员个人实施环境污染犯罪行为,并未加以制止或者及时采取措施,而是予以追认、纵容或者默许的;使用单位营业执照、合同书、公章、印鉴等对外开展活动,并调用单位车辆、船舶、生产设备、原辅材料等实施环境污染犯罪行为的。单位犯罪中的“直接负责的主管人员”,一般是指对单位犯罪起决定、批准、组织、策划、指挥、授意、纵容等作用的主管人员,包括单位实际控制人、主要负责人或者授权的分管负责人、高级管理人员等;“其他直接责任人员”,一般是指在直接负责的主管人员的指挥、授意下积极参与实施单位犯罪或者对具体实施单位犯罪起较大作用的人员。

其次,本罪的主观方面通常由故意构成,过失是例外的罪过形式,即污染环境罪在一定条件下也可以由过失构成。具体而言,关于污染环境罪的主观罪过形式,最高人民法院释义书观点主张混合罪过说,即污染环境罪的主观罪过通常是故意,但也可以由过失构成。判断行为人是否具有环境污染犯罪的故意,应当依据行为人的任职情况、职业经历、专业背景、培训经历、本人因同类行为受到行政处罚或者刑事追究情况以及污染物种类、污染方式、资金流向等证据,结合其供述,进行综合分析判断。

再次,本罪的犯罪客体是国家对环境保护污染防治的管理秩序。污染环境罪的对象一般表现为土地、水体、大气。土地包括耕地、林地、草地、荒地、山岭、滩涂、河滩地及其他陆地。水体包括江河、湖泊、运河、渠道、水库等地表水体以及地下水体,还包括内海、领海及中华人民共和国管辖的其他海域。大气是指包围地球的空气层总体。

最后,本罪的客观方面表现为违反国家规定,排放、倾倒或者处置有放射性的废物、含传染病病原体的废物、有毒物质或者其他有害物质,严重污染环境的行为。这里的违反国家规定是指违反国家有关环境保护的法律、法规或者相关规定。如《环境保护法》《大气污染防治法》《水污染防治法》等。

实践中,污染环境罪的常见犯罪手段有:违规倾倒污染物;篡改、伪造自动监测数据,干扰自动监测设施;未取得排污许可;通过渗井、渗坑及暗管方式排污和委托无资质的单位处置废物等。违规倾倒污染物是目前污染环境犯罪最常见的情形。《最高人民法院、最高人民检察院关于办理环境污染刑事案件适用法律若干问题的解释》(2016 年)罗列了构成违规倾倒的行为,现实中造成严重后果的认定标准大多参考数量超过 3 吨、含有一定量重金属或造成严重财产损失。篡改、伪造自动监测数据,干扰自动监测设施是指重点排污单位篡改、伪造自动监测数据或者干扰自动监测设施,排放化学需氧量、氨氮、二氧化硫、氮氧化物等污染物。未取得排污许可是指一些企业在没有取得排污许可证的情况下,私自排放污染物的行为。由于国家对在生产经营过程中排放废气、废水、产生环境噪声污染和固体废物的行为实行许可证管理,因此直接或间接向环境排放污染物的企业事业单位、个体工商户,应按照规定申请领取排污许可证。通过渗井、渗坑及暗管方式排污是指一些企业为了降低成本、逃避监管,通过渗井、渗坑或者暗管的方式排放污染物。这一直是环境行政执法和刑事司法中严厉打击的重点违法行为。“渗井、渗坑”是指无防渗漏措施或起不到防渗作用的、封闭或半封闭的坑、池、塘、井和沟、渠等。对采取的防渗措施是否具有防渗功能存在争议的,可由有资质的机构进行检验或者鉴定,或者采用底层取土检验鉴定的方法予以认定。“暗管”是指通过隐蔽的方式达到规避监管目的而设置的排污管道,包括埋入地下的水泥管、瓷管、塑料管等,以及地上的临时排污管道。委托无资质的单位处置废物,根据《危险废物经营许可证管理办法》规定,在我国境内从事危险废物收集、贮存、处置经营活动的单位必须持有危险废物经营许可证。但在实践中一些企业为了节省成本,直接将产生的危险废物交由没有资质的单位或个人处置,而这些人员或单位既没有处理危险废物的设备,也没有处理危险废物的专业人员,通常是直接将危险废物倾倒在河流或者掩埋在土壤中,这极易导致环境污染,引发刑事风险。

表 23－3 污染环境罪的禁止性行为

禁止性行为		
序号	行为模式	法律依据
1	在饮用水水源一级保护区、自然保护区核心区排放、倾倒、处置有放射性的废物、含传染病病原体的废物、有毒物质的	《最高人民法院、最高人民检察院关于办理环境污染刑事案件适用法律若干问题的解释》
2	非法排放、倾倒、处置危险废物三吨以上的	
3	排放、倾倒、处置含铅、汞、镉、铬、砷、铊、锑的污染物,超过国家或者地方污染物排放标准三倍以上的	
4	排放、倾倒、处置含镍、铜、锌、银、钒、锰、钴的污染物,超过国家或者地方污染物排放标准十倍以上的	
5	通过暗管、渗井、渗坑、裂隙、溶洞、灌注等逃避监管的方式排放、倾倒、处置有放射性的废物、含传染病病原体的废物、有毒物质的	
6	二年内曾因违反国家规定,排放、倾倒、处置有放射性的废物、含传染病病原体的废物、有毒物质受过两次以上行政处罚,又实施前列行为的	
……		

表 23－4 污染环境罪的限制性行为

限制性行为		
序号	行为模式	法律依据
1	超过污染物排放标准或者超过重点污染物排放总量控制指标排放污染物的	《环境保护法》
2	未依法提交建设项目环境影响评价文件或者环境影响评价文件未经批准,擅自开工建设的	
3	重点排污单位不公开或者不如实公开环境信息的	
4	违反法律规定,未取得排污许可证排放污染物,被责令停止排污,拒不执行的	
5	产生、收集、贮存、运输、利用、处置固体废物的单位未依法及时公开固体废物污染环境防治信息的	《固体废物污染环境防治法》
6	生活垃圾处理单位未按照国家有关规定安装使用监测设备、实时监测污染物的排放情况并公开污染排放数据的	
……		

三、破坏环境资源保护犯罪领域常见的刑事法律风险防范

(一)建立企业内部环境保护管理制度

企业应建立内部环保管理制度,对污染物的收集、利用、处置等事项之责任明确负责的主管人员和环保责任人,对于应防治的各类大气污染、水污染、固体废物、危险废物等制定相关制度。除此之外,企业还需做好环境保护突发情况预案,严格控制违规污染环境的行为发生。企业还可以通过建立污染举报平台的方式及时发现企业污染行为,以便早发现早预防。同时,企业可以根据工作岗位的性质、特点和内容,明确各岗位的责任人员、责任范围和责任清单;编制包括岗位职责、岗位主要产排污环节、岗位作业安全要求、岗位环境隐患排查治理要求和岗位安全生产应急要求等在内的岗位操作规程;监督有关部门和人员按照责任制度开展工作。

(二)加强环境保护人财物的配备

企业应根据需要设置环境保护管理机构,配备专(兼)职环境保护管理人员。其中重点排污单位和危险废物经营单位应当单独设置环境保护机构,配备环保总监和专职环境保护管理人员。同时加大环境保护经费投入力度,将环境保护投入纳入年度财务预算,足额安排环境保护费用,保障环境保护设备设施、隐患排查整治、治污设施维修保养、环境保护教育培训、环境污染责任险、应急演练、事故救援等必要的环境保护支出。

(三)如实公开排污信息,接受社会监督

根据《环境保护法》的规定,重点排污单位应当如实向社会公开企业环境信息,重点排污单位不公开或者不如实公开环境信息的,由县级以上地方人民政府环境保护主管部门责令公开,处以罚款,并予以公告。因此,重点排污单位应当通过其网站、企业事业单位环境信息公开平台或者当地报刊等便于公众知晓的方式公开污染物的名称、排放方式、排放浓度和总量、超标排放情况,以及防治污染设施的建设和运行情况等环境信息,接受社会监督。

表 23－5 污染环境罪防范的措施

防范的一般措施		
序号	行为模式	特别说明
1	将环境保护投入纳入年度财务预算	
2	足额安排环境保护费用	
3	保障环境保护设备设施正常运行	
4	定期对治污设施维修保养	
5	开展环境保护教育培训	
6	投保环境污染责任保险	
防范的特别措施		
由具有刑事思维的合规官或专业律师将风险识别点融入到防范的一般措施中专项处理		

第二十四章　商业贿赂犯罪领域企业刑事合规管理

一、商业贿赂犯罪概述

商业贿赂犯罪,是对与商业有关的贿赂犯罪的统称,共包括 8 项罪名。《刑法》及相关司法解释没有明确商业贿赂犯罪的概念。但是在民事立法中,对商业贿赂有较为明确的规定。1996 年 11 月 15 日,原国家工商行政管理局印发的《关于禁止商业贿赂行为的暂行规定》中对商业贿赂的概念作出了明确规定,即商业贿赂是指经营者为销售或者购买商品而采取财物或者其他手段贿赂对方单位或者个人的行为。由此,我们可以对比民事立法中对商业贿赂的规定,参照刑事立法中行贿受贿犯罪的构成对商业贿赂犯罪做一个定义。所谓商业贿赂犯罪,是指公司、企业及其他单位之间和公司、企业、其他单位之间与政府机关之间,在商业经营活动过程中,为获取出售、购买商品、提供或接受服务等交易机会,违反诚实信用、公平交易原则,非法给予对方单位、个人财物,破坏商业交易秩序,依照刑法构成犯罪的行为。[①]

商业贿赂犯罪包括行贿类犯罪、受贿类犯罪和介绍贿赂犯罪。

---

① 王洪青:《商业贿赂犯罪的概念及法律适用对策——以〈中华人民共和国刑法修正案〉(六)第 7 条、第 8 条为视角》,载《法律适用》2006 年第 9 期,总第 246 期。

表 24－1　商业贿赂犯罪的类型

序号	类型	具体罪名	刑法条文
1	行贿类犯罪	对非国家工作人员行贿罪	《刑法》第一百六十四条
		行贿罪	《刑法》第三百八十九条
		对单位行贿罪	《刑法》第三百九十一条
		单位行贿罪	《刑法》第三百九十三条
2	受贿类犯罪	非国家工作人员受贿罪	《刑法》第一百六十三条
		受贿罪	《刑法》第三百八十五条
		单位受贿罪	《刑法》第三百八十七条
3	介绍贿赂犯罪	介绍贿赂罪	《刑法》第三百九十二条

商业贿赂犯罪一直是企业刑事合规的“重灾区”，是我国腐败治理的重点领域，北京师范大学中国企业家犯罪预防研究中心公布的《企业家刑事风险分析报告（2014—2018）》显示，2014 年至 2018 年，民营企业家罪名结构分布中商业贿赂犯罪占比 15.66%，是企业刑事风险的高发源头。同时，该中心 2018 年 4 月 21 日发布的《企业家腐败犯罪报告》显示，2014 年至 2017 年，单位行贿罪、非国家工作人员受贿罪、行贿罪等商业贿赂犯罪为民营企业家高频罪名，占四年总体水平的 42.3%。

国家在持续推进高压反腐的同时也在不断打击行贿犯罪。党的十八大以来，党中央强调有腐必反、有贪必肃，坚持无禁区、全覆盖、零容忍、坚持重遏制、强高压、长震慑。党的十八大报告指出，反腐倡廉是全社会的责任，政府有责、国有企业有责，民营企业同样也不能置身其外。党的十九大以来，习近平总书记强调，反腐不能松口气、歇歇脚，不能有打好一仗就一劳永逸的想法，不能有初见成效就见好就收的想法。为加大对腐败的惩治力度，2020 年 12 月 26 日全国人大常委会通过《刑法修正案（十一）》，其中对非国家工作人员受贿罪的刑罚配置进行提高和调整，将本罪原法律规定的“数额较大的，处五年以下有期徒刑或者拘役；数额巨大的，处五年以上有期徒刑，可以并处没收财产”修改为“数额较大的，处三年以下有期徒刑或者拘役，并处罚金；数额巨大或者有其他严重情节的，处三年以上十年以下有期徒刑，并处罚金；数额特别巨大或者有其他特别严重情节的，处十年以上有期徒刑或者无期徒刑，并处罚金”。将原来的两个量刑档次增加至三个，法定最高刑提升至无期徒刑，同时还增加了其他“严重”和“特别严重”的认定情节①。2021 年 9 月，中央纪委国家监委与中央组织部、中央统战部、中央政法委、最高人民法院、最高人民检察院联合发布《关于进一步推进受贿行贿一起查的意见》，该意见要求坚决查处行贿行为，重点查处多次行贿、巨额行贿以及向多人行贿，特别是党的十八大后不收敛、不收手的；党员和国家工作人员行贿的；在国家重要工作、重点工程、重大项目中行贿的；在组织人事、执纪执法司法、生态环保、财政金融、安全生产、视频药品、帮扶救灾、养老社保、教育医疗等领域行贿的；实施重大商业贿赂的行为。

在当前高压反腐和受贿行贿查处一体化推进的态势下，企业如何掌握商业贿赂刑事合规风险识别和防范的方法对于防范化解企业商业贿赂刑事法律风险具有关键作用。受贿犯罪与行贿犯罪属于对向犯，为了帮助读者更系统、更全面地了解商业贿赂犯罪的行为模式，本章笔者将以行贿罪、单位行贿罪，分析企业刑事风险识别与防范的要点。

二、商业贿赂犯罪领域常见的刑事法律风险识别

行贿罪，是指行为人为了谋取不正当利益给予国家工作人员财物的行为。包括在经济往来中，违反国家规定，给予国家工作人员以财物，数额较大的行为，或者违反国家规定，给予国家工作人员以各种名义的回扣、手续费的行为。单位行贿罪，是指单位为了谋取不正当利益而行贿，或者违反国家规定，给予国家工作人员以回扣、手续费，情节严重的行为。这里的单位包括公司、企业、事业单位、机关、团体。根据《最高人民法院关于审理单位犯罪案件具体应用法律有关问题的解释》中的规定，“公司、企业、事业单位”既包括国有、集体所有的公司、企业事业单位，也包括依法设立的合资经营、合作经营企业和具有法人资格的独资、私营等公司、企业、事业单位。同时该解释还规定，以单位的分支机构或者内设机构、部门的名义实施犯罪，违法所得亦归分支机构或者内设机构、部门所有的，应认定为单位犯罪。不能因为单位的分支机构或者内设机构没有可供执行

① 贾宇：《民营企业内部腐败犯罪治理的体系性构建——以〈刑法修正案（十一）〉的相关修改为契机》，载《法学》2021 年第 5 期。

罚金的财产,就不将其认定为单位犯罪,而按照个人犯罪处理。从犯罪主体上来看,行贿罪的犯罪主体是自然人,单位行贿罪的犯罪主体是单位,这是区分两罪的重要依据。

行贿罪与单位行贿罪在主观方面均要求行为人具有谋取不正当利益的目的,那么什么是罪状中规定的不正当利益?最早对"不正当利益"作出规定的是1999年3月4日,最高人民法院、最高人民检察院联合发布的《关于在办理受贿犯罪大要案的同时要严肃查处严重行贿犯罪分子的通知》。该通知规定,谋取不正当利益是指违反法律、法规、国家政策和国务院各部门规章规定的利益,以及要求国家工作人员或者有关单位提供违反法律、法规、国家政策和国务院各部门规章的帮助或者方便条件。2008年11月20日,最高人民法院、最高人民检察院又联合发布《关于办理商业贿赂刑事案件适用法律若干问题的意见》,该意见对谋取不正当利益作了更详细的规定,即谋取不正当利益是指行贿人违反法律、法规、规章或者政策规定的利益,或者要求对方违反法律、法规、规章、政策、行业规范的规定提供帮助或者方便条件。在招标投标、政府采购等商业活动中,违背公平原则,给予相关人员财物以谋取竞争优势的,属于谋取不正当利益。随着社会经济的发展,实践中对谋取不正当利益提出了新要求,于是在2012年12月26日,最高人民法院、最高人民检察院联合发布《关于办理行贿刑事案件具体应用法律若干问题的解释》。该解释再次对"谋取不正当利益"进行补充。即行贿犯罪中的"谋取不正当利益"是指行贿人谋取的利益违反法律、法规、规章、政策规定,或者要求国家工作人员违反法律、法规、规章、政策、行业规定的规定,为自己提供帮助或者便利条件。违反公平、公正原则,在经济、组织人事管理等活动中,谋取竞争优势的,应当认定为"谋取不正当利益"。

浙江贵某贵金属有限公司、李某某单位行贿案

——国家监察委员会、最高人民检察院发布行贿犯罪典型案例

基本案情:

被告单位浙江贵某贵金属有限公司(以下简称贵某公司),民营企业,单位所在地浙江省仙居县某某街道某某工业园区。

被告人李某某，男，1972年9月21日出生，汉族，贵某公司法定代表人。

2015年至2018年，时任浙江省台州市环保局工作人员林某某（另案处理）、仙居县环保局工作人员王某某（已判决）等有关国家工作人员接受贵某公司法定代表人李某某的请托，为贵某公司在办理《危险废物经营许可证》、生产经营、逃避环保执法检查等方面提供帮助。2015年年底，李某某送给林某某一件黄金制品，价值人民币37,940元，林某某收受。2018年，李某某以人民币40万元的价格购买一辆二手大众辉腾牌汽车送给王某某，王某某收受；贵某公司将非法提炼金属铑所得的一半利润送给王某某，王某某先后收受人民币635万元，后将其中的545万元出借给李某某用于资金周转。

2020年10月30日，浙江省仙居县人民检察院以被告单位贵某公司、被告人李某某等人犯污染环境罪向仙居县人民法院提起公诉。2021年3月26日，仙居县监察委员会以李某某涉嫌行贿犯罪立案调查，9月8日以贵某公司涉嫌单位行贿犯罪立案调查。9月14日，仙居县监察委员会以贵某公司、李某某涉嫌单位行贿罪向检察机关移送审查起诉，检察机关于10月19日补充起诉。

裁判结果：

2021年10月30日，仙居县人民法院作出一审判决，以被告单位贵某公司犯污染环境罪，判处罚金人民币15万元，犯单位行贿罪，判处罚金人民币80万元，数罪并罚决定执行罚金人民币95万元；以被告人李某某犯污染环境罪，判处有期徒刑一年二个月，并处罚金人民币10万元，犯单位行贿罪，判处有期徒刑二年，并处罚金人民币30万元，数罪并罚决定执行有期徒刑二年十个月，并处罚金人民币40万元；对被告单位贵某公司的违法所得人民币1850万元，向被告单位贵某公司、被告人李某某予以追缴，上缴国库。一审判决后，贵某公司、李某某未上诉，判决已生效。

表24－2　不正当利益的分类和内容

序号	不正当利益的分类	不正当利益的内容
1	违法的利益	即行为人谋取的利益违反法律、法规、规章的规定
2	违反政策的利益	即行为人谋取的利益违反国家政策
3	违反行业规范的利益	即行为人谋取的利益违反行业规定
4	违反市场交易原则的利益	即行为人谋取的利益违反公平、公正原则

为谋取不正当利益给予国家工作人员以财物,或者违反国家规定,给予国家工作人员以各种名义的回扣和手续费是行贿犯罪的行为构造。那么这里的“财物”、“回扣”和“手续费”应当作何种理解?根据《最高人民法院、最高人民检察院关于办理贪污贿赂刑事案件适用法律若干问题的解释》的规定,这里的“财物”包括货币、物品和财产性利益。财产性利益包括可以折算为货币的物质利益,如房屋装修、债务免除等,以及需要支付货币的其他利益,如会员服务、旅游等。实践中,行贿犯罪的表现形式呈现出多样化、隐蔽性的特点,较为常见的是直接给付现金或者实物的行为,而给付回扣、佣金或者减免债务、提供担保等则是较为隐蔽的行贿手段。在实务中,行为人通常会主张自己是给予正常的回扣、折扣、佣金或者附赠行为,而不是行贿。那么我们如何区分商业贿赂行为与正常的回扣、折扣、佣金或者附赠的行为。

首先,就商业贿赂与回扣而言,根据《国家工商行政管理局关于禁止商业贿赂行为的暂行规定》第五条规定,回扣是指经营者销售商品时在账外暗中以现金、实物或者其他方式退给对方单位或者个人的一定比例的商品价款。账外暗中是指未在依法设立的反映其生产经营活动或者行政事业经费收支的财务账上按照财务会计制度规定明确如实记载,包括不记入财务账、转入其他财务账或者作假账等。依据上述规定可知,给付回扣并不均属于非法,非法的、构成商业贿赂犯罪的回扣只是“账外暗中”给付的回扣。其次,就商业贿赂与折扣而言,《国家工商行政管理局关于禁止商业贿赂行为的暂行规定》第六条规定,折扣是指商品购销中的让利,是指经营者在销售商品时,以明示入账的方式给予对方的价格优惠,包括支付价款时对借款总额按一定比例即时予以扣除和支付价款总额后再按一定比例予以退还两种形式。依据上述法律规定可知,经营者可以在销售商品时给予对方折扣,但必须以明示的方式给付,且应当如实入账,否则可能涉嫌商业贿赂。此处的明示和入账是指根据合同约定的金额和支付方式,在依法设立的反映其生产经营活动或者行政事业经费收支的财务账上按照财务会计制度规定明确如实记载。再次,就商业贿赂与佣金而言,根据《国家工商行政管理局关于禁止商业贿赂行为的暂行规定》第七条的规定,佣金是指经营者在市场交易中给予为其提供具有合法经营资格中间人的劳务报酬。经营者销售或者购买商品,可以以明示的方式给予中间人佣金,给予中间人佣金的,如实入账。佣金是因为中间人为促成交易付出了劳务,而给付中间人的劳务报酬,佣金可以是一方支付，也可以是双方支付，接受佣金的只能是中间人，而不是交易双方，也不是交易双方的代理人、经办人，这是佣金与回扣、折扣的重要区别。最后，就商业贿赂与附赠而言，根据《国家工商行政管理局关于禁止商业贿赂行为的暂行规定》第八条的规定，经营者在商品交易中不得向对方或者个人附赠现金或者物品，否则视为商业贿赂，但按照商业惯例赠送小额广告礼品的除外。可见，当前法律对附赠的态度持严厉禁止的态度，所以企业在市场交易中应谨慎向对方给予附赠。

随着高压反腐的持续推进，传统腐败形式不断减少的同时，新型腐败手段也在不断形成。新型腐败呈现出更加隐秘化、多样化、长线化的特征，“权钱交易”的紧密型、直接型和对应型越来越不明显。[①] 交易型受贿就是新型腐败的一种表现形式。受贿犯罪与行贿犯罪作为对合犯，为了帮助读者更好的理解新型腐败的行为模式，笔者在此对交易型受贿的常见形式进行简单介绍。交易型受贿是指国家工作人员利用职务便利，为请托人谋取利益，以明显低于市场价格购买，或者明显高于市场价格出售，或者通过其他交易形式与请托人进行交易，变相收受请托人贿赂的行为。交易型受贿主要表现为低价购买型受贿、高价卖出型受贿和其他交易型受贿。低价购买型受贿是指以明显低于市场的价格从请托人处购买房屋、车辆等物品的行为。这是近年来出现的更具隐秘性，在认识上更容易引起误解的新型受贿形式。如上海市房屋土地资源管理局原副局长殷国元利用其曾为上海茗嘉房地产发展有限公司在动迁许可证方面谋取过便利的条件，2002 年以 133 万余元购买了市场价 259 万元的浦东新区“康桥半岛”小区房屋两套，2004 年以 110 万元购买了茗嘉公司的关联公司名下的一处比市场价低 91 万余元的别墅；等等，这一系列行为都充分体现了交易型受贿犯罪以明显低于市场的价格向请托人购买房屋等物品的行为方式。高价出卖型受贿是指明显以高于市场的价格向请托人出售物品的行为。此行为方式是交易型受贿中的另一种较为普遍的受贿行为。如无锡市第二人民医院原院长、党委副书记易利华曾以高于市场价 64% 左右的价格将自己名下的一套房产出售给药品代理商李振华的母亲，随后，他又采用同样的方法将南京的一套房产高价卖给医疗器械代

① 于同志、胡锋云：《权股交易型贿赂犯罪认定新思路——兼论贿赂犯罪形态变迁与法律规制》，载《中国法律评论》2022 年第 4 期。

理商张楠的亲戚。其他交易型受贿主要包括两种类型，一是增设中间交易环节获利型。在增设中间环节获取交易利润的过程中，国家工作人员切断本人或者本单位与请托人的直接联系，请托人不直接支付财物给国家工作人员，由交易双方或者第三人控制的市场主体为中间环节，国家工作人员通过中间公司交易获取利润，国家工作人员获取的利润来源于请托人从己方利润中提取的部分，表面上中间环节公司与交易双方是正常业务活动，实际上是通过中间环节支付贿赂，掩盖双方权钱交易的本质，使受贿行为在形式上合法化①。二是以物易物型。即国家工作人员利用职务便利为请托人谋取利益，以低价值房屋、汽车等物品置换请托人高价值房屋、汽车等物品，这也是近年来的一种新形式受贿。"两高"《意见》虽然没有对这种形式作出明确规定，但由于这种形式虽然是物和物之间的置换，但是与低买、高卖房屋、汽车等物品的行为并没有质的区别，国家工作人员最终获取的都是一定的差价利益。② 交易型受贿相对应的是交易型行贿，两者是新型腐败的一体两面，在受贿行贿一起查的背景下，对企业商业贿赂刑事合规提出了更高的要求。

以上是从犯罪构成的角度对行贿罪和单位行贿罪的刑事法律风险进行辨析和识别，同时，也从犯罪主体的角度对两罪进行区分，区分两罪的重要意义在于两者的刑事责任不同。行贿罪分为三档量刑，最高刑为无期徒刑。而单位行贿罪的只有情节严重一个量刑档次，最高刑期为五年有期徒刑，由于两罪的刑罚幅度差别明显，故对于行为人来说，被认定为行贿罪，还是单位行贿罪意义重大。

表 24－3　行贿罪的禁止性行为

禁止性行为		
序号	行为类型	法律依据
1	未以明示的方式给予回扣，且未如实入账	《国家工商行政管理局关于禁止商业贿赂行为的暂行规定》
2	未以明示的方式给予折扣，且未如实入账	
3	未以明示的方式给予佣金，且未如实入账	
4	附赠对方单位或个人现金或物品	

① 谢杰：《通过增设中间环节获取利润是否成立受贿》，载《检察日报》2007 年 8 月 14 日，第 3 版。

② 翟浩：《交易型受贿法律问题分析》，载微信公众号"新法律"2021 年 3 月 16 日，https://mp.weixin.qq.com/s/mkqDLfoMPU53fIjrmuwyOg。

续表

禁止性行为		
序号	行为类型	法律依据
5	向三人以上行贿的	《最高人民法院、最高人民检察院关于办理贪污贿赂刑事案件适用法律若干问题的解释》
6	将违法所得用于行贿的	
备注： 行贿行政违法与刑事犯罪的区别主要在于是否达到“数额较大”的情形。因此，行贿限制性行为在表现形式上与禁止性行为具有一致性，主要差别在于行贿数额是否在一万元以上，或虽行贿数额不满一万元，但具有下列情形之一的：为谋取非法利益而行贿的；向三人以上行贿的；向党政领导、司法工作人员、行政执法人员行贿的；致使国家或者社会利益遭受重大损失的。		
……		

三、商业贿赂犯罪领域常见的刑事法律风险防范

（一）建立行贿人“黑名单”制度

中央纪委国家监委联合五部门印发的《关于进一步推进受贿行贿一起查的意见》中指出，要组织开展对行贿人做出市场准入、资质资格限制等问题进行研究，探索推行行贿人“黑名单”制度。因此，企业可以根据自身经营情况，建立行贿人“黑名单”制度，将具有行贿行为的单位和个人（包括本公司员工）录入企业行贿人信息库，同时建立黑名单退出机制。在市场交易和商业合作时加大对黑名单中所列单位和人员的监督。

（二）加强重点人员、重点岗位的监督

北京师范大学中国企业家犯罪预防研究中心发布的《企业家刑事风险分析报告（2014—2018）》显示，在7215名犯罪民营企业家中，企业负责人共4866人，占79.60%；实际控制人、股东共688人，占11.25%；党群负责人共40人，占0.65%；董事共21人，占0.34%；监事共30人，占0.49%；财务负责人、技术负责人、销售（采购）负责人以及其他核心部门负责人共1570人，占7.66%。依据上述数据可知，商业贿赂犯罪的行为人主要集中在企业负责人、实际控制人、部门负责人等重点岗位的重点人员，因此加强对上述“关键少数”人员的监督对于

防范企业刑事法律风险具有重要作用。

（三）加强企业员工商业贿赂法律培训，提高合规意识

中央纪委国家监委联合五部门印发的《关于进一步推进受贿行贿一起查的意见》将打击行贿推向了新的高度，纠正了过去实践中"重受贿轻行贿"的倾向。企业要加强全体员工对商业贿赂相关法律法规的学习，让员工了解国家对商业贿赂等腐败行为严厉打击的态势，掌握传统商业贿赂与新型商业贿赂的行为模式，明白商业贿赂行为产生的严重法律后果，推动全体员工形成不敢行贿、不能行贿、不想行贿的思维意识。

（四）交易价格要具有合理性

《关于办理受贿刑事案件适用法律若干问题的意见》第一条规定，国家工作人员利用职务上的便利为请托人谋取利益，以明显低于市场的价格向请托人购买房屋、汽车等物品或者以明显高于市场的价格向请托人出售房屋、汽车等物品，收受请托人财物的，以受贿论处。即企业在向国家工作人员出售物品时，出售的价格不应当明显低于市场价格。同时，企业在购买国家工作人员出售的物品时，购买的价格不应当明显高于市场价格。

表 24－4 行贿罪防范的措施

防范的一般措施		
序号	行为模式	特别说明
1	建立行贿人"黑名单"制度	
2	加强重点人员、重点岗位的监督	
3	加强企业员工商业贿赂法律培训，提高合规意识	
防范的特别措施		
由具有刑事思维的合规官或专业律师将风险识别点融入到防范的一般措施中专项处理		

第4编

企业刑事合规文化建设

第二十五章　培育企业刑事合规文化

一、企业刑事合规文化概念

如何定义合规文化是培育企业刑事合规文化首先面临的问题，实践中不同的学者对合规文化的定义不一。西安电子科技大学经济与管理学院客座教授张云霄和西安电子科技大学经济与管理学院企业合规研究中心（筹）副主任曾启源认为合规文化由物质、制度、行为和精神四个层面组成。物质层面是指合规文化能够对外展现而被企业员工及社会公众所直接感知的一系列物质表达，如张贴企业合规宣传海报；制度层面是指合规文化在企业合规制度中的一系列明确规定、相关阐释和具体表达；行为层面是指合规文化在企业员工行为模式和实践中的具体作用和相关表现；精神层面是合规文化的内核，包含企业合规愿景、企业合规价值观、企业合规意识和企业合规思维。复旦大学法学院许伟明认为合规文化是指合规氛围、合规价值、合规理念的统称，要求企业全体员工在相关业务开展过程中践行依法合规的理念，不论外在行为还是内在信念均应将合规视为行为底线。① 北京师范大学刑事法律科学研究院张远煌教授认为合规文化本质上就是企业的守法文化，在组织层面，合规文化的核心不是外在的合规制度或机制，而是由企业守法态度、守法价值观形成的组织风气（组织氛围）；在个人层面则表现为守法的意识和习惯。②

以上是学者从不同角度对合规文化概念进行的诠释，除此之外，国家相关部门也对合规文化的概念进行了说明。最高人民检察院涉案企业合规研究指导组编写的《涉案企业合规办案手册》中对合规文化的定义是：遍及企业并与企业的组织结构和控制系统相互作用而产生益于合规的行为规范的价值观、伦理、信仰和行为，并将合规文化分为广义和狭义两种理解，广义的合规文化是指遵守道德

---

① 许伟明：《合规文化的培育路径》，载《中国外资》2022 年第 10 期。

② 张远煌、秦开炎：《合规文化：企业有效合规之实质标准》，载《江西社会科学》2022 年第 5 期。

和遵守法律的企业文化；狭义的合规文化仅指遵守法律的企业文化。这种分类主要是依据对合规中"规"的理解，如果认为合规中的"规"包含道德规范和法律规范，那么就是主张广义的合规文化；如果认为合规中的"规"仅指法律规范，那么就是主张狭义的合规文化。2022 年 10 月 12 日，国家市场监督管理总局和国家标准化管理委员会发布的《合规管理体系　要求及使用指南》（GB/T 35770—2022）中对合规文化的定义是：贯穿整个组织的价值观、道德规范、信仰和行为，并与组织结构和控制系统相互作用，产生有利于合规的行为规范。由此，我们可以对企业刑事合规文化下一个定义：企业刑事合规文化是指贯穿整个企业并与企业的组织结构和控制系统相互作用而产生有利于合规的行为规范的价值观、道德规范、信仰和行为。

二、企业刑事合规文化的地位

随着企业刑事合规向纵深发展，合规文化的地位也被提到一个新的高度。一些学者认为合规文化是企业有效合规的实质标准，合规文化的缺失是企业犯罪的深层次诱因，认为合规文化的体系地位应从合规要素上升成为整个合规计划的核心，合规文化既是合规计划有效性的终极标准，也是合规计划的终极目的。

在国内和国际的合规文件中，同样也在不断强调合规文化的作用。一是《涉案企业合规建设、评估和审查办法（试行）》中将"已经基本形成合规文化"作为涉案企业专项合规整改计划和相关合规管理体系有效性评估的重点内容。二是新发布的《中央企业合规管理办法》中将"合规文化"单独成章，包含 4 个条文，并且强调推动企业领导人员强化合规意识，引导全体员工践行合规理念。而《中央企业合规管理指引（试行）》中关于"合规文化"的规定仅有一条，属于第五章合规管理运行的组成部分，即要求企业积极培育合规文化，通过制定发放合规手册、签订合规承诺书等方式，强化全员安全、质量、诚信和廉洁等意识，树立依法合规、守法诚信的价值观，筑牢合规经营的思想基础。三是《合规管理体系　要求及使用指南》（GB/T 35770—2022），相较于《合规管理体系　指南》（GB/T 35770—2017），对"合规文化"主要增加了下列内容：首先，在引言中就开宗明义强调了合规文化的地位，即"为获得长远发展，组织需基于相关方的需要和期望确立并维护合规文化”“本文件的目标之一是协助组织开发和传播积极的合规文化”。其次，对合规文化的概念表述进行了调整。最后，增加了合规文化的具体内容，即组织应在其内部各个层级建立、维护并推进合规文化；治理机构、最高管理者和管理者应证实，对于整个组织所要求的共同行为准则，其作出积极的、明示的、一致且持续的承诺；最高管理者应鼓励创建和支持合规的行为，应阻止且不容忍损害合规的行为。四是《合规管理体系　要求及使用指南》（ISO 37301—2021）的主要内容是要求培育、制定并在组织各个层面宣传合规文化，《合规管理体系　要求及使用指南》（GB/T 35770—2022）是等同采用《合规管理体系　要求及使用指南》（ISO 37301—2021）的表述，所以国标与国际标准两者对合规文化的地位保持着同样的理念。

合规文化反映了企业的治理机构、最高管理者、各级管理层、员工和其他相关方应对合规风险的意识和态度，是合规管理体系不可或缺的重要组成部分。企业刑事合规的本质是改造企业的治理结构，重塑企业的合规文化，因此塑造以刑事合规为核心的企业文化应当作为合规体系建设的出发点和落脚点。

三、如何培育企业刑事合规文化

培育企业刑事合规文化的关键在于最高层的重视，最高层应当定调并以身作则。《合规管理体系　要求及使用指南》（GB/T 35770—2022）中将合规文化列为领导作用和承诺的组成部分，要求组织最高管理者应对组织所要求的共同行为准则作出积极的、明示的、一致且持续的承诺。企业最高层作为企业的最高管理者，掌握着企业经营发展的方向、道路、进度，对企业刑事合规文化建设发挥着关键示范作用，因此，企业最高层的重视是培育企业刑事合规文化的基础。

培育企业刑事合规文化的前提在于制度建设。合规文化是通过员工手册、行为准则等一系列制度来表达的，并通过制度传达给每一位员工。现代合规管理呼吁严密完善的规章制度和操作流程，通过制度的不断修订和完善，形成事事都有明确的工作标准，处处都有严格的纪律约束。因此，企业刑事合规文化要想获得长远发展必须要具备完善的合规管理制度。

培育企业刑事合规文化的重点在于加强合规培训和合规宣传教育。《中央企业合规管理办法》中规定，中央企业应当建立常态化合规培训机制，制订年度培训计划，将合规管理作为管理人员、重点岗位人员和新入职人员培训必修内容。应当加强合规宣传教育，及时发布合规手册，组织签订合规承诺，强化全员守法诚信、合规经营意识。可见合规培训和合规宣传教育对于合规文化建设的重要意义。企业应通过组织持续有效的合规培训和合规宣传教育项目，将业务开展中所涉及的国家政策、法律法规、行业规范等向相关人员开展有针对性的培训教育。通过合规培训和合规宣传教育，引导全体人员树立合规理念，形成合规意识，从而营造合规文化氛围。

第5编

附录

附录一：关于涉案企业合规检察改革的规范性文件

最高人民检察院关于开展企业合规改革试点工作方案

（2021年3月9日印发）

检察机关开展企业合规改革试点工作是深入贯彻党的十九大和十九届二中、三中、四中、五中全会精神，认真贯彻习近平法治思想，助力实现“十四五”规划和2035年远景目标的重要举措，对于促进国家治理体系和治理能力现代化具有重要意义。为确保试点工作依法有序推进，制定如下方案。

一、内涵、目标和原则

（一）基本内涵

开展企业合规改革试点工作，是指检察机关对于办理的涉企刑事案件，在依法作出不批准逮捕、不起诉决定或者根据认罪认罚从宽制度提出轻缓量刑建议等的同时，针对企业涉嫌具体犯罪，结合办案实际，督促涉案企业作出合规承诺并积极整改落实，促进企业合规守法经营，减少和预防企业犯罪，实现司法办案政治效果、法律效果、社会效果的有机统一。

（二）主要目标

检察机关开展企业合规改革试点，旨在充分发挥检察职能，加大对民营经济平等保护，更好落实依法不捕不诉不提出判实刑量刑建议等司法政策，既给涉案企业以深刻警醒和教育，防范今后可能再发生违法犯罪，也给相关行业企业合规经营提供样板和借鉴，为服务“六稳”“六保”，促进市场主体健康发展，营造良好法治营商环境，推动形成新发展格局，促进经济社会高质量发展，助推国家治理体系和治理能力现代化提供新的检察产品，贡献更大检察力量。

（三）基本原则

1. 坚持党的领导。服务和保障市场主体健康发展，促进经济社会高质量发展,是检察机关贯彻落实习近平法治思想的重要体现。试点地区检察机关要进一步提高认识,主动向党委、党委政法委汇报,争取人大、政府支持,加强与市场监管、税务、工商联、律师协会等单位联系,建立联席会议制度和第三方监管机制,在党委及其政法委领导下稳步推进改革试点工作。

2. 坚持检察职责定位。要立足于刑事、民事、行政、公益诉讼"四大检察"职能,督促企业履行合规承诺,促进企业合规经营,建立现代企业管理制度,服务保障经济社会高质量发展。

3. 严格依法有序推进。试点应严格依照法律规定,按照试点方案要求,有规划、分步骤进行。未经立法授权,各试点单位不得突破法律规定试行对涉企犯罪附条件不起诉(暂缓起诉)等做法。地方检察院开展企业合规试点,要层报高检院同意。

二、主要内容

(一)企业范围和案件类型

企业范围包括各类市场主体,主要是指涉案企业以及与涉案企业相关联企业。国企民企、内资外资、大中小微企业,均可列入试点范围。案件类型包括企业经济活动涉及的各种经济犯罪、职务犯罪。

(二)试点形式和内容

1. 与依法适用认罪认罚从宽制度和检察建议结合起来。通过适用认罪认罚从宽制度等,对涉企案件,做到依法能不捕得不捕、能不诉得不诉、能不判实刑的要提出判缓刑的量刑建议,督促企业建立合规制度,履行合规承诺。

2. 与依法清理"挂案"结合起来。通过积极推动企业合规试点工作,提出企业合规建设意见和建议,包括整改方向和意见,同时促进"挂案"清理工作,依法平等保护企业合法权益。

3. 与依法适用不起诉结合起来。不起诉类型既包括刑事诉讼法第一百七十五条第四款规定的不起诉,也包括刑事诉讼法第一百七十七条第一款、第二款规定的不起诉,以及刑事诉讼法第一百八十二条规定不起诉。对不起诉案件,做到应听证尽听证。

(三)积极探索建立第三方监管机制

各试点单位应当积极结合本地实际,积极探索包括市场监管部门、税务部门、工商联等以及律师、审计师、会计师、人民监督员、人大代表、政协委员在内的企业合规第三方监管机制。通过第三方监管，监督、促进企业践行合规承诺。检察机关要定期检查合规建设情况，并根据案件具体情况依法作出相应处理。

三、工作步骤

（一）扩大试点范围，规范试点工作。对于前一期试点工作中的不规范做法，依法予以规范，同时适当扩大试点范围，开展为期一至二年的试点。

（二）总结试点经验，申请全国人大常委会授权开展涉企犯罪附条件不起诉试点。在第二期试点一年左右基础上，总结试点经验和效果，向中央政法委专题汇报；向全国人大常委会申请扩大附条件不起诉适用范围，对合规建设效果较好的涉案企业，可以附条件不起诉，同时授权部分检察机关开展试点。

（三）提出立法建议，推动立法。在总结试点经验基础上，向中央改革办、中央政法委和全国人大常委会专题报告，提出建立企业犯罪附条件不起诉制度的立法建议，推动相关立法修改。

四、第二期试点时间、范围和工作要求

（一）试点时间和范围

试点时间：2021 年 3 月至 2022 年 3 月

试点范围：北京、辽宁、上海、江苏、浙江、福建、山东、湖北、湖南、广东。上述省级检察院可根据本地情况，自行确定 1 至 2 个社区的市级院及其所辖基层院作为试点单位。已经试点的基层院所属市级院可将该市检察机关整体纳入试点范围，并报最高检备案。

（二）工作要求

1. 加强组织领导。各试点单位要严格按照高检院的统一部署，树立检察工作“一盘棋”意识，把试点工作抓紧抓实。试点院党组要将试点工作列入重要议事日程，成立以检察长为组长、有关院领导和业务部门负责人为成员的试点工作领导小组，一把手亲自抓，其他院领导负起应有的领导责任。上级院要加强对下督促检查，确保试点工作顺利进行，取得实效。

2. 依法有序推进试点。试点单位要严格按照现行法律规定和本方案的试点范围开展试点。遇到重大问题，要及时向上级院和当地党委政法委报告。试点期间确定适用企业合规的案件由省级院统一把关，争议案件可以对口向高检院相关业务厅请示。地方制发的有关规范性文件及时报高检院法律政策研究室备案。各地非试点单位不得以企业合规名义进行改革试点或宣传报道。

3. 积极向党委、党委政法委报告。各试点单位要及时向地方党委、党委政法委报告，积极争取人大、政府和有关部门的支持，注重与公安机关、工商联、市场监管部门等单位的沟通协调，共同推进试点工作有序稳妥开展。

涉案企业合规第三方监督评估机制专业人员选任管理办法（试行）

（2021年6月3日印发）

为深入学习贯彻习近平新时代中国特色社会主义思想，全面贯彻习近平法治思想，完整、准确、全面贯彻新发展理念，认真落实最高人民检察院、司法部、财政部、生态环境部、国务院国资委、税务总局、市场监管总局、全国工商联、中国贸促会《关于建立涉案企业合规第三方监督评估机制的指导意见（试行）》（以下简称《指导意见》），规范涉案企业合规第三方监督评估机制专业人员（以下简称第三方机制专业人员）选任管理工作，保障涉案企业合规第三方监督评估机制（以下简称第三方机制）有效运行，结合工作实际，制定本办法。

第一章　总　　则

第一条　第三方机制专业人员，是指由涉案企业合规第三方监督评估机制管理委员会（以下简称第三方机制管委会）选任确定，作为第三方监督评估组织（以下简称第三方组织）组成人员参与涉案企业合规第三方监督评估工作的相关领域专业人员，主要包括律师、注册会计师、税务师（注册税务师）、企业合规师、相关领域专家学者以及有关行业协会、商会、机构、社会团体（以下简称有关组织）的专业人员。

生态环境、税务、市场监督管理等政府工作部门中具有专业知识的人员可以被选任确定为第三方机制专业人员，或者可以受第三方机制管委会邀请或者受所在单位委派参加第三方组织及其相关工作，其选任管理具体事宜由第三方机制管委会与其所在单位协商确定。有关政府工作部门所属企事业单位中的专业人员可以被选任确定为第三方机制专业人员，参加第三方组织及其相关工作。

有关单位中具有专门知识的退休人员参加第三方组织及其相关工作的，应当同时符合有关退休人员的管理规定。

第二条 第三方机制专业人员选任管理应当遵循依法依规、公开公正、分级负责、接受监督的原则。

第三条 各级第三方机制管委会统筹协调本级第三方机制专业人员的选任、培训、考核、奖惩、监督等工作。

国家层面第三方机制管委会负责研究制定涉及第三方机制专业人员的规范性文件及保障激励制度，统筹协调全国范围内涉及第三方机制专业人员的相关工作。

上级第三方机制管委会应当加强对下级第三方机制管委会涉及第三方机制专业人员相关工作的具体指导。

第二章 第三方机制专业人员的选任

第四条 国家层面、省级和地市级第三方机制管委会应当组建本级第三方机制专业人员名录库（以下简称名录库）。经省级第三方机制管委会审核同意，有条件的县级第三方机制管委会可以组建名录库。

第五条 名录库以个人作为入库主体，不得以单位、团体作为入库主体。

名录库应当分类组建，总人数不少于五十人。人员数量、组成结构和各专业领域名额分配可以由负责组建名录库的第三方机制管委会根据工作需要自行确定，并可以结合实际进行调整。

省级以下名录库的入库人员限定为本省（自治区、直辖市）区域内的专业人员。因专业人员数量不足未达到组建条件的，可以由省级第三方机制管委会统筹协调相邻地市联合组建名录库。

第六条 第三方机制专业人员应当拥有较好的政治素质和道德品质，具备履行第三方监督评估工作的专业知识、业务能力和时间精力，其所在单位或者所属有关组织同意其参与第三方监督评估工作。

第三方机制专业人员一般应当具备下列条件：

（一）拥护中国共产党领导，拥护我国社会主义法治；

（二）具有良好道德品行和职业操守；

（三）持有本行业执业资格证书，从事本行业工作满三年；

（四）工作业绩突出，近三年考核等次为称职以上；

（五）熟悉企业运行管理或者具备相应专业知识；

（六）近三年未受过与执业行为有关的行政处罚或者行业惩戒；

（七）无受过刑事处罚、被开除公职或者开除党籍等情形；

（八）无其他不适宜履职的情形。

第七条 第三方机制管委会一般应当按照制定计划、发布公告、本人申请、单位推荐、材料审核、考察了解、初定人选、公示监督、确定人选、颁发证书等程序组织实施第三方机制专业人员选任工作。

第八条 第三方机制管委会组织实施第三方机制专业人员选任，应当在成员单位或其所属或者主管的律师协会、注册会计师协会、注册税务师协会等有关组织的官方网站上发布公告。

公告应当载明选任名额、标准条件、报名方式、报名材料和选任工作程序等相关事项，公告期一般不少于二十个工作日。

第九条 第三方机制管委会可以通过审查材料、走访了解、面谈测试等方式对报名人员进行审核考察，并在此基础上提出拟入库人选。

第三方机制管委会可以通过成员单位所属或者主管的有关组织了解核实拟入库人选的相关情况。

第十条 第三方机制管委会应当将拟入库人选名单及监督联系方式向社会公示，接受社会监督。公示可以通过在拟入库人选所在单位或者有关新闻媒体、网站发布公示通知等形式进行，公示期一般不少于七个工作日。

第三方机制管委会对于收到的举报材料、情况反映应当及时进行调查核实，视情提出处理意见。调查核实过程中可以根据情况与举报人、反映人沟通联系。

第十一条 第三方机制管委会在确定拟入库人选时应当综合考虑报名人员的政治素质、执业（工作）时间、工作业绩、研究成果、表彰奖励，以及所在单位的资质条件、人员规模、所获奖励、行业影响力等情况。同等条件下，可以优先考虑担任党代表、人大代表、政协委员、人民团体职务的人选。

第十二条 公示期满后无异议或者经审查异议不成立的，第三方机制管委会应当向入库人员颁发证书，并通知其所在单位或者所属有关组织。名录库人员名单应当在第三方机制管委会成员单位的官方网站上公布，供社会查询。

第三方机制管委会应当明确入库人员的任职期限，一般为二至三年。经第三方机制管委会审核，期满后可以续任。

第三章　第三方机制专业人员的日常管理

第十三条　第三方机制专业人员根据履职需要，可以查阅相关文件资料，参加有关会议和考察活动，接受业务培训。

第十四条　第三方机制专业人员应当认真履职、勤勉尽责，严格履行相关法律法规及《指导意见》等有关保密、回避、廉洁等义务。

第十五条　第三方机制管委会应当结合涉案企业合规第三方监督评估工作情况，定期组织第三方机制专业人员进行业务培训、开展调研考察和座谈交流，总结推广经验做法。

第三方机制管委会有关成员单位应当指导所属或者主管的有关组织，加强本行业、本部门涉及第三方机制相关工作的理论实务研究，积极开展业务培训和工作指导。

第十六条　第三方机制管委会可以通过定期考核、一案一评、随机抽查、巡回检查等方式，对第三方机制专业人员进行考核评价。考核结果作为对第三方机制专业人员奖励激励、续任或者调整出库的重要依据。

第十七条　第三方机制管委会应当建立健全第三方机制专业人员奖励激励制度，对表现突出的第三方机制专业人员给予奖励激励，或向其所在单位或者所属有关组织提出奖励激励的建议。

第十八条　第三方机制管委会应当及时将考核结果、奖励激励情况书面通知本人及所在单位或者所属有关组织，可以通过有关媒体向社会公布。

第十九条　第三方机制管委会应当建立健全第三方机制专业人员履职台账，全面客观记录第三方机制专业人员业务培训、参加活动和履行职责情况，作为确定考核结果的重要参考。

第二十条　第三方机制管委会在对第三方机制专业人员的履职情况开展考核评价时，应当主动征求办理案件的检察机关、巡回检查小组以及涉案企业等意见建议。

第二十一条　第三方机制专业人员有下列情形之一的，考核评价结果应当确定为不合格，并视情作出相应后续处理：

（一）不参加第三方组织工作或者不接受第三方机制管委会分配工作任务，且无正当理由的；

（二）在履行第三方监督评估职责中出现重大失误，造成不良影响的；

（三）在履行第三方监督评估职责中存在行为不当，涉案企业向第三方机制管委会反映或者提出异议，造成不良影响的；

（四）其他造成不良影响或者损害第三方组织形象、公信力的情形。

第二十二条 第三方机制管委会对违反有关义务的第三方机制专业人员，可以谈话提醒、批评教育，或视情通报其所在单位或者所属有关组织，情节严重或者造成严重后果的可以将其调整出库。

第三方机制专业人员有下列情形之一的，第三方机制管委会应当及时将其调整出库：

（一）在选任或者履职中弄虚作假，提供虚假材料或者情况的；

（二）受到刑事处罚、被开除公职或者开除党籍的；

（三）受到行政处罚或者行业惩戒，情节严重的；

（四）违反《指导意见》第十七条第二款第二项至第四项规定的；

（五）利用第三方机制专业人员身份发表与履职无关的言论或者从事与履职无关的活动，造成严重不良影响的；

（六）考核评价结果两次确定为不合格的；

（七）实施严重违反社会公德、职业道德或者其他严重有损第三方机制专业人员形象、公信力行为的；

（八）其他不适宜继续履行第三方监督评估职责的情形。

第三方机制管委会发现第三方机制专业人员的行为涉嫌违规的，应当及时向有关主管机关，或其所在单位或者所属有关组织反映情况、提出惩戒或者处理建议；涉嫌违法犯罪的，应当及时向有关机关报案或者举报。

第二十三条 第三方机制管委会应当建立健全第三方机制专业人员名录库禁入名单制度。对于依照本办法第二十二条规定被调整出库的第三方机制专业人员，应当列入名录库禁入名单。

第三方机制管委会对列入名录库禁入名单的人员应当逐级汇总上报，实现信息共享。

第二十四条 第三方机制专业人员因客观原因不能履职、本人不愿继续履职或者发生影响履职重大事项的，应当及时向第三方机制管委会报告并说明情况，主动辞任第三方机制专业人员。第三方机制管委会应当及时进行审查并将其调整出库。

第二十五条 第三方机制管委会应当根据工作需要，结合履职台账、考核情况以及本人意愿、所在单位或者所属有关组织意见等，定期或者不定期对名录库人员进行动态调整。名录库人员名单调整更新后，应当依照本办法第十二条规定，及时向社会公布。

第四章 工作保障

第二十六条 第三方机制管委会各成员单位、第三方机制专业人员所在单位或者所属有关组织以及涉案企业，应当为第三方机制专业人员履行职责提供必要支持和便利条件。

第二十七条 第三方机制专业人员选任管理工作所需业务经费和第三方机制专业人员履职所需费用，试点地方可以结合本地实际，探索多种经费保障模式。

第五章 附 则

第二十八条 地方各级第三方机制管委会可以结合本地实际，参照本办法制定具体实施细则，并按照试点工作要求报送备案。

有关部门、组织可以结合本行业、本部门实际，制定名录库人员的具体入选标准。

本办法出台前，已组建的各地各级名录库不符合本办法规定的，可以继续试点。

第二十九条 本办法由最高人民检察院、国务院国资委、财政部、全国工商联会同司法部、生态环境部、税务总局、市场监管总局、中国贸促会等部门组建的第三方机制管委会负责解释，自印发之日起施行。

《关于建立涉案企业合规第三方监督评估机制的指导意见(试行)》实施细则

(2021 年 11 月 25 日印发)

为深入学习贯彻习近平新时代中国特色社会主义思想,全面贯彻习近平法治思想,完整、准确、全面贯彻新发展理念,认真落实最高人民检察院、司法部、财政部、生态环境部、国务院国资委、税务总局、市场监管总局、全国工商联、中国贸促会《关于建立涉案企业合规第三方监督评估机制的指导意见(试行)》(以下简称《指导意见》),依法推进企业合规改革试点工作,规范涉案企业合规第三方监督评估机制管理委员会(以下简称第三方机制管委会)以及第三方监督评估机制(以下简称第三方机制)相关工作有序开展,结合工作实际,制定本实施细则。

第一章 第三方机制管委会的组成和职责

第一条 第三方机制管委会是承担对第三方机制的宏观指导、具体管理、日常监督、统筹协调等职责,确保第三方机制依法、有序、规范运行,以及第三方监督评估组织(以下简称第三方组织)及其组成人员依法依规履行职责的议事协调机构。

第二条 第三方机制管委会成员单位包括最高人民检察院、司法部、财政部、生态环境部、国务院国资委、税务总局、市场监管总局、全国工商联、中国贸促会等部门,并可以根据工作需要增加成员单位。

第三条 第三方机制管委会履行下列职责:

(一)研究制定涉及第三方机制的规范性文件;

(二)研究论证第三方机制涉及的重大法律政策问题;

(三)研究制定第三方机制专业人员名录库的入库条件和管理办法;

(四)研究制定第三方组织及其组成人员的工作保障和激励制度;

(五)对试点地方第三方机制管委会和第三方组织开展日常监督和巡回检查;

(六)协调相关成员单位对所属或者主管的中华全国律师协会、中国注册会计师协会、中国企业联合会、中国注册税务师协会、中国贸促会全国企业合规委员会(中国贸促会商事法律服务中心)以及其他行业协会、商会、机构等在企业合规领域的业务指导,研究制定涉企犯罪的合规考察标准;

(七)统筹协调第三方机制的其他工作。

第二章 第三方机制管委会联席会议的职责

第四条 第三方机制管委会建立联席会议机制,以联席会议形式研究制定重大规范性文件,研究论证重大法律政策问题,研究确定阶段性工作重点和措施,协调议定重大事项,推动管委会有效履职尽责。

第五条 联席会议由最高人民检察院、国务院国资委、财政部、全国工商联有关负责同志担任召集人,管委会其他成员单位有关负责同志担任联席会议成员。联席会议成员因工作变动需要调整的,由所在单位提出,联席会议确定。

第六条 联席会议原则上每半年召开一次,也可以根据工作需要临时召开。涉及企业合规改革试点工作及重大法律政策议题的由最高人民检察院召集,涉及第三方机制管委会日常工作及民营企业议题的由全国工商联召集,涉及国有企业议题的由国务院国资委、财政部召集。召集人可以根据议题邀请其他相关部门、单位以及专家学者参加会议。

第七条 联席会议以纪要形式明确会议议定事项,印发第三方机制管委会各成员单位及有关方面贯彻落实,重大事项按程序报批,落实情况定期报告联席会议。

第八条 联席会议设联络员,由第三方机制管委会各成员单位有关司局负责同志担任。在联席会议召开之前,应当召开联络员会议,研究讨论联席会议议题和需提交联席会议议定的事项及其他有关工作。

联络员应当根据所在单位职能,履行下列职责:

(一)协调本单位与其他成员单位的工作联系;

(二)组织研究起草有关规范性文件,研究论证有关法律政策问题,对有关事项或者议题提出意见建议;

(三)组织研究提出本单位需提交联席会议讨论的议题;

(四)在联席会议成员因故不能参加会议时,受委托参加会议并发表意见;

(五)组织落实联席会议确定的工作任务和议定事项。

第九条 联席会议设联系人，由第三方机制管委会各成员单位有关处级负责同志担任，负责日常联系沟通工作，承办联席会议成员及联络员的交办事项。

第三章 第三方机制管委会办公室的职责

第十条 第三方机制管委会下设办公室作为常设机构，负责承担第三方机制管委会的日常工作。办公室设在全国工商联，由全国工商联有关部门负责同志担任办公室主任，最高人民检察院、国务院国资委、财政部有关部门负责同志担任办公室副主任。

第十一条 第三方机制管委会办公室履行下列职责：

（一）协调督促各成员单位落实联席会议确定的工作任务和议定事项；

（二）收集整理各成员单位提交联席会议研究讨论的议题，负责联席会议和联络员会议的组织筹备工作；

（三）协调指导联席会议联系人开展日常联系沟通工作；

（四）负责国家层面第三方机制专业人员名录库的建立选任、日常管理、动态调整，并建立禁入名单等惩戒机制；

（五）组织开展对试点地方第三方机制管委会和第三方组织日常监督和巡回检查；

（六）承担第三方机制管委会及其联席会议交办的其他工作。

第十二条 第三方机制管委会办公室应当采取有效措施，建立健全第三方机制管委会联合调研、信息共享、案例指导、宣传培训等机制，并加强与中华全国律师协会、中国注册会计师协会、中国企业联合会、中国注册税务师协会、中国贸促会全国企业合规委员会（中国贸促会商事法律服务中心）以及其他行业协会、商会、机构的工作联系。

第十三条 第三方机制管委会办公室牵头组建巡回检查小组，邀请人大代表、政协委员、人民监督员、退休法官、退休检察官以及会计、审计、法律、合规等相关领域的专家学者担任巡回检查小组成员，对试点地方第三方机制管委会和相关第三方组织及其组成人员的履职情况开展不预先告知的现场抽查和跟踪监督。

第三方机制管委会办公室应当将巡回检查情况及时报告第三方机制管委会及其联席会议，并提出改进工作的意见建议。

第十四条 第三方机制管委会办公室可以推动各成员单位、各工作联系单位根据工作需要互派干部挂职交流,探索相关单位工作人员兼任检察官助理制度,并协调各成员单位视情派员参与第三方机制管委会办公室工作,提升企业合规工作专业化规范化水平。

第十五条 试点地方的人民检察院和国资委、财政、工商联等有关单位应当结合本地实际,组建本地区的第三方机制管委会并建立联席会议机制,设立第三方机制管委会办公室负责日常工作。

第四章 第三方组织的性质

第十六条 第三方组织是试点地方第三方机制管委会选任组成的负责对涉案企业的合规承诺及其完成情况进行调查、评估、监督和考察的临时性组织。

第十七条 第三方组织的运行应当遵循依法依规、公开公正、客观中立、专业高效的原则。

第十八条 试点地方第三方机制管委会负责对其选任组成的第三方组织及其组成人员履职期间的监督、检查、考核等工作,确保其依法依规履行职责。

第五章 第三方机制的启动

第十九条 人民检察院在办理涉企犯罪案件时,应当注意审查是否符合企业合规试点以及第三方机制的适用条件,并及时听取涉案企业、人员的意见。经审查认为符合适用条件的,应当商请本地区第三方机制管委会启动第三方机制。

公安机关、纪检监察机关等办案机关提出适用建议的,人民检察院参照前款规定处理。

第二十条 涉案企业、人员及其辩护人、诉讼代理人以及其他相关单位、人员提出适用企业合规试点以及第三方机制申请的,人民检察院应当依法受理并进行审查。经审查认为符合适用条件的,应当商请本地区第三方机制管委会启动第三方机制。

第二十一条 第三方机制管委会收到人民检察院商请后,应当综合考虑案件涉嫌罪名、复杂程度以及涉案企业类型、规模、经营范围、主营业务等因素,从专业人员名录库中分类随机抽取人员组成第三方组织。

专业人员名录库中没有相关领域专业人员的,第三方机制管委会可以采取协商邀请的方式，商请有关专业人员参加第三方组织。

同一个第三方组织一般负责监督评估一个涉案企业。同一案件涉及多个涉案企业，或者涉案企业之间存在明显关联关系的，可以由同一个第三方组织负责监督评估。

第二十二条 涉案企业、人员的居住地与案件办理地不一致的，案件办理地第三方机制管委会可以委托涉案企业、人员居住地第三方机制管委会选任组成第三方组织并开展监督评估，或者可以通过第三方机制管委会成员单位及其所属或者主管的行业协会、商会、机构的异地协作机制，协助开展监督评估。

第二十三条 第三方组织一般由 3 至 7 名专业人员组成，针对小微企业的第三方组织也可以由 2 名专业人员组成。

同一名专业人员在不存在利益关系、保障工作质量的条件下，可以同时担任一个以上第三方组织的组成人员。

第三方机制管委会应当根据工作需要，指定第三方组织牵头负责人，也可由第三方组织组成人员民主推举负责人，并报第三方机制管委会审定。

第二十四条 第三方机制管委会应当将第三方组织组成人员名单及提出意见的方式向社会公示，接受社会监督。

公示期限由第三方机制管委会根据情况决定，但不得少于五个工作日。公示可以通过在涉案单位所在地或者有关新闻媒体、网站发布公示通知等形式进行。

第二十五条 涉案企业、人员或者其他相关单位、人员对选任的第三方组织组成人员提出异议，或者第三方组织组成人员申请回避的，第三方机制管委会应当及时调查核实并视情况作出调整。

公示期满后无异议或者经审查异议不成立的，第三方机制管委会应当将第三方组织组成人员名单报送负责办理案件的人民检察院备案。人民检察院发现组成人员存在明显不适当情形的，应当及时向第三方机制管委会提出意见建议，第三方机制管委会依照本条第一款的规定处理。

第二十六条 人民检察院对第三方机制管委会报送的第三方组织组成人员名单，经审查未提出不同意见的，应当通报第三方机制管委会，并由第三方机制管委会宣告第三方组织成立。

第三方组织存续期间，其组成人员一般不得变更。确需变更的，第三方机制管委会应当依照本实施细则相关规定处理。

第六章　第三方机制的运行

第二十七条　第三方组织成立后，应当在负责办理案件的人民检察院的支持协助下，深入了解企业涉案情况，认真研判涉案企业在合规领域存在的薄弱环节和突出问题，合理确定涉案企业适用的合规计划类型，做好相关前期准备工作。

第三方机制管委会可以根据工作需要，指派专门人员负责与选任组成的第三方组织及负责办理案件的人民检察院、涉案企业联络沟通，协调处理第三方机制启动和运行有关事宜。

第二十八条　第三方组织根据涉案企业情况和工作需要，应当要求涉案企业提交单项或者多项合规计划，对于小微企业可以视情简化。

涉案企业提交的合规计划，应当以全面合规为目标、专项合规为重点，主要针对与企业涉嫌犯罪有密切联系的企业内部治理结构、规章制度、人员管理等方面存在的问题，制定可行的合规管理规范，构建有效的合规组织体系，完善相关业务管理流程，健全合规风险防范报告机制，弥补企业制度建设和监督管理漏洞，防止再次发生相同或者类似的违法犯罪。

第二十九条　第三方组织应当对涉案企业合规计划的可行性、有效性与全面性进行审查，重点审查以下内容：

（一）涉案企业完成合规计划的可能性以及合规计划本身的可操作性；

（二）合规计划对涉案企业预防治理涉嫌的犯罪行为或者类似违法犯罪行为的实效性；

（三）合规计划是否覆盖涉案企业在合规领域的薄弱环节和明显漏洞；

（四）其他根据涉案企业实际情况需要重点审查的内容。

第三方组织应当就合规计划向负责办理案件的人民检察院征求意见，综合审查情况一并向涉案企业提出修改完善的意见。

第三十条　第三方组织根据案件具体情况和涉案企业承诺履行的期限，并向负责办理案件的人民检察院征求意见后，合理确定合规考察期限。

第三十一条　在合规考察期内，第三方组织可以定期或者不定期对涉案企业合规计划履行情况进行监督和评估，可以要求涉案企业定期书面报告合规计划的执行情况，同时抄送负责办理案件的人民检察院。

第三方组织发现涉案企业执行合规计划存在明显偏差或错误的，应当及时进行指导、提出纠正意见，并报告负责办理案件的人民检察院。

第三十二条 第三方组织发现涉案企业或其人员尚未被办案机关掌握的犯罪事实或者新实施的犯罪行为，应当中止第三方监督评估程序，并及时向负责办理案件的人民检察院报告。

负责办理案件的人民检察院接到报告后，依照刑事诉讼法及相关司法解释的规定依法处理。

第三十三条 第三方组织在合规考察期届满后，应当对涉案企业的合规计划完成情况进行全面了解、监督、评估和考核，并制作合规考察书面报告。

合规考察书面报告一般应当包括以下内容：

（一）涉案企业履行合规承诺、落实合规计划情况；

（二）第三方组织开展了解、监督、评估和考核情况；

（三）第三方组织监督评估的程序、方法和依据；

（四）监督评估结论及意见建议；

（五）其他需要说明的问题。

第三十四条 合规考察书面报告应当由第三方组织全体组成人员签名或者盖章后，报送负责选任第三方组织的第三方机制管委会、负责办理案件的人民检察院等单位。

第三方组织组成人员对合规考察书面报告有不同意见的，应当在报告中说明其不同意见及理由。

第三十五条 本实施细则第三十一条、第三十三条规定的监督、评估方法应当紧密联系企业涉嫌犯罪有关情况，包括但不限于以下方法：

（一）观察、访谈、文本审阅、问卷调查、知识测试；

（二）对涉案企业的相关业务与管理事项，结合业务发生频率、重要性及合规风险高低进行抽样检查；

（三）对涉案企业的相关业务处理流程，结合相关原始文件、业务处理踪迹、操作管理流程等进行穿透式检查；

（四）对涉案企业的相关系统及数据，结合交易数据、业务凭证、工作记录以及权限、参数设置等进行比对检查。

第三十六条 涉案企业及其人员对第三方组织开展的检查、评估应当予以配合并提供便利，如实填写、提交相关文件、材料，不得弄虚作假。

涉案企业或其人员认为第三方组织或其组成人员的检查、评估行为不当或者涉嫌违法犯罪的，可以向负责选任第三方组织的第三方机制管委会反映或者提出异议，或者向负责办理案件的人民检察院提出申诉、控告。

第三十七条 负责选任第三方组织的第三方机制管委会和负责办理案件的人民检察院收到第三方组织报送的合规考察书面报告后，应当及时进行审查，双方认为第三方组织已经完成监督评估工作的，由第三方机制管委会宣告第三方组织解散。

第三十八条 第三方组织组成人员系律师、注册会计师、税务师（注册税务师）等中介组织人员的，在履行第三方监督评估职责期间不得违反规定接受可能有利益关系的业务；在履行第三方监督评估职责结束后二年以内，上述人员及其所在中介组织不得接受涉案企业、人员或者其他有利益关系的单位、人员的业务。

第三十九条 第三方机制管委会或者负责办理案件的人民检察院发现第三方组织或其组成人员故意提供虚假报告或者提供的报告严重失实的，应当依照《指导意见》的规定及时向有关主管机关、协会等提出惩戒建议，涉嫌违法犯罪的，及时向有关机关报案或者举报，并将其列入第三方机制专业人员名录库禁入名单。

第四十条 负责办理案件的人民检察院应当要求知悉案情的第三方组织组成人员，参照执行防止干预司法“三个规定”，严格做好有关事项填报工作。

第七章 附 则

第四十一条 试点地方第三方机制管委会可以结合本地实际，参照《指导意见》及本实施细则制定具体实施办法，并按照试点工作要求报送备案。

第四十二条 本实施细则由最高人民检察院、国务院国资委、财政部、全国工商联会同司法部、生态环境部、税务总局、市场监管总局、中国贸促会等部门组建的第三方机制管委会负责解释，自印发之日起施行。

涉案企业合规第三方监督评估机制专业人员选任管理办法（试行）

（2021 年 11 月 25 日印发）

为深入学习贯彻习近平新时代中国特色社会主义思想，全面贯彻习近平法治思想，完整、准确、全面贯彻新发展理念，认真落实最高人民检察院、司法部、财政部、生态环境部、国务院国资委、税务总局、市场监管总局、全国工商联、中国贸促会《关于建立涉案企业合规第三方监督评估机制的指导意见（试行）》（以下简称《指导意见》），规范涉案企业合规第三方监督评估机制专业人员（以下简称第三方机制专业人员）选任管理工作，保障涉案企业合规第三方监督评估机制（以下简称第三方机制）有效运行，结合工作实际，制定本办法。

第一章　总　　则

第一条　第三方机制专业人员，是指由涉案企业合规第三方监督评估机制管理委员会（以下简称第三方机制管委会）选任确定，作为第三方监督评估组织（以下简称第三方组织）组成人员参与涉案企业合规第三方监督评估工作的相关领域专业人员，主要包括律师、注册会计师、税务师（注册税务师）、企业合规师、相关领域专家学者以及有关行业协会、商会、机构、社会团体（以下简称有关组织）的专业人员。

生态环境、税务、市场监督管理等政府工作部门中具有专业知识的人员可以被选任确定为第三方机制专业人员，或者可以受第三方机制管委会邀请或者受所在单位委派参加第三方组织及其相关工作，其选任管理具体事宜由第三方机制管委会与其所在单位协商确定。有关政府工作部门所属企事业单位中的专业人员可以被选任确定为第三方机制专业人员，参加第三方组织及其相关工作。

有关单位中具有专门知识的退休人员参加第三方组织及其相关工作的，应当同时符合有关退休人员的管理规定。

第二条　第三方机制专业人员选任管理应当遵循依法依规、公开公正、分级负责、接受监督的原则。

第三条 各级第三方机制管委会统筹协调本级第三方机制专业人员的选任、培训、考核、奖惩、监督等工作。

国家层面第三方机制管委会负责研究制定涉及第三方机制专业人员的规范性文件及保障激励制度，统筹协调全国范围内涉及第三方机制专业人员的相关工作。

上级第三方机制管委会应当加强对下级第三方机制管委会涉及第三方机制专业人员相关工作的具体指导。

第二章 第三方机制专业人员的选任

第四条 国家层面、省级和地市级第三方机制管委会应当组建本级第三方机制专业人员名录库（以下简称名录库）。经省级第三方机制管委会审核同意，有条件的县级第三方机制管委会可以组建名录库。

第五条 名录库以个人作为入库主体，不得以单位、团体作为入库主体。

名录库应当分类组建，总人数不少于五十人。人员数量、组成结构和各专业领域名额分配可以由负责组建名录库的第三方机制管委会根据工作需要自行确定，并可以结合实际进行调整。

省级以下名录库的入库人员限定为本省（自治区、直辖市）区域内的专业人员。因专业人员数量不足未达到组建条件的，可以由省级第三方机制管委会统筹协调相邻地市联合组建名录库。

第六条 第三方机制专业人员应当拥有较好的政治素质和道德品质，具备履行第三方监督评估工作的专业知识、业务能力和时间精力，其所在单位或者所属有关组织同意其参与第三方监督评估工作。

第三方机制专业人员一般应当具备下列条件：

（一）拥护中国共产党领导，拥护我国社会主义法治；

（二）具有良好道德品行和职业操守；

（三）持有本行业执业资格证书，从事本行业工作满三年；

（四）工作业绩突出，近三年考核等次为称职以上；

（五）熟悉企业运行管理或者具备相应专业知识；

（六）近三年未受过与执业行为有关的行政处罚或者行业惩戒；

（七）无受过刑事处罚、被开除公职或者开除党籍等情形；

(八)无其他不适宜履职的情形。

第七条 第三方机制管委会一般应当按照制定计划、发布公告、本人申请、单位推荐、材料审核、考察了解、初定人选、公示监督、确定人选、颁发证书等程序组织实施第三方机制专业人员选任工作。

第八条 第三方机制管委会组织实施第三方机制专业人员选任,应当在成员单位或其所属或者主管的律师协会、注册会计师协会、注册税务师协会等有关组织的官方网站上发布公告。

公告应当载明选任名额、标准条件、报名方式、报名材料和选任工作程序等相关事项,公告期一般不少于二十个工作日。

第九条 第三方机制管委会可以通过审查材料、走访了解、面谈测试等方式对报名人员进行审核考察,并在此基础上提出拟入库人选。

第三方机制管委会可以通过成员单位所属或者主管的有关组织了解核实拟入库人选的相关情况。

第十条 第三方机制管委会应当将拟入库人选名单及监督联系方式向社会公示,接受社会监督。公示可以通过在拟入库人选所在单位或者有关新闻媒体、网站发布公示通知等形式进行,公示期一般不少于七个工作日。

第三方机制管委会对于收到的举报材料、情况反映应当及时进行调查核实,视情提出处理意见。调查核实过程中可以根据情况与举报人、反映人沟通联系。

第十一条 第三方机制管委会在确定拟入库人选时应当综合考虑报名人员的政治素质、执业(工作)时间、工作业绩、研究成果、表彰奖励,以及所在单位的资质条件、人员规模、所获奖励、行业影响力等情况。同等条件下,可以优先考虑担任党代表、人大代表、政协委员、人民团体职务的人选。

第十二条 公示期满后无异议或者经审查异议不成立的,第三方机制管委会应当向入库人员颁发证书,并通知其所在单位或者所属有关组织。名录库人员名单应当在第三方机制管委会成员单位的官方网站上公布,供社会查询。

第三方机制管委会应当明确入库人员的任职期限,一般为二至三年。经第三方机制管委会审核,期满后可以续任。

第三章 第三方机制专业人员的日常管理

第十三条 第三方机制专业人员根据履职需要,可以查阅相关文件资料,参加有关会议和考察活动，接受业务培训。

第十四条 第三方机制专业人员应当认真履职、勤勉尽责，严格履行相关法律法规及《指导意见》等有关保密、回避、廉洁等义务。

第十五条 第三方机制管委会应当结合涉案企业合规第三方监督评估工作情况，定期组织第三方机制专业人员进行业务培训、开展调研考察和座谈交流，总结推广经验做法。

第三方机制管委会有关成员单位应当指导所属或者主管的有关组织，加强本行业、本部门涉及第三方机制相关工作的理论实务研究，积极开展业务培训和工作指导。

第十六条 第三方机制管委会可以通过定期考核、一案一评、随机抽查、巡回检查等方式，对第三方机制专业人员进行考核评价。考核结果作为对第三方机制专业人员奖励激励、续任或者调整出库的重要依据。

第十七条 第三方机制管委会应当建立健全第三方机制专业人员奖励激励制度，对表现突出的第三方机制专业人员给予奖励激励，或向其所在单位或者所属有关组织提出奖励激励的建议。

第十八条 第三方机制管委会应当及时将考核结果、奖励激励情况书面通知本人及所在单位或者所属有关组织，可以通过有关媒体向社会公布。

第十九条 第三方机制管委会应当建立健全第三方机制专业人员履职台账，全面客观记录第三方机制专业人员业务培训、参加活动和履行职责情况，作为确定考核结果的重要参考。

第二十条 第三方机制管委会在对第三方机制专业人员的履职情况开展考核评价时，应当主动征求办理案件的检察机关、巡回检查小组以及涉案企业等意见建议。

第二十一条 第三方机制专业人员有下列情形之一的，考核评价结果应当确定为不合格，并视情作出相应后续处理：

（一）不参加第三方组织工作或者不接受第三方机制管委会分配工作任务，且无正当理由的；

（二）在履行第三方监督评估职责中出现重大失误，造成不良影响的；

（三）在履行第三方监督评估职责中存在行为不当，涉案企业向第三方机制管委会反映或者提出异议，造成不良影响的；

(四)其他造成不良影响或者损害第三方组织形象、公信力的情形。

第二十二条 第三方机制管委会对违反有关义务的第三方机制专业人员,可以谈话提醒、批评教育,或视情通报其所在单位或者所属有关组织,情节严重或者造成严重后果的可以将其调整出库。

第三方机制专业人员有下列情形之一的,第三方机制管委会应当及时将其调整出库:

(一)在选任或者履职中弄虚作假,提供虚假材料或者情况的;

(二)受到刑事处罚、被开除公职或者开除党籍的;

(三)受到行政处罚或者行业惩戒,情节严重的;

(四)违反《指导意见》第十七条第二款第二项至第四项规定的;

(五)利用第三方机制专业人员身份发表与履职无关的言论或者从事与履职无关的活动,造成严重不良影响的;

(六)考核评价结果两次确定为不合格的;

(七)实施严重违反社会公德、职业道德或者其他严重有损第三方机制专业人员形象、公信力行为的;

(八)其他不适宜继续履行第三方监督评估职责的情形。

第三方机制管委会发现第三方机制专业人员的行为涉嫌违规的,应当及时向有关主管机关,或其所在单位或者所属有关组织反映情况、提出惩戒或者处理建议;涉嫌违法犯罪的,应当及时向有关机关报案或者举报。

第二十三条 第三方机制管委会应当建立健全第三方机制专业人员名录库禁入名单制度。对于依照本办法第二十二条规定被调整出库的第三方机制专业人员,应当列入名录库禁入名单。

第三方机制管委会对列入名录库禁入名单的人员应当逐级汇总上报,实现信息共享。

第二十四条 第三方机制专业人员因客观原因不能履职、本人不愿继续履职或者发生影响履职重大事项的,应当及时向第三方机制管委会报告并说明情况,主动辞任第三方机制专业人员。第三方机制管委会应当及时进行审查并将其调整出库。

第二十五条 第三方机制管委会应当根据工作需要,结合履职台账、考核情况以及本人意愿、所在单位或者所属有关组织意见等,定期或者不定期对名录库人员进行动态调整。名录库人员名单调整更新后，应当依照本办法第十二条规定，及时向社会公布。

第四章　工作保障

第二十六条　第三方机制管委会各成员单位、第三方机制专业人员所在单位或者所属有关组织以及涉案企业，应当为第三方机制专业人员履行职责提供必要支持和便利条件。

第二十七条　第三方机制专业人员选任管理工作所需业务经费和第三方机制专业人员履职所需费用，试点地方可以结合本地实际，探索多种经费保障模式。

第五章　附　　则

第二十八条　地方各级第三方机制管委会可以结合本地实际，参照本办法制定具体实施细则，并按照试点工作要求报送备案。

有关部门、组织可以结合本行业、本部门实际，制定名录库人员的具体入选标准。

本办法出台前，已组建的各地各级名录库不符合本办法规定的，可以继续试点。

第二十九条　本办法由最高人民检察院、国务院国资委、财政部、全国工商联会同司法部、生态环境部、税务总局、市场监管总局、中国贸促会等部门组建的第三方机制管委会负责解释，自印发之日起施行。

涉案企业合规建设、评估和审查办法（试行）

（2022 年 4 月 20 日印发）

为深入学习贯彻习近平新时代中国特色社会主义思想，全面贯彻习近平法治思想，完整、准确、全面贯彻新发展理念，认真落实最高人民检察院、司法部、财政部、生态环境部、国务院国资委、税务总局、市场监管总局、全国工商联、中国贸促会《关于建立涉案企业合规第三方监督评估机制的指导意见（试行）》（以下简称《指导意见》)及其实施细则,依法推进企业合规改革试点工作,规范第三方监督评估机制(以下简称第三方机制)相关工作有序开展,结合工作实际,制定本办法。

第一章　总　　则

第一条　涉案企业合规建设,是指涉案企业针对与涉嫌犯罪有密切联系的合规风险,制定专项合规整改计划,完善企业治理结构,健全内部规章制度,形成有效合规管理体系的活动。

涉案企业合规评估,是指第三方监督评估组织(以下简称第三方组织)对涉案企业专项合规整改计划和相关合规管理体系有效性进行了解、评价、监督和考察的活动。

涉案企业合规审查,是指负责办理案件的人民检察院对第三方组织的评估过程和结论进行审核。

针对未启动第三方机制的小微企业合规,可以由人民检察院对其提交的合规计划和整改报告进行审查。

第二条　对于涉案企业合规建设经评估符合有效性标准的,人民检察院可以参考评估结论依法作出不批准逮捕、变更强制措施、不起诉的决定,提出从宽处罚的量刑建议,或者向有关主管机关提出从宽处罚、处分的检察意见。

对于涉案企业合规建设经评估未达到有效性标准或者采用弄虚作假手段骗取评估结论的,人民检察院可以依法作出批准逮捕、起诉的决定,提出从严处罚的量刑建议,或者向有关主管机关提出从严处罚、处分的检察意见。

第二章　涉案企业合规建设

第三条　涉案企业应当全面停止涉罪违规违法行为,退缴违规违法所得,补缴税款和滞纳金并缴纳相关罚款,全力配合有关主管机关、公安机关、检察机关及第三方组织的相关工作。

第四条　涉案企业一般应当成立合规建设领导小组,由其实际控制人、主要负责人和直接负责的主管人员等组成,必要时可以聘请外部专业机构或者专业人员参与或者协助。合规建设领导小组应当在全面分析研判企业合规风险的基础上,结合本行业合规建设指引,研究制定专项合规计划和内部规章制度。

第五条 涉案企业制定的专项合规计划，应当能够有效防止再次发生相同或者类似的违法犯罪行为。

第六条 涉案企业实际控制人、主要负责人应当在专项合规计划中作出合规承诺并明确宣示，合规是企业的优先价值，对违规违法行为采取零容忍的态度，确保合规融入企业的发展目标、发展战略和管理体系。

第七条 涉案企业应当设置与企业类型、规模、业务范围、行业特点等相适应的合规管理机构或者管理人员。

合规管理机构或者管理人员可以专设或者兼理，合规管理的职责必须明确、具体、可考核。

第八条 涉案企业应当针对合规风险防控和合规管理机构履职的需要，通过制定合规管理规范、弥补监督管理漏洞等方式，建立健全合规管理的制度机制。

涉案企业的合规管理机构和各层级管理经营组织均应当根据其职能特点设立合规目标，细化合规措施。

合规管理制度机制应当确保合规管理机构或者管理人员独立履行职责，对于涉及重大合规风险的决策具有充分发表意见并参与决策的权利。

第九条 涉案企业应当为合规管理制度机制的有效运行提供必要的人员、培训、宣传、场所、设备和经费等人力物力保障。

第十条 涉案企业应当建立监测、举报、调查、处理机制，保证及时发现和监控合规风险，纠正和处理违规行为。

第十一条 涉案企业应当建立合规绩效评价机制，引入合规指标对企业主要负责人、经营管理人员、关键技术人员等进行考核。

第十二条 涉案企业应当建立持续整改、定期报告等机制，保证合规管理制度机制根据企业经营发展实际不断调整和完善。

第三章 涉案企业合规评估

第十三条 第三方组织可以根据涉案企业情况和工作需要，制定具体细化、可操作的合规评估工作方案。

第十四条 第三方组织对涉案企业专项合规整改计划和相关合规管理体系有效性的评估，重点包括以下内容：

（一）对涉案合规风险的有效识别、控制；

（二）对违规违法行为的及时处置；

（三）合规管理机构或者管理人员的合理配置；

（四）合规管理制度机制建立以及人力物力的充分保障；

（五）监测、举报、调查、处理机制及合规绩效评价机制的正常运行；

（六）持续整改机制和合规文化已经基本形成。

第十五条 第三方组织应当以涉案合规风险整改防控为重点，结合特定行业合规评估指标，制定符合涉案企业实际的评估指标体系。

评估指标的权重可以根据涉案企业类型、规模、业务范围、行业特点以及涉罪行为等因素设置，并适当提高合规管理的重点领域、薄弱环节和重要岗位等方面指标的权重。

第四章 涉案企业合规审查

第十六条 第三方机制管委会和人民检察院收到第三方组织报送的合规考察书面报告后，应当及时进行审查，重点审查以下内容：

（一）第三方组织制定和执行的评估方案是否适当；

（二）评估材料是否全面、客观、专业，足以支持考察报告的结论；

（三）第三方组织或其组成人员是否存在可能影响公正履职的不当行为或者涉嫌违法犯罪行为。

经第三方机制管委会和人民检察院审查，认为第三方组织已经完成监督评估工作的，由第三方机制管委会宣告第三方组织解散。对于审查中发现的疑点和重点问题，人民检察院可以要求第三方组织或其组成人员说明情况，也可以直接进行调查核实。

第十七条 人民检察院对小微企业提交合规计划和整改报告的审查，重点包括合规承诺的履行、合规计划的执行、合规整改的实效等内容。

第十八条 第三方机制管委会收到关于第三方组织或其组成人员存在行为不当或者涉嫌违法犯罪的反映、异议，或者人民检察院收到上述内容的申诉、控告的，双方应当及时互相通报情况并会商提出处理建议。

第十九条 第三方机制管委会或者人民检察院经审查合规考察书面报告等材料发现，或者经对收到的反映、异议或者申诉、控告调查核实确认，第三方组织或其组成人员存在违反《指导意见》及其实施细则规定的禁止性行为,足以影响评估结论真实性、有效性的,第三方机制管委会应当重新组建第三方组织进行评估。

第五章 附 则

第二十条 本办法所称涉案企业,是指涉嫌单位犯罪的企业,或者实际控制人、经营管理人员、关键技术人员等涉嫌实施与生产经营活动密切相关犯罪的企业。

对与涉案企业存在关联合规风险或者由类案暴露出合规风险的企业,负责办理案件的人民检察院可以对其提出合规整改的检察建议。

第二十一条 涉案企业应当以全面合规为目标、专项合规为重点,并根据规模、业务范围、行业特点等因素变化,逐步增设必要的专项合规计划,推动实现全面合规。

第二十二条 大中小微企业的划分,根据国家相关标准执行。

第二十三条 本办法由国家层面第三方机制管委会负责解释。自印发之日起施行。

附录二：企业合规经营规范性文件

中央企业合规管理指引(试行)

(2018年11月2日印发)

第一章　总　　则

第一条　为推动中央企业全面加强合规管理，加快提升依法合规经营管理水平，着力打造法治央企，保障企业持续健康发展，根据《中华人民共和国公司法》、《中华人民共和国企业国有资产法》等有关法律法规规定，制定本指引。

第二条　本指引所称中央企业，是指国务院国有资产监督管理委员会(以下简称国资委)履行出资人职责的国家出资企业。

本指引所称合规，是指中央企业及其员工的经营管理行为符合法律法规、监管规定、行业准则和企业章程、规章制度以及国际条约、规则等要求。

本指引所称合规风险，是指中央企业及其员工因不合规行为，引发法律责任、受到相关处罚、造成经济或声誉损失以及其他负面影响的可能性。

本指引所称合规管理，是指以有效防控合规风险为目的，以企业和员工经营管理行为为对象，开展包括制度制定、风险识别、合规审查、风险应对、责任追究、考核评价、合规培训等有组织、有计划的管理活动。

第三条　国资委负责指导监督中央企业合规管理工作。

第四条　中央企业应当按照以下原则加快建立健全合规管理体系：

(一)全面覆盖。坚持将合规要求覆盖各业务领域、各部门、各级子企业和分支机构、全体员工，贯穿决策、执行、监督全流程。

(二)强化责任。把加强合规管理作为企业主要负责人履行推进法治建设第一责任人职责的重要内容。建立全员合规责任制，明确管理人员和各岗位员工的合规责任并督促有效落实。

（三）协同联动。推动合规管理与法律风险防范、监察、审计、内控、风险管理等工作相统筹、相衔接，确保合规管理体系有效运行。

（四）客观独立。严格依照法律法规等规定对企业和员工行为进行客观评价和处理。合规管理牵头部门独立履行职责，不受其他部门和人员的干涉。

第二章 合规管理职责

第五条 董事会的合规管理职责主要包括：

（一）批准企业合规管理战略规划、基本制度和年度报告；

（二）推动完善合规管理体系；

（三）决定合规管理负责人的任免；

（四）决定合规管理牵头部门的设置和职能；

（五）研究决定合规管理有关重大事项；

（六）按照权限决定有关违规人员的处理事项。

第六条 监事会的合规管理职责主要包括：

（一）监督董事会的决策与流程是否合规；

（二）监督董事和高级管理人员合规管理职责履行情况；

（三）对引发重大合规风险负有主要责任的董事、高级管理人员提出罢免建议；

（四）向董事会提出撤换公司合规管理负责人的建议。

第七条 经理层的合规管理职责主要包括：

（一）根据董事会决定，建立健全合规管理组织架构；

（二）批准合规管理具体制度规定；

（三）批准合规管理计划，采取措施确保合规制度得到有效执行；

（四）明确合规管理流程，确保合规要求融入业务领域；

（五）及时制止并纠正不合规的经营行为，按照权限对违规人员进行责任追究或提出处理建议；

（六）经董事会授权的其他事项。

第八条 中央企业设立合规委员会，与企业法治建设领导小组或风险控制委员会等合署，承担合规管理的组织领导和统筹协调工作，定期召开会议，研究决定合规管理重大事项或提出意见建议，指导、监督和评价合规管理工作。

第九条 中央企业相关负责人或总法律顾问担任合规管理负责人，主要职责包括：

（一）组织制订合规管理战略规划；

（二）参与企业重大决策并提出合规意见；

（三）领导合规管理牵头部门开展工作；

（四）向董事会和总经理汇报合规管理重大事项；

（五）组织起草合规管理年度报告。

第十条 法律事务机构或其他相关机构为合规管理牵头部门，组织、协调和监督合规管理工作，为其他部门提供合规支持，主要职责包括：

（一）研究起草合规管理计划、基本制度和具体制度规定；

（二）持续关注法律法规等规则变化，组织开展合规风险识别和预警，参与企业重大事项合规审查和风险应对；

（三）组织开展合规检查与考核，对制度和流程进行合规性评价，督促违规整改和持续改进；

（四）指导所属单位合规管理工作；

（五）受理职责范围内的违规举报，组织或参与对违规事件的调查，并提出处理建议；

（六）组织或协助业务部门、人事部门开展合规培训。

第十一条 业务部门负责本领域的日常合规管理工作，按照合规要求完善业务管理制度和流程，主动开展合规风险识别和隐患排查，发布合规预警，组织合规审查，及时向合规管理牵头部门通报风险事项，妥善应对合规风险事件，做好本领域合规培训和商业伙伴合规调查等工作，组织或配合进行违规问题调查并及时整改。

监察、审计、法律、内控、风险管理、安全生产、质量环保等相关部门，在职权范围内履行合规管理职责。

第三章 合规管理重点

第十二条 中央企业应当根据外部环境变化，结合自身实际，在全面推进合规管理的基础上，突出重点领域、重点环节和重点人员，切实防范合规风险。

第十三条 加强对以下重点领域的合规管理：

（一）市场交易。完善交易管理制度，严格履行决策批准程序，建立健全自律诚信体系，突出反商业贿赂、反垄断、反不正当竞争，规范资产交易、招投标等活动；

（二）安全环保。严格执行国家安全生产、环境保护法律法规，完善企业生产规范和安全环保制度，加强监督检查，及时发现并整改违规问题；

（三）产品质量。完善质量体系，加强过程控制，严把各环节质量关，提供优质产品和服务；

（四）劳动用工。严格遵守劳动法律法规，健全完善劳动合同管理制度，规范劳动合同签订、履行、变更和解除，切实维护劳动者合法权益；

（五）财务税收。健全完善财务内部控制体系，严格执行财务事项操作和审批流程，严守财经纪律，强化依法纳税意识，严格遵守税收法律政策；

（六）知识产权。及时申请注册知识产权成果，规范实施许可和转让，加强对商业秘密和商标的保护，依法规范使用他人知识产权，防止侵权行为；

（七）商业伙伴。对重要商业伙伴开展合规调查，通过签订合规协议、要求作出合规承诺等方式促进商业伙伴行为合规；

（八）其他需要重点关注的领域。

第十四条 加强对以下重点环节的合规管理：

（一）制度制定环节。强化对规章制度、改革方案等重要文件的合规审查，确保符合法律法规、监管规定等要求；

（二）经营决策环节。严格落实“三重一大”决策制度，细化各层级决策事项和权限，加强对决策事项的合规论证把关，保障决策依法合规；

（三）生产运营环节。严格执行合规制度，加强对重点流程的监督检查，确保生产经营过程中照章办事、按章操作；

（四）其他需要重点关注的环节。

第十五条 加强对以下重点人员的合规管理：

（一）管理人员。促进管理人员切实提高合规意识，带头依法依规开展经营管理活动，认真履行承担的合规管理职责，强化考核与监督问责；

（二）重要风险岗位人员。根据合规风险评估情况明确界定重要风险岗位，有针对性加大培训力度，使重要风险岗位人员熟悉并严格遵守业务涉及的各项规定，加强监督检查和违规行为追责；

（三）海外人员。将合规培训作为海外人员任职、上岗的必备条件，确保遵守我国和所在国法律法规等相关规定；

（四）其他需要重点关注的人员。

第十六条 强化海外投资经营行为的合规管理：

（一）深入研究投资所在国法律法规及相关国际规则，全面掌握禁止性规定，明确海外投资经营行为的红线、底线；

（二）健全海外合规经营的制度、体系、流程，重视开展项目的合规论证和尽职调查，依法加强对境外机构的管控，规范经营管理行为；

（三）定期排查梳理海外投资经营业务的风险状况，重点关注重大决策、重大合同、大额资金管控和境外子企业公司治理等方面存在的合规风险，妥善处理、及时报告，防止扩大蔓延。

第四章 合规管理运行

第十七条 建立健全合规管理制度，制定全员普遍遵守的合规行为规范，针对重点领域制定专项合规管理制度，并根据法律法规变化和监管动态，及时将外部有关合规要求转化为内部规章制度。

第十八条 建立合规风险识别预警机制，全面系统梳理经营管理活动中存在的合规风险，对风险发生的可能性、影响程度、潜在后果等进行系统分析，对于典型性、普遍性和可能产生较严重后果的风险及时发布预警。

第十九条 加强合规风险应对，针对发现的风险制定预案，采取有效措施，及时应对处置。对于重大合规风险事件，合规委员会统筹领导，合规管理负责人牵头，相关部门协同配合，最大限度化解风险、降低损失。

第二十条 建立健全合规审查机制，将合规审查作为规章制度制定、重大事项决策、重要合同签订、重大项目运营等经营管理行为的必经程序，及时对不合规的内容提出修改建议，未经合规审查不得实施。

第二十一条 强化违规问责，完善违规行为处罚机制，明晰违规责任范围，细化惩处标准。畅通举报渠道，针对反映的问题和线索，及时开展调查，严肃追究违规人员责任。

第二十二条 开展合规管理评估，定期对合规管理体系的有效性进行分析，对重大或反复出现的合规风险和违规问题，深入查找根源，完善相关制度，堵塞管理漏洞，强化过程管控，持续改进提升。

第五章　合规管理保障

第二十三条　加强合规考核评价，把合规经营管理情况纳入对各部门和所属企业负责人的年度综合考核，细化评价指标。对所属单位和员工合规职责履行情况进行评价，并将结果作为员工考核、干部任用、评先选优等工作的重要依据。

第二十四条　强化合规管理信息化建设，通过信息化手段优化管理流程，记录和保存相关信息。运用大数据等工具，加强对经营管理行为依法合规情况的实时在线监控和风险分析，实现信息集成与共享。

第二十五条　建立专业化、高素质的合规管理队伍，根据业务规模、合规风险水平等因素配备合规管理人员，持续加强业务培训，提升队伍能力水平。

海外经营重要地区、重点项目应当明确合规管理机构或配备专职人员，切实防范合规风险。

第二十六条　重视合规培训，结合法治宣传教育，建立制度化、常态化培训机制，确保员工理解、遵循企业合规目标和要求。

第二十七条　积极培育合规文化，通过制定发放合规手册、签订合规承诺书等方式，强化全员安全、质量、诚信和廉洁等意识，树立依法合规、守法诚信的价值观，筑牢合规经营的思想基础。

第二十八条　建立合规报告制度，发生较大合规风险事件，合规管理牵头部门和相关部门应当及时向合规管理负责人、分管领导报告。重大合规风险事件应当向国资委和有关部门报告。

合规管理牵头部门于每年年底全面总结合规管理工作情况，起草年度报告，经董事会审议通过后及时报送国资委。

第六章　附　　则

第二十九条　中央企业根据本指引，结合实际制定合规管理实施细则。

地方国有资产监督管理机构可以参照本指引，积极推进所出资企业合规管理工作。

第三十条　本指引由国资委负责解释。

第三十一条　本指引自公布之日起施行。

企业境外经营合规管理指引

（2018年12月26日印发）

第一章　总　　则

第一条　目的及依据

为更好服务企业开展境外经营业务，推动企业持续加强合规管理，根据国家有关法律法规和政策规定，参考GB/T 35770—2017《合规管理体系　指南》及有关国际合规规则，制定本指引。

第二条　适用范围

本指引适用于开展对外贸易、境外投资、对外承包工程等"走出去"相关业务的中国境内企业及其境外子公司、分公司、代表机构等境外分支机构（以下简称"企业"）。

法律法规对企业合规管理另有专门规定的，从其规定。行业监管部门对企业境外经营合规管理另有专门规定的，有关行业企业应当遵守其规定。

第三条　基本概念

本指引所称合规，是指企业及其员工的经营管理行为符合有关法律法规、国际条约、监管规定、行业准则、商业惯例、道德规范和企业依法制定的章程及规章制度等要求。

第四条　合规管理框架

企业应以倡导合规经营价值观为导向，明确合规管理工作内容，健全合规管理架构，制定合规管理制度，完善合规运行机制，加强合规风险识别、评估与处置，开展合规评审与改进，培育合规文化，形成重视合规经营的企业氛围。

第五条　合规管理原则

（一）独立性原则。企业合规管理应从制度设计、机构设置、岗位安排以及汇报路径等方面保证独立性。合规管理机构及人员承担的其他职责不应与合规职责产生利益冲突。

(二)适用性原则。企业合规管理应从经营范围、组织结构和业务规模等实际出发,兼顾成本与效率,强化合规管理制度的可操作性,提高合规管理的有效性。同时,企业应随着内外部环境的变化持续调整和改进合规管理体系。

(三)全面性原则。企业合规管理应覆盖所有境外业务领域、部门和员工,贯穿决策、执行、监督、反馈等各个环节,体现于决策机制、内部控制、业务流程等各个方面。

第二章 合规管理要求

第六条 对外贸易中的合规要求

企业开展对外货物和服务贸易,应确保经营活动全流程、全方位合规,全面掌握关于贸易管制、质量安全与技术标准、知识产权保护等方面的具体要求,关注业务所涉国家(地区)开展的贸易救济调查,包括反倾销、反补贴、保障措施调查等。

第七条 境外投资中的合规要求

企业开展境外投资,应确保经营活动全流程、全方位合规,全面掌握关于市场准入、贸易管制、国家安全审查、行业监管、外汇管理、反垄断、反洗钱、反恐怖融资等方面的具体要求。

第八条 对外承包工程中的合规要求

企业开展对外承包工程,应确保经营活动全流程、全方位合规,全面掌握关于投标管理、合同管理、项目履约、劳工权利保护、环境保护、连带风险管理、债务管理、捐赠与赞助、反腐败、反贿赂等方面的具体要求。

第九条 境外日常经营中的合规要求

企业开展境外日常经营,应确保经营活动全流程、全方位合规,全面掌握关于劳工权利保护、环境保护、数据和隐私保护、知识产权保护、反腐败、反贿赂、反垄断、反洗钱、反恐怖融资、贸易管制、财务税收等方面的具体要求。

第三章 合规管理架构

第十条 合规治理结构企业可结合发展需要建立权责清晰的合规治理结构,在决策、管理、执行三个层级上划分相应的合规管理责任。

(一)企业的决策层应以保证企业合规经营为目的,通过原则性顶层设计,解决合规管理工作中的权力配置问题。

(二)企业的高级管理层应分配充足的资源建立、制定、实施、评价、维护和改进合规管理体系。

(三)企业的各执行部门及境外分支机构应及时识别归口管理领域的合规要求,改进合规管理措施,执行合规管理制度和程序,收集合规风险信息,落实相关工作要求。

第十一条　合规管理机构

企业可根据业务性质、地域范围、监管要求等设置相应的合规管理机构。合规管理机构一般由合规委员会、合规负责人和合规管理部门组成。尚不具备条件设立专门合规管理机构的企业,可由相关部门(如法律事务部门、风险防控部门等)履行合规管理职责,同时明确合规负责人。

(一)合规委员会

企业可结合实际设立合规委员会,作为企业合规管理体系的最高负责机构。合规委员会一般应履行以下合规职责:

1. 确认合规管理战略,明确合规管理目标。

2. 建立和完善企业合规管理体系,审批合规管理制度、程序和重大合规风险管理方案。

3. 听取合规管理工作汇报,指导、监督、评价合规管理工作。

(二)合规负责人

企业可结合实际任命专职的首席合规官,也可由法律事务负责人或风险防控负责人等担任合规负责人。首席合规官或合规负责人是企业合规管理工作具体实施的负责人和日常监督者,不应分管与合规管理相冲突的部门。首席合规官或合规负责人一般应履行以下合规职责:

1. 贯彻执行企业决策层对合规管理工作的各项要求,全面负责企业的合规管理工作。

2. 协调合规管理与企业各项业务之间的关系,监督合规管理执行情况,及时解决合规管理中出现的重大问题。

3. 领导合规管理部门,加强合规管理队伍建设,做好人员选聘培养,监督合规管理部门认真有效地开展工作。

(三)合规管理部门

企业可结合实际设置专职的合规管理部门,或者由具有合规管理职能的相关部门承担合规管理职责。合规管理部门一般应履行以下合规职责:

1. 持续关注我国及业务所涉国家(地区)法律法规、监管要求和国际规则的最新发展,及时提供合规建议。

2. 制定企业的合规管理制度和年度合规管理计划,并推动其贯彻落实。

3. 审查评价企业规章制度和业务流程的合规性,组织、协调和监督各业务部门对规章制度和业务流程进行梳理和修订。

4. 组织或协助业务部门、人事部门开展合规培训,并向员工提供合规咨询。

5. 积极主动识别和评估与企业境外经营相关的合规风险,并监管与供应商、代理商、分销商、咨询顾问和承包商等第三方(以下简称"第三方")相关的合规风险。为新产品和新业务的开发提供必要的合规性审查和测试,识别和评估新业务的拓展、新客户关系的建立以及客户关系发生重大变化等所产生的合规风险,并制定应对措施。

6. 实施充分且具有代表性的合规风险评估和测试,查找规章制度和业务流程存在的缺陷,并进行相应的调查。对已发生的合规风险或合规测试发现的合规缺陷,应提出整改意见并监督有关部门进行整改。

7. 针对合规举报信息制定调查方案并开展调查。

8. 推动将合规责任纳入岗位职责和员工绩效管理流程。建立合规绩效指标,监控和衡量合规绩效,识别改进需求。

9. 建立合规报告和记录的台账,制定合规资料管理流程。

10. 建立并保持与境内外监管机构日常的工作联系,跟踪和评估监管意见和监管要求的落实情况。

第十二条　合规管理协调

(一)合规管理部门与业务部门分工协作

合规管理需要合规管理部门和业务部门密切配合。境外经营相关业务部门应主动进行日常合规管理工作,识别业务范围内的合规要求,制定并落实业务管理制度和风险防范措施,组织或配合合规管理部门进行合规审查和风险评估,组织或监督违规调查及整改工作。

（二）合规管理部门与其他监督部门分工协作

合规管理部门与其他具有合规管理职能的监督部门（如审计部门、监察部门等）应建立明确的合作和信息交流机制，加强协调配合，形成管理合力。企业应根据风险防控需要以及各监督部门的职责分工划分合规管理职责，确保各业务系统合规运营。

（三）企业与外部监管机构沟通协调

企业应积极与境内外监管机构建立沟通渠道，了解监管机构期望的合规流程，制定符合监管机构要求的合规制度，降低在报告义务和行政处罚等方面的风险。

（四）企业与第三方沟通协调

企业与第三方合作时，应做好相关的国别风险研究和项目尽职调查，深入了解第三方合规管理情况。企业应当向重要的第三方传达自身的合规要求和对对方的合规要求，并在商务合同中明确约定。

第四章　合规管理制度

第十三条　合规行为准则

合规行为准则是最重要、最基本的合规制度，是其他合规制度的基础和依据，适用于所有境外经营相关部门和员工，以及代表企业从事境外经营活动的第三方。合规行为准则应规定境外经营活动中必须遵守的基本原则和标准，包括但不限于企业核心价值观、合规目标、合规的内涵、行为准则的适用范围和地位、企业及员工适用的合规行事标准、违规的应对方式和后果等。

第十四条　合规管理办法

企业应在合规行为准则的基础上，针对特定主题或特定风险领域制定具体的合规管理办法，包括但不限于礼品及招待、赞助及捐赠、利益冲突管理、举报管理和内部调查、人力资源管理、税务管理、商业伙伴合规管理等内容。

企业还应针对特定行业或地区的合规要求，结合企业自身的特点和发展需要，制定相应的合规风险管理办法。例如金融业及有关行业的反洗钱及反恐怖融资政策，银行、通信、医疗等行业的数据和隐私保护政策等。

第十五条　合规操作流程

企业可结合境外经营实际，就合规行为准则和管理办法制定相应的合规操作流程，进一步细化标准和要求。也可将具体的标准和要求融入到现有的业务流程当中，便于员工理解和落实，确保各项经营行为合规。

第五章　合规管理运行机制

第十六条　合规培训

企业应将合规培训纳入员工培训计划，培训内容需随企业内外部环境变化进行动态调整。境外经营相关部门和境外分支机构的所有员工，均应接受合规培训，了解并掌握企业的合规管理制度和风险防控要求。决策层和高级管理层应带头接受合规培训，高风险领域、关键岗位员工应接受有针对性的专题合规培训。合规培训应做好记录留存。

第十七条　合规汇报

合规负责人和合规管理部门应享有通畅的合规汇报渠道。

合规管理部门应当定期向决策层和高级管理层汇报合规管理情况。汇报内容一般包括但不限于合规风险评估情况，合规培训的组织情况和效果评估，发现的违规行为以及处理情况，违规行为可能给组织带来的合规风险，已识别的合规漏洞或缺陷，建议采取的纠正措施，合规管理工作的整体评价和分析等。

如发生性质严重或可能给企业带来重大合规风险的违规行为，合规负责人或合规管理部门应当及时向决策层和高级管理层汇报，提出风险警示，并采取纠正措施。

第十八条　合规考核

合规考核应全面覆盖企业的各项管理工作。合规考核结果应作为企业绩效考核的重要依据，与评优评先、职务任免、职务晋升以及薪酬待遇等挂钩。

境外经营相关部门和境外分支机构可以制定单独的合规绩效考核机制，也可将合规考核标准融入到总体的绩效管理体系中。考核内容包括但不限于按时参加合规培训，严格执行合规管理制度，积极支持和配合合规管理机构工作，及时汇报合规风险等。

第十九条　合规咨询与审核

境外经营相关部门和境外分支机构及其员工在履职过程中遇到合规风险事项，应及时主动寻求合规咨询或审核支持。

企业应针对高合规风险领域规定强制合规咨询范围。在涉及重点领域或重要业务环节时,业务部门应主动咨询合规管理部门意见。

合规管理部门应在合理时间内答复或启动合规审核流程。

对于复杂或专业性强且存在重大合规风险的事项,合规管理部门应按照制度规定听取法律顾问、公司律师意见,或委托专业机构召开论证会后再形成审核意见。

第二十条　合规信息举报与调查

企业应根据自身特点和实际情况建立和完善合规信息举报体系。员工、客户和第三方均有权进行举报和投诉,企业应充分保护举报人。

合规管理部门或其他受理举报的监督部门应针对举报信息制定调查方案并开展调查。形成调查结论以后,企业应按照相关管理制度对违规行为进行处理。

第二十一条　合规问责

企业应建立全面有效的合规问责制度,明晰合规责任范围,细化违规惩处标准,严格认定和追究违规行为责任。

第六章　合规风险识别、评估与处置

第二十二条　合规风险

合规风险,是指企业或其员工因违规行为遭受法律制裁、监管处罚、重大财产损失或声誉损失以及其他负面影响的可能性。

第二十三条　合规风险识别

企业应当建立必要的制度和流程,识别新的和变更的合规要求。

企业可围绕关键岗位或者核心业务流程,通过合规咨询、审核、考核和违规查处等内部途径识别合规风险,也可通过外部法律顾问咨询、持续跟踪监管机构有关信息、参加行业组织研讨等方式获悉外部监管要求的变化,识别合规风险。

企业境外分支机构可通过聘请法律顾问、梳理行业合规案例等方式动态了解掌握业务所涉国家(地区)政治经济和法律环境的变化,及时采取应对措施,有效识别各类合规风险。

第二十四条　合规风险评估

企业可通过分析违规或可能造成违规的原因、来源、发生的可能性、后果的严重性等进行合规风险评估。

企业可根据企业的规模、目标、市场环境及风险状况确定合规风险评估的标准和合规风险管理的优先级。

企业进行合规风险评估后应形成评估报告,供决策层、高级管理层和业务部门等使用。评估报告内容包括风险评估实施概况、合规风险基本评价、原因机制、可能的损失、处置建议、应对措施等。

第二十五条　合规风险处置

企业应建立健全合规风险应对机制,对识别评估的各类合规风险采取恰当的控制和处置措施。发生重大合规风险时,企业合规管理机构和其他相关部门应协同配合,依法及时采取补救措施,最大程度降低损失。必要时,应及时报告有关监管机构。

第七章　合规评审与改进

第二十六条　合规审计

企业合规管理职能应与内部审计职能分离。企业审计部门应对企业合规管理的执行情况、合规管理体系的适当性和有效性等进行独立审计。审计部门应将合规审计结果告知合规管理部门,合规管理部门也可根据合规风险的识别和评估情况向审计部门提出开展审计工作的建议。

第二十七条　合规管理体系评价

企业应定期对合规管理体系进行系统全面的评价,发现和纠正合规管理贯彻执行中存在的问题,促进合规体系的不断完善。合规管理体系评价可由企业合规管理相关部门组织开展或委托外部专业机构开展。

企业在开展效果评价时,应考虑企业面临的合规要求变化情况,不断调整合规管理目标,更新合规风险管理措施,以满足内外部合规管理要求。

第二十八条　持续改进

企业应根据合规审计和体系评价情况,进入合规风险再识别和合规制度再制定的持续改进阶段,保障合规管理体系全环节的稳健运行。

企业应积极配合监管机构的监督检查,并根据监管要求及时改进合规管理体系,提高合规管理水平。

第八章　合规文化建设

第二十九条　合规文化培育

企业应将合规文化作为企业文化建设的重要内容。企业决策层和高级管理层应确立企业合规理念，注重身体力行。企业应践行依法合规、诚信经营的价值观，不断增强员工的合规意识和行为自觉，营造依规办事、按章操作的文化氛围。

第三十条　合规文化推广

企业应将合规作为企业经营理念和社会责任的重要内容，并将合规文化传递至利益相关方。企业应树立积极正面的合规形象，促进行业合规文化发展，营造和谐健康的境外经营环境。

中央企业合规管理办法

（2022年8月23日印发）

第一章　总　　则

第一条　为深入贯彻习近平法治思想，落实全面依法治国战略部署，深化法治央企建设，推动中央企业加强合规管理，切实防控风险，有力保障深化改革与高质量发展，根据《中华人民共和国公司法》《中华人民共和国企业国有资产法》等有关法律法规，制定本办法。

第二条　本办法适用于国务院国有资产监督管理委员会（以下简称国资委）根据国务院授权履行出资人职责的中央企业。

第三条　本办法所称合规，是指企业经营管理行为和员工履职行为符合国家法律法规、监管规定、行业准则和国际条约、规则，以及公司章程、相关规章制度等要求。

本办法所称合规风险，是指企业及其员工在经营管理过程中因违规行为引发法律责任、造成经济或者声誉损失以及其他负面影响的可能性。

本办法所称合规管理，是指企业以有效防控合规风险为目的，以提升依法合规经营管理水平为导向，以企业经营管理行为和员工履职行为为对象，开展的包括建立合规制度、完善运行机制、培育合规文化、强化监督问责等有组织、有计划的管理活动。

第四条 国资委负责指导、监督中央企业合规管理工作，对合规管理体系建设情况及其有效性进行考核评价，依据相关规定对违规行为开展责任追究。

第五条 中央企业合规管理工作应当遵循以下原则：

（一）坚持党的领导。充分发挥企业党委（党组）领导作用，落实全面依法治国战略部署有关要求，把党的领导贯穿合规管理全过程。

（二）坚持全面覆盖。将合规要求嵌入经营管理各领域各环节，贯穿决策、执行、监督全过程，落实到各部门、各单位和全体员工，实现多方联动、上下贯通。

（三）坚持权责清晰。按照"管业务必须管合规"要求，明确业务及职能部门、合规管理部门和监督部门职责，严格落实员工合规责任，对违规行为严肃问责。

（四）坚持务实高效。建立健全符合企业实际的合规管理体系，突出对重点领域、关键环节和重要人员的管理，充分利用大数据等信息化手段，切实提高管理效能。

第六条 中央企业应当在机构、人员、经费、技术等方面为合规管理工作提供必要条件，保障相关工作有序开展。

第二章 组织和职责

第七条 中央企业党委（党组）发挥把方向、管大局、促落实的领导作用，推动合规要求在本企业得到严格遵循和落实，不断提升依法合规经营管理水平。

中央企业应当严格遵守党内法规制度，企业党建工作机构在党委（党组）领导下，按照有关规定履行相应职责，推动相关党内法规制度有效贯彻落实。

第八条 中央企业董事会发挥定战略、作决策、防风险作用，主要履行以下职责：

（一）审议批准合规管理基本制度、体系建设方案和年度报告等。

（二）研究决定合规管理重大事项。

（三）推动完善合规管理体系并对其有效性进行评价。

（四）决定合规管理部门设置及职责。

第九条 中央企业经理层发挥谋经营、抓落实、强管理作用，主要履行以下职责：

（一）拟订合规管理体系建设方案，经董事会批准后组织实施。

（二）拟订合规管理基本制度，批准年度计划等，组织制定合规管理具体制度。

（三）组织应对重大合规风险事件。

（四）指导监督各部门和所属单位合规管理工作。

第十条　中央企业主要负责人作为推进法治建设第一责任人，应当切实履行依法合规经营管理重要组织者、推动者和实践者的职责，积极推进合规管理各项工作。

第十一条　中央企业设立合规委员会，可以与法治建设领导机构等合署办公，统筹协调合规管理工作，定期召开会议，研究解决重点难点问题。

第十二条　中央企业应当结合实际设立首席合规官，不新增领导岗位和职数，由总法律顾问兼任，对企业主要负责人负责，领导合规管理部门组织开展相关工作，指导所属单位加强合规管理。

第十三条　中央企业业务及职能部门承担合规管理主体责任，主要履行以下职责：

（一）建立健全本部门业务合规管理制度和流程，开展合规风险识别评估，编制风险清单和应对预案。

（二）定期梳理重点岗位合规风险，将合规要求纳入岗位职责。

（三）负责本部门经营管理行为的合规审查。

（四）及时报告合规风险，组织或者配合开展应对处置。

（五）组织或者配合开展违规问题调查和整改。

中央企业应当在业务及职能部门设置合规管理员，由业务骨干担任，接受合规管理部门业务指导和培训。

第十四条　中央企业合规管理部门牵头负责本企业合规管理工作，主要履行以下职责：

（一）组织起草合规管理基本制度、具体制度、年度计划和工作报告等。

（二）负责规章制度、经济合同、重大决策合规审查。

（三）组织开展合规风险识别、预警和应对处置，根据董事会授权开展合规管理体系有效性评价。

（四）受理职责范围内的违规举报，提出分类处置意见，组织或者参与对违规行为的调查。

（五）组织或者协助业务及职能部门开展合规培训，受理合规咨询，推进合规管理信息化建设。

中央企业应当配备与经营规模、业务范围、风险水平相适应的专职合规管理人员，加强业务培训，提升专业化水平。

第十五条 中央企业纪检监察机构和审计、巡视巡察、监督追责等部门依据有关规定，在职权范围内对合规要求落实情况进行监督，对违规行为进行调查，按照规定开展责任追究。

第三章 制度建设

第十六条 中央企业应当建立健全合规管理制度，根据适用范围、效力层级等，构建分级分类的合规管理制度体系。

第十七条 中央企业应当制定合规管理基本制度，明确总体目标、机构职责、运行机制、考核评价、监督问责等内容。

第十八条 中央企业应当针对反垄断、反商业贿赂、生态环保、安全生产、劳动用工、税务管理、数据保护等重点领域，以及合规风险较高的业务，制定合规管理具体制度或者专项指南。

中央企业应当针对涉外业务重要领域，根据所在国家（地区）法律法规等，结合实际制定专项合规管理制度。

第十九条 中央企业应当根据法律法规、监管政策等变化情况，及时对规章制度进行修订完善，对执行落实情况进行检查。

第四章 运行机制

第二十条 中央企业应当建立合规风险识别评估预警机制，全面梳理经营管理活动中的合规风险，建立并定期更新合规风险数据库，对风险发生的可能性、影响程度、潜在后果等进行分析，对典型性、普遍性或者可能产生严重后果的风险及时预警。

第二十一条 中央企业应当将合规审查作为必经程序嵌入经营管理流程，重大决策事项的合规审查意见应当由首席合规官签字，对决策事项的合规性提出明确意见。业务及职能部门、合规管理部门依据职责权限完善审查标准、流程、重点等，定期对审查情况开展后评估。

第二十二条 中央企业发生合规风险，相关业务及职能部门应当及时采取应对措施，并按照规定向合规管理部门报告。

中央企业因违规行为引发重大法律纠纷案件、重大行政处罚、刑事案件，或者被国际组织制裁等重大合规风险事件，造成或者可能造成企业重大资产损失或者严重不良影响的，应当由首席合规官牵头，合规管理部门统筹协调，相关部门协同配合，及时采取措施妥善应对。

中央企业发生重大合规风险事件，应当按照相关规定及时向国资委报告。

第二十三条 中央企业应当建立违规问题整改机制，通过健全规章制度、优化业务流程等，堵塞管理漏洞，提升依法合规经营管理水平。

第二十四条 中央企业应当设立违规举报平台，公布举报电话、邮箱或者信箱，相关部门按照职责权限受理违规举报，并就举报问题进行调查和处理，对造成资产损失或者严重不良后果的，移交责任追究部门；对涉嫌违纪违法的，按照规定移交纪检监察等相关部门或者机构。

中央企业应当对举报人的身份和举报事项严格保密，对举报属实的举报人可以给予适当奖励。任何单位和个人不得以任何形式对举报人进行打击报复。

第二十五条 中央企业应当完善违规行为追责问责机制，明确责任范围，细化问责标准，针对问题和线索及时开展调查，按照有关规定严肃追究违规人员责任。

中央企业应当建立所属单位经营管理和员工履职违规行为记录制度，将违规行为性质、发生次数、危害程度等作为考核评价、职级评定等工作的重要依据。

第二十六条 中央企业应当结合实际建立健全合规管理与法务管理、内部控制、风险管理等协同运作机制，加强统筹协调，避免交叉重复，提高管理效能。

第二十七条 中央企业应当定期开展合规管理体系有效性评价，针对重点业务合规管理情况适时开展专项评价，强化评价结果运用。

第二十八条 中央企业应当将合规管理作为法治建设重要内容，纳入对所属单位的考核评价。

第五章 合规文化

第二十九条 中央企业应当将合规管理纳入党委（党组）法治专题学习，推动企业领导人员强化合规意识，带头依法依规开展经营管理活动。

第三十条 中央企业应当建立常态化合规培训机制，制定年度培训计划，将合规管理作为管理人员、重点岗位人员和新入职人员培训必修内容。

第三十一条 中央企业应当加强合规宣传教育，及时发布合规手册，组织签订合规承诺，强化全员守法诚信、合规经营意识。

第三十二条 中央企业应当引导全体员工自觉践行合规理念，遵守合规要求，接受合规培训，对自身行为合规性负责，培育具有企业特色的合规文化。

第六章 信息化建设

第三十三条 中央企业应当加强合规管理信息化建设，结合实际将合规制度、典型案例、合规培训、违规行为记录等纳入信息系统。

第三十四条 中央企业应当定期梳理业务流程，查找合规风险点，运用信息化手段将合规要求和防控措施嵌入流程，针对关键节点加强合规审查，强化过程管控。

第三十五条 中央企业应当加强合规管理信息系统与财务、投资、采购等其他信息系统的互联互通，实现数据共用共享。

第三十六条 中央企业应当利用大数据等技术，加强对重点领域、关键节点的实时动态监测，实现合规风险即时预警、快速处置。

第七章 监督问责

第三十七条 中央企业违反本办法规定，因合规管理不到位引发违规行为的，国资委可以约谈相关企业并责成整改；造成损失或者不良影响的，国资委根据相关规定开展责任追究。

第三十八条 中央企业应当对在履职过程中因故意或者重大过失应当发现而未发现违规问题，或者发现违规问题存在失职渎职行为，给企业造成损失或者不良影响的单位和人员开展责任追究。

第八章 附则

第三十九条 中央企业应当根据本办法，结合实际制定完善合规管理制度，推动所属单位建立健全合规管理体系。

第四十条 地方国有资产监督管理机构参照本办法，指导所出资企业加强合规管理工作。

第四十一条 本办法由国资委负责解释。

第四十二条 本办法自2022年10月1日起施行。

附录三：合规管理体系国家标准

合规管理体系　要求及使用指南（GB/T 35770—2022）

前　言

本文件按照 GB/T 1.1—2020《标准化工作导则　第 1 部分：标准化文件的结构和起草规则》的规定起草。

本文件代替 GB/T 35770—2017《合规管理体系　指南》，与 GB/T 35770—2017 相比，除结构调整和编辑性改动外，主要技术变化如下：

——更改了文件类型，由指南类管理体系标准修改为要求类管理体系标准；

——修改了方针、过程、要求、合格、不合格、纠正措施、审核、测量、监视、治理机构、合规风险、合规义务、合规、不合规、程序的术语和定义（见 3.5、3.8、3.14、3.15、3.16、3.17、3.18、3.19、3.20、3.21、3.24、3.25、3.26、3.27、3.31，2017 年版的 2.8、2.10、2.13、2.32、2.33、2.35、2.31、2.30、2.29、2.4、2.12、2.16、2.17、2.18、2.25）。

本文件等同采用 ISO 37301：2021《合规管理体系　要求及使用指南》。与 ISO 37301：2021 相比，本文件做了下列最小限度的编辑性改动：

——术语 3.14 增加了注，对要求做了进一步解释；

——术语 3.28 增加了注，对组织价值观进行了解释；

——考虑到本文件在我国的适用性，增加了附录 NA（资料性）。

请注意本文件的某些内容可能涉及专利。本文件的发布机构不承担识别专利的责任。

本文件由中国标准化研究院提出并归口。

本文件起草单位：中国标准化研究院、北京大成律师事务所、中国石油天然气集团有限公司、中标合信（北京）认证有限公司、中建科技集团有限公司、北京在礼合规信息技术有限公司、北京大成(上海)律师事务所、中国工商银行股份有限公司、中国质量认证中心、通标标准技术服务有限公司、中国信息通信研究院、北京康柏汉森医药科技咨询有限责任公司、北京申永企业管理咨询有限公司、上海段和段律师事务所、山东鲁源节能认证技术工程有限公司。

本文件主要起草人：王益谊、杜晓燕、徐永前、吴学静、蒋汉才、李近宇、王耕杰、王超、张利宾、李铁男、胡国辉、陈立彤、樊光中、牛娜娜、张怡、王培勋、辛斌、李文宇、刘翠东、任建芝、刘红霞、卢博宇、姚竹新、吕菊萍、张波、温利峰、张大春、尹云霞、逄华。

本文件所代替文件的历次版本发布情况为：

——2017 年首次发布为 GB/T 35770—2017；

——本次为第一次修订。

引　言

为获得长远发展，组织需基于相关方的需要和期望确立并维护合规文化。因此，合规是实现组织成功和持续发展的基石和机会。

合规是一个持续的过程，也是组织履行其义务的结果。合规的可持续性体现在将合规融入组织文化以及为组织工作的人的行为和意识。合规管理在保持独立性的同时，最好与组织的其他管理过程、运行需求和程序相结合。

一个全面有效的合规管理体系，能证实组织承诺并致力于遵守相关法律、监管要求、行业准则和组织标准，以及良好治理标准、普遍接受的最佳实践、道德规范和社区期望。

组织的领导层运用核心价值观、普遍接受的良好治理方法、道德规范和社会准则来塑造组织的合规之道。将合规融入为组织工作人员的行为取决于组织各层级的领导作用、组织的清晰价值观以及组织对促进合规行为措施的认可和实施。如果组织的各层级不能做到上述各点，则面临不合规的风险。在许多司法管辖区，法官在对违反相关法律的行为做出适当处罚的决定时，根据组织的合规管理体系考虑了其合规承诺。因此，监管部门和司法机构也能利用本文件对标而受益。

通过推行具有约束力和价值观和实施适当的合规管理，组织将更加确信其可以有效维护自身诚信，避免或尽量减少违反组织的合规义务。因此，诚信和有效合规是组织实现良好勤勉管理的关键要素。合规还有助于组织履行社会责任。

本文件的目标之一是协助组织开发和传播积极的合规文化。建议组织将合规相关风险的有效及合规管理视为可追求和利用的机会,因其为组织提供下列优势:

——增加业务机会、促进可持续发展;

——保护并提升组织的声誉和信誉;

——考虑各相关方的期望;

——证实组织切实有效管理其合规风险的承诺;

——提升第三方对组织取得持续成功的信心;

——最大限度地降低违规行为导致风险及相应地成本和声誉损失。

本文件规定了合规管理体系的要求,并提供了使用指南和推荐做法。本文件中要求与指南旨在具有适应性,根据组织合规管理体系规模和成熟度的不同,以及组织活动和目标所处的环境、性质及其复杂程度的不同,其实施方式有所不同。

本文件适用于加强其他管理体系的合规相关要求的履行,有助于提升组织对所有合规义务的统筹管理。

图 1　概述了合规管理体系的常见要件。

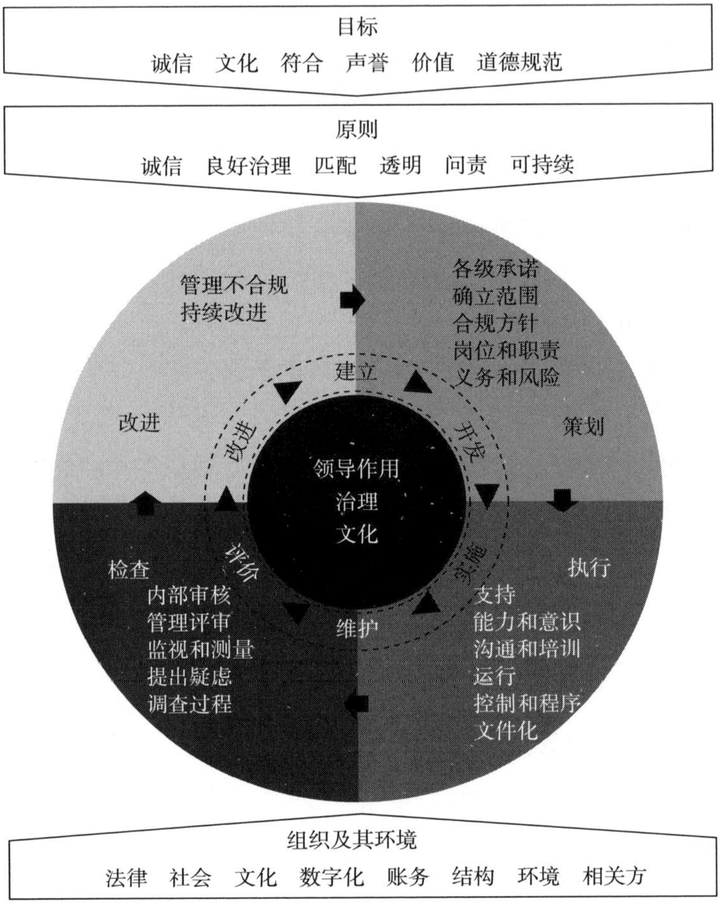

图1　合规管理体系要件

本文件使用如下能愿动词：

——“应”表示要求；

——“宜”表示推荐；

——“可”表示允许；

——“能”表示能力或可能性。

本文件“注”的信息是理解或说明相关要求的指南。

附录A提供了本文件的使用指南，附录NA提供了本文件的补充使用指南。

合规管理体系要求及使用指南

1 范　　围

本文件规定了组织建立、开发、实施、评价、维护和改进有效的合规管理体系的要求,并提供了指南。

本文件适用于所有类型的组织,不论其类型、规模、性质,也不论其是公共的、私营的或非营利性的。

如果组织内没有设立独立的治理机构,则本文件中规定的所有关于治理机构的要求都适用于最高管理者。

2 规范性引用文件

本文件没有规范性引用文件。

3 术语和定义

下列术语和定义适用于本文件。

3.1

组织 organization

为实现目标(3.6),由职责、权限和相互关系构成自身功能的一个人或一组人。

注1:组织的概念包括但不限于个体经营者、公司、集团公司、商行,企事业单位、行政机构、合伙企业、慈善机构或研究机构,或上述组织的部分或组合,无论是否具有法人资格,公有或私有。

注2:如果组织是大型实体的某个组成部分,那么,术语“组织”仅指在合规管理体系(3.4)范围内的这个组成部分。

3.2

相关方 interested party(优先术语)

利益相关方 stakeholder(许用术语)

能够影响决策或活动、受决策或活动影响或自认为受决策或活动影响的个人或组织(3.1)。

3.3

最高管理者 top management

在最高层指挥和控制组织(3.1)的一个人或一组人。

注1:最高管理者有权在组织内部授权和提供资源。

注2:如果管理体系(3.4)的范围仅覆盖组织的某个组成部分,那么最高管理者是指挥和控制该部分的一个人或一组人。

注3:本文件中,“最高管理者”指最高级别的执行管理层。

3.4

管理体系 management system

组织(3.1)为确立方针(3.5)和目标(3.6)以及实现这些目标的过程(3.8)所形成的相互关联或相互作用的一组要件。

注1:一个管理体系可能针对一个或几个主题。

注2:管理体系要件包括组织的结构、岗位和职责、策划和运行。

3.5

方针 policy

由最高管理者(3.3)正式表述的组织(3.1)的意图和方向。

注:方针也可能由组织的治理机构(3.21)正式表述。

3.6

目标 objective

要实现的结果。

注1:目标可能是战略的、战术的或运行的。

注2:目标可能涉及不同的主题(如财务、健康和安全、环境)。它们可能存在于不同层面,诸如组织整体层面或项目、产品、服务或过程(3.8)层面。

注3:目标能够用其他方式表述,如:预期的结果、宗旨、运行准则,合规(3.26)目标或使用其他有类似含义的词(如:终点或指标)。

注4:在合规管理体系(3.4)中,组织(3.1)设定的合规目标与合规方针(3.5)保持一致,以实现特定的结果。

3.7

风险 risk

不确定性对目标(3.6)的影响。

注1：影响是对预期的偏离——正面的或负面的。

注2：不确定性是一种状态，是指对某个事件、事件的后果或可能性缺乏甚至部分缺乏相关信息、理解或知识。

注3：通常，风险以潜在事件（见ISO Guide 73的定义）和后果（见ISO Guide 73的定义）或二者的组合来描述其特性。

注4：通常，风险以某个事件的后果（包括情况的变化）及其发生的可能性（见ISO Guide 73的定义）的组合来表述。

3.8

过程 process

使用或转化输入以实现结果的一组相互关联或相互作用的活动。

注：某个过程的结果是称为输出，还是称为产品或服务，取决于相关语境。

3.9

能力 competence

应用知识和技能实现预期结果的本领。

3.10

文件化信息 documented information

组织（3.1）需要控制和维护的信息及其载体。

注1：文件化信息能够以任何形式和载体存在，且来源不限。

注2：文件化信息可能涉及：

——管理体系（3.4），包括相关过程（3.8）；

——为组织运行而创建的信息（文件）；

——实现的结果的证据（记录）。

3.11

绩效 performance

可测量的结果。

注1：绩效可能涉及定量的或定性的结果。

注2：绩效可能与活动、过程（3.8）、产品、服务、体系或组织（3.1）的管理有关。

3.12

持续改进 continual improvement

提高绩效（3.11）的循环活动。

3.13

有效性 effectiveness

完成策划的活动和实现策划的结果的程度。

3.14

要求/需求 requirement

规定的、不言而喻的或有义务履行的需要或期望。

注1：不言而喻的或有义务履行的需要或期望是指需求。其中，“不言而喻”是指组织（3.1）和相关方（3.2）的惯例或一般做法，不言而喻的需要或期望是不用说就明白的。

注2：规定的需要或期望是指要求，也就是符合 GB/T 1.1—2020 中定义的要求，即表达声明符合该文件需要满足的客观可证实的准则。

注3：规定的需要或期望是指要求，例如文件化信息（3.10）中。

3.15

符合 conformity

满足要求（3.14）。

3.16

不符合 nonconformity

未满足要求（3.14）。

注：不符合不一定是不合规（3.27）。

3.17

纠正措施 corrective action

为了消除不符合（3.16）的原因并预防再次发生所采取的措施。

3.18

审核 audit

获取审核证据并对其进行客观评价，以确定审核准则满足程度所进行的系统的、独立的过程（3.8）。

注1：审核可能为内部（第一方）审核或外部［第二方或第三方（3.30）］审核，也可能为多体系审核（合并两个或多个主题）。

注2：内部审核由组织（3.1）自行实施或代表组织的外部机构实施。

注3：“审核证据”和“审核准则”的定义见 ISO 19011。

注 4：独立性能通过对正在被审核的活动免于承担责任或无偏见和利益冲突来证实。

3.19

测量 measurement

确定数值的过程(3.8)。

3.20

监视 monitoring

确定体系、过程(3.8)或活动的状态。

注：确定状态可能需要检查、监督或严格观察。

3.21

治理机构 governing body

对组织(3.1)的活动、治理、方针(3.5)负有最终职责和权限的一个人或一组人，最高管理者(3.3)向其报告并对其负责。

注 1：并不是所有的组织，尤其是小型组织，都会有一个独立于最高管理者的治理机构。

注 2：治理机构可能包括但不限于董事会、董事会委员会、监事会或受托人。

3.22

人员 personnel

在国家法律或实践中被确认为工作关系的个人，或依赖于组织(3.1)活动的任何合同关系中的个人。

3.23

合规团队 compliance function

对合规(3.26)管理体系(3.4)运行负有职责、享有权限的一个人或一组人。

注：最好指定一人负责合规管理体系的监督。

3.24

合规风险 compliance risk

因未遵守组织(3.1)合规义务(3.25)而发生不合规(3.27)的可能性及其后果。

3.25

合规义务 compliance obligations

组织(3.1)强制性地必须遵守的要求(3.14)，以及组织自愿选择遵守的要求。

3.26

合规 compliance

履行组织(3.1)的全部合规义务(3.25)。

3.27

不合规 noncompliance

未履行合规义务(3.25)。

3.28

合规文化 compliance culture

贯穿整个组织(3.1)的价值观、道德规范、信仰和行为(3.29),并与组织结构和控制系统相互作用,产生有利于合规(3.26)的行为规范。

注:价值观是组织所崇尚的文化的核心,是组织行为的基本原则。

3.29

行为 conduct

影响顾客、员工、供应商、市场和社区结果的举动和实践。

3.30

第三方 third party

独立于组织(3.1)的个人或机构。

注:所有业务伙伴都是第三方,但并非所有第三方都是业务伙伴。

3.31

程序 procedure

为进行某项活动或过程(3.8)所规定的途径。

[来源:GB/T 19000—2016,3.4.5]

4 组织环境

4.1 理解组织及其环境

组织应确定与其宗旨相关的,并影响其实现合规管理体系预期结果的能力的内部和外部事项。

为此,组织应结合诸多事项,包括但不限于:

——业务模式,包括组织活动和运行的战略、性质、规模、复杂性和可持续性；

——与第三方业务关系的性质和范围；

——法律和监管环境；

——经济状况；

——社会、文化、环境背景；

——内部结构、方针、过程、程序和资源，包括技术；

——自身的合规文化。

4.2 理解相关方的需要和期望

组织应确定：

——与合规管理体系有关的相关方；

——这些相关方的有关需求；

——哪些需求将通过合规管理体系予以解决。

4.3 确定合规管理体系的范围

组织应确定合规管理体系的边界和适用性，以确立其范围。

注：合规管理体系的范围旨在理清组织面临的主要合规风险，以及合规管理体系适用的地理和/或组织边界，尤其当组织是较大实体的一部分时。

组织应根据以下内容确定合规管理体系的范围：

——4.1 提及的内部和外部事项；

——4.2、4.5 和 4.6 提及的需求。

范围应作为文件化信息可获取。

4.4 合规管理体系

组织根据本文件的要求，应建立、实施、维护和持续改进合规管理体系，包括所需的过程及其相互作用。

合规管理体系应反映组织的价值观、目标、战略和合规风险，并且应结合组织环境（见 4.1）。

4.5 合规义务

组织应系统识别来源于组织活动、产品和服务的合规义务，并评估其对运行所产生的影响。

组织应建立过程以：

a）识别新增及变更的合规义务，确保持续合规；

b）评价已识别的变更的义务所产生的影响，并对合规义务管理实施必要的调整。

组织应维护其合规义务的文件化信息。

4.6 合规风险评估

组织应基于合规风险评估，识别、分析和评价其合规风险。

组织应通过将其合规义务与活动、产品、服务以及运行的相关方面关联，来识别合规风险。

组织应评估与外包的和第三方的过程相关的合规风险。

组织应定期评估合规风险，并在组织环境发生重大变化时进行评估。

组织应保留有关合规风险评估和应对合规风险措施的文件化信息。

5 领导作用

5.1 领导作用和承诺

5.1.1 治理机构和最高管理者

治理机构和最高管理者应通过以下方面证实其对合规管理体系的领导作用和承诺：

——确保合规方针和合规目标得以确立，并与组织的战略方向一致；

——确保将合规管理体系要求融入组织的业务过程；

——确保合规管理体系所需的资源可获取；

——就有效的合规管理的重要性以及符合合规管理体系要求的重要性进行沟通；

——确保合规管理体系实现其预期结果；

——指导和支持人员为合规管理体系的有效性做出贡献；

——促进持续改进；

——支持其他相关岗位在职责范围内证实其领导作用。

注：本文件中提到的“业务”能够广义地理解为涉及组织宗旨地那些核心活动。

治理机构和最高管理者应：

——确立和坚持组织地价值观；

——确保制定并实施方针、过程和程序，以实现合规目标；

——确保能及时获知合规事件，包括不合规情况，并确保采取适当措施；

——确保维护合规承诺，并妥善处理不合规和不合规行为；

——视情况确保合规责任在工作职责说明中得到体现；

——任命或提名合规团队（见 5.3.2）；

——确保根据 8.3 确立了提出和解决疑虑地机制。

5.1.2　合规文化

组织应在其内部各个层级建立、维护并推进合规文件。

治理机构、最高管理者和管理者应证实，对于整个组织所要求地共同行为准则，其做出了积极的、明示的、一致且持续的承诺。

最高管理者应鼓励创建和支持合规的行为，应阻止且不容忍损害合规的行为。

5.1.3　合规治理

治理机构和最高管理者应确保下列原则得到实施：

——合规团队应能直接接触治理机构；

——合规团队的独立性；

——合规团队具有适当的权限和能力。

注 1：直接接触包括：向治理机构的直接汇报线、定期提交报告以及参加其会议。

注 2：独立性是指合规团队的运行不受任何不当干扰和/或压力。

5.2　合规方针

治理机构和最高管理者应确立合规方针，该方针：

a）适合于组织的宗旨；

b）为设定合规目标提供框架；

c）包括满足适用需求的承诺；

d）包括持续改进合规管理体系的承诺。

合规方针应：

——与组织的价值观、目标和战略保持一致；

——要求遵守组织的合规义务；

——根据 5.1.3 支持合规治理原则；

——提及并描述合规职能；

——概述不遵守组织的合规义务、方针、过程和程序的后果；

——鼓励提出疑虑，并且禁止任何形式的报复；

——用通俗易懂的语言书写，易于所有人员理解其原则和意图；

——被适当地实施和执行；

——作为文件化信息可获取；

——在组织内予以沟通；

——视情况，可被相关方获取。

5.3 岗位、职责和权限

5.3.1 治理机构和最高管理者

治理机构和最高管理者应确保在组织内分配并沟通相关岗位的职责和权限。

治理机构和最高管理者应分配职责和权限，以便：

a)确保合规管理体系符合本文件的要求；

b)获得合规管理体系绩效的报告。

治理机构应：

——确保根据合规目标的实现情况对最高管理者进行衡量；

——对最高管理者运行合规管理体系的情况进行监督。

最高管理者应：

——为建立、制定、实施、评价、维护和改进合规管理体系配置足够且适当的资源；

——确保建立及时有效的合规绩效报告制度；

——确保战略和运行目标与合规义务相协同；

——确立和维护问责机制，包括纪律处分和结果；

——确保合规绩效与人员绩效考核挂钩。

5.3.2 合规团队

合规团队应负责合规管理体系的运行，包括：

——推进识别合规义务；

——编制合规风险评估文件(见4.6)；

——使合规管理体系与合规目标保持一致；

——监视和测量合规绩效；

——分析和评价合规管理体系的绩效,以确认是否需要采取纠正措施;
——确立合规报告和文件化制度;
——确保按策划的时间间隔对合规管理体系进行评审(见9.2和9.3);
——确立提出疑虑和确保疑虑得到解决的制度。

合规团队应监督:
——履行已识别的合规义务的职责在整个组织内得到适当分配;
——合规义务与方针、过程和程序的整合;
——所有相关人员按要求接受培训;
——确立合规绩效指标。

合规团队应:
——使人员可获得与合规方针、过程和程序有关的资源;
——就合规相关事项向组织提供建议。

注:合规团队的特定职责并不免除其他人员的合规责任。

组织应确保合规团队能接触:
——高级决策者,并有机会在决策早期提出建议;
——组织的所有层级;
——所有人员、文件化信息和所需的数据;
——专家关于相关法律、法规、准则和组织标准提出的建议。

5.3.3 管理者

管理者应通过以下方式对其职责范围内的合规工作负责:
——配合和支持合规团队,并鼓励人员也这么做;
——确保在其控制下的所有人员都遵守组织的合规义务、方针、过程和程序;
——识别其运行中的合规风险并进行沟通;
——在其职责范围内将合规义务融入现有的业务实践和程序;
——参加并协助合规培训活动;
——培养人员的合规意识,指导他们满足培训和能力要求;
——鼓励并支持人员提出合规疑虑,并防止任何形式的报复;
——根据要求积极参与合规相关事件和事项的管理、解决;
——确保一经确认需要采取纠正措施释时,适当的纠正措施能够得到推荐和实施。

5.3.4 人员

所有人员应：

——遵守组织的合规义务、方针、过程和程序；

——报告合规疑虑、问题和漏洞；

——根据要求参加培训。

6 策 划

6.1 应对风险和机会的措施

在策划合规管理体系时，组织应根据4.1提及的事项和4.2提及的需求，并确定需要应对的风险和机会，以便：

——确保合规管理体系能够实现逾期结果；

——预防或减少不利影响；

——实现持续改进。

在策划合规管理体系时，组织应结合：

——其合规目标(见6.2)；

——经识别的合规义务(见4.5)；

——合规风险评估结果(见4.6)。

组织应策划以下活动：

a)应对这些风险和机会的措施；

b)如何：

1)将措施纳入合规管理体系过程并实施，

2)评价这些措施的有效性。

6.2 合规目标及其实现的策划

组织应在相关职能和层级上确立合规目标。

合规目标应：

a)与合规方针一致；

b)可测量(如果可行)；

c)体现适用的需求；

d)予以监视；

e)予以沟通;

f)视情况予以更新;

g)作为文件化信息可获取。

策划如何实现合规目标时,组织应确定:

——要做什么;

——需要什么资源;

——由谁负责;

——何时完成;

——如何评价结果。

6.3 针对变更的策划

当组织确定需要变更合规管理体系时,应对这些变更的实施进行策划。组织应结合:

——变更目的及其潜在后果;

——合规管理体系设计和运行的有效性;

——足够的资源的可获取性;

——职责和权限的分配或再分配。

7 支 持

7.1 资源

为建立、实施、维护和持续改进合规管理体系,组织应确定并提供所需的资源。

7.2 能力

7.2.1 通则

组织应:

——确定在其控制下工作、影响合规绩效的人员所需的能力;

——确保这些人员在适当的教育、培训或经验的基础上胜任工作;

——适用时,采取措施获得所需的能力,并评价所采取措施的有效性。

适当的文件化信息应作为能力证据可获取。

注:适当的措施可能包括,例如:向现有人员提供培训、指导或重新分配工作;或者聘用或劳务雇用能够胜任的人员。

7.2.2 聘用过程

组织应针对其所有人员开发、确立、实施和维护以下过程：

a)要求人员遵守组织的合规义务、方针、过程和程序，作为人员的聘用条件；

b)在聘用后的适当期间内，新聘用人员能获得合规方针的副本或者有渠道获得合规方针，并获得关于合规方针的培训；

c)对于违反组织合规义务、方针、过程和程序的人员，应采取适当的纪律处分。

作为聘用过程的一部分，组织应结合岗位和人员可能引发的合规风险，在任何聘用、调动和晋升之前按要求进行尽职调查。

组织应实施对绩效目标、绩效奖金和其他激励措施进行定期评审的过程，以验证是否有适当的措施来防止鼓励不合规。

7.2.3 培训

组织应定期对有关人员进行培训，培训应在聘用开始时和组织策划的时间间隔实施。

培训应：

a)适合于人员的岗位及其面临的合规风险；

b)进行有效性评估；

c)进行定期评审。

结合已识别的合规风险，组织应确保实施程序对代表组织开展业务并可能给组织带来合规风险的第三方进行培训，提高其合规意识。

培训记录应作为文件化信息予以保留。

7.3 意识

在组织控制下工作的人员应知道：

——合规方针；

——他们对合规管理体系有效性的贡献，包括改善合规绩效带来的效益；

——不符合合规管理体系要求的后果；

——提出合规疑虑的方法和程序(见8.3)；

——工作岗位的合规义务与合规方针的关系；

——支持合规文化的重要性。

7.4 沟通

组织应确定与合规管理体系有关的内部和外部沟通，包括：

a)沟通什么；

b)何时沟通；

c)与谁沟通；

d)如何沟通。

组织应：

——结合沟通需求，综合考虑沟通的多样性和潜在障碍；

——确立沟通的过程，确保结合了相关方的意见；

——在确立沟通过程时：

· 应将其合规文化、合规目标和义务纳入沟通内容；

· 应确保所沟通的合规信息与来源于合规管理体系的信息一致且可信；

——对与合规管理体系相关的沟通内容进行回应；

——视情况，保留文件化信息作为其沟通的证据；

——在组织的各层级和职能内部沟通与合规管理体系有关的信息，视情况包括合规管理体系的变更；

——确保人员能在沟通过程中为合规管理体系的持续改进做出贡献；

——确保人员能在沟通过程中提出合规疑虑(见8.3)；

——通过组织确立的沟通过程，对外沟通包括其合规文化、合规目标和义务在内的与合规管理体系相关的信息。

7.5 文件化信息

7.5.1 通则

组织的合规管理体系应包括：

a)本文件要求的文件化信息；

b)组织确定的，对于合规管理体系有效性所必需的文件化信息。

注：不同组织的合规管理体系文件化信息的程度可能不同，取决于：

——组织的规模及其活动、过程、产品和服务的类型；

——过程及其相互作用的复杂度；

——人员的能力。

7.5.2 文件化信息的创建和更新

在创建和更新文件化信息时，组织应确保适当的：

——标记和说明(例如，标题、日期、作者或文件编号)；

——形式（例如，语言文字、软件版本、图形）和载体（例如，纸质的、电子的）；

——针对适宜性和充分性的评审和批准。

7.5.3 文件化信息的控制

应控制合规管理体系和本文件要求的文件化信息，以确保其：

a）在需要的场所和时间均可获得并适于使用；

b）得到充分保护（例如，防止泄密、不当使用或完整性受损）。

为了控制文件化信息，组织应开展以下适用的活动：

——分发、访问、检索和使用；

——存储和防护，包括保持易读性；

——对变更的控制（例如，版本控制）；

——保留和处置。

对于组织确定的，策划和运行合规管理体系必要的、来自外部的文件化信息，应视情况进行识别，并予以控制。

注：访问可能意味着只允许查看文件化信息的权限，或者允许并授权查看和变更文件化信息的权限。

8 运　行

8.1 运行的策划和控制

为满足要求和实施第6章确定的措施，组织应通过以下方式策划、实施和控制所需的过程：

——对过程确立准则；

——按照准则对过程实施控制。

文件化信息应根据必要程度可获取，以便确认过程已按照策划得到实施。

组织应控制已策划的变更，并评审非预期变更的后果，必要时采取措施减轻不利影响。

组织应确保与合规管理体系相关的，由外部提供的产品、过程或服务受控。

注：对组织运行的外包不会免除组织的法律责任或合规义务。

组织应确保第三方过程得到控制和监视。

8.2 确立控制和程序

组织应实施控制以管理其合规义务和相关合规风险。应对这些控制进行维护、定期评审和测试，以确保其持续有效。

注：测试控制是指实施经过设计的活动以检验控制是否按照既定目的运行，或者不能被规避，或者切实有效地降低风险的后果或可能性。

8.3 提出疑虑

组织应确立、实施并维护一个报告过程，以鼓励和促进（在有合理理由相信信息真实的情况下）报告试图、涉嫌或实际存在的违反合规方针或合规义务的行为。

该过程应：

——在整个组织内可见并可访问；

——对报告保密；

——接受匿名报告；

——保护报告者免于遭受打击报复；

——便于人员获得建议。

组织应确保所有人员了解报告程序、了解其自身的权利和保障机制，并能运用相关程序。

8.4 调查过程

组织应开发、确立、实施并维护过程，以评估、评价、调查有关涉嫌或实际的不合规情形的报告，并做出结论。这些过程应确保能公平、公正的做出决定。

调查过程应由具备相应能力的人员独立进行，且避免利益冲突。

组织应视情况利用调查结果改进合规管理体系（见第10章）。

组织应定期向治理机构或最高管理者报告调查的次数和结果。

组织应保留有关调查的文件化信息。

9 绩效评价

9.1 监视、测量、分析和评价

9.1.1 通则

组织应对合规管理体系进行监视，以确保实现合规目标。

组织应确定：

——需要监视和测量什么；

——适用的监视、测量、分析和评价的方法，以确保有效的结果；

——何时实施监视和测量;

——何时对监视和测量的结果进行分析和评价。

文件化信息应作为结果证据可获取。

组织应评价合规绩效和合规管理体系的有效性。

9.1.2 合规绩效的反馈来源

组织应确立、实施、评价和维护能够使其从多种渠道寻求并获取合规绩效反馈的过程。组织应对信息进行分析和严格评估,以确认不合规的根本原因,确保采取适当的措施,并在4.6要求的定期风险评估中反映上述信息。

9.1.3 指标的开发

组织应开发、实施和维护一套适当的指标,以帮助组织评价其合规目标的实现情况并评估合规绩效。

9.1.4 合规报告

组织应确立、实施和维护合规报告的过程,以确保:

a)界定适当的报告准则;

b)确立定期报告的时间表;

c)实施非常规报告机制以便于临时报告;

d)实施保证信息准确性和完整性的机制和过程;

e)向组织中合适的职能或板块提供准确和完整的信息,以便及时采取预防、纠正和补救措施。合规团队向治理机构或最高管理者提交的任何报告内容均应受到充分保护,以防止被修改。

9.1.5 记录保存

组织应保留合规活动准确且实时的记录,以协助监视和评审合规过程,并证实其符合合规管理体系要求。

9.2 内部审核

9.2.1 通则

组织应在策划的时间间隔内实施内部审核,以便为合规管理体系提供以下信息:

a)是否符合:

1)组织自身对合规管理体系的要求;

2)本文件的要求。

b）是否得到了有效地实施和维护。

9.2.2 内部审核方案

组织应策划、确立、实施和维护审核方案，包括频次、方法、职责、策划要求和报告。

组织应根据相关过程的重要性和而以往审核的结果，确立内部审核方案。

a）界定每次审核的目标、准则和范围；

b）选择审核员并实施审核，以确保审核过程的客观性和公正性；

c）确保向相关管理者和管理层报告审核结果。

注1：相关管理者可以包括合规团队、最高管理者和治理机构。

文件化信息应作为实施审核方案和审核结果的证据可获取。

注2：管理体系审核指南见ISO 19011。

9.3 管理评审

9.3.1 通则

治理机构和最高管理者应在策划的时间间隔内对组织的合规管理体系进行评审，以确保合规管理体系持续的适宜性、充分性和有效性。

9.3.2 管理评审输入

管理评审应包括：

a）以往管理评审所采取的状况；

b）与合规管理体系有关的外部和内部事项的变化；

c）与合规管理体系有关相关方需要和期望的变化；

d）关于合规绩效的信息，包括以下方面的趋势：

1）不符合、不合规与纠正措施，

2）监视和测量的结果，

3）审核结果；

e）持续改进的机会。

管理评审应体现：

——合规方针的充分性；

——合规团队的独立性；

——合规目标的达成度；

——资源的充分性；

——合规风险评估的充分性；

——现有控制和绩效指标的有效性；

——与提出疑虑的人员、相关方沟通，包括反馈（见9.1.2）和投诉；

——调查（见8.4）；

——报告机制的有效性。

9.3.3 管理评审结果

管理评审的结果应包括持续改进的机会，以及变更合规管理体系的任何需要的决定。

文件化信息应作为管理评审结果证据可获取。

10 改　进

10.1 持续改进

组织应持续改进合规管理体系的适宜性、充分性和有效性。

10.2 不符合与纠正措施

发生不符合或不合规时，组织应：

a）对不符合或不合规做出反应，并且如适用：

1）采取控制和纠正措施，

2）处置后果；

b）通过以下活动评价采取措施的需要，以消除产生不符合和/或不合规的原因，避免其再次发生或在其他地方发生：

1）评审不符合和/或不合规，

2）确定产生不符合和/或不合规的原因，

3）确定是否存在或可能发生类似的不符合和/或不合规；

c）实施任何所需的措施；

d）评审所采取的任何纠正措施的有效性；

e）如必要，变更合规管理体系。

纠正措施应与不符合和/或不合规产生的影响相适应。

文件化信息应作为以下事项的证据可获取：

——不符合和/或不合规的性质和所采取的任何后续措施；

——任何纠正措施的结果。

附录 A （资料性）本文件使用指南

A.1 背景和范围

A.1.1 概述

本文件使用指南的目的指明组织在实施合规管理体系时能采用的方法和而措施类型。本指南不是全面性或规范性文件，组织建立符合本文件要求的合规管理体系也没有义务实施本指南中的所有建议。组织宜就其所面临的合规风险的性质和程度采取合理步骤，以履行其合规义务。

组织能够选择合规管理体系作为一个单独的体系来实施，但理想情况是将其与其他管理体系一起实施，例如风险、反贿赂、质量、环境、信息安全和社会责任等。对此，组织能参考 ISO 31000、ISO 37001、ISO 19001、ISO 14001、ISO/IEC 27001 及 ISO 26000。

A.1.2 范围

任何规模、复杂度或产业的组织都能应用本文件，通过遵守其要求创建合规管理体系。这将便于组织理解其环境、业务运行、由此产生的义务和合规风险，并帮助他们实施合理的步骤来履行义务。本文件正文中的每项要求都需要被遵守。但本附录的指南仅为建议。

在实践中，小型组织通常更容易根据本文件实施合规管理体系，因为他们没有那么负责。中小型组织通过使用本文件总要求的原则增强其组织的合规实践。

本文件提到了治理机构和最高管理者，并界定了这两个术语在各种语境和位置中的含义。本文件能提供所有组织使用，因此如果某个特定组织没有使用这两个术语，那么请留意这两个术语的使用意图：本文件中的要求或指导将适用于在该组织最高层拥有该职责和权限的一个人或一组人。

A.2 规范性引用文件

本文件无规范性引用文件。使用者能参考参考文献了解其他信息以及与合规相关的国际标准。

A.3 术语和定义

本文件采用了 ISO 开发的高层结构（HLS）[①]，以提高其管理体系国际标准之间的一致性。HLS 设定了组织 ISO 管理体系标准（MSS）核心的章条顺序，共用术语和定义以及相同的核心条款。这意味着，一些定义能以不熟悉的方式使用。所提供的定义能在使用本文件时给予澄清说明。

MSS 的这种共用方法增加了此类标准对使用者的价值。它对于选择运行一个（有时称为“融合”）管理体系的组织特别有用，该体系能同时满足两个或多个 MSS 的要求。没有采用 MSS 或合规管理框架的组织能很容易地采用本文件作为其组织内的独立指南。

有关 MSS 和核心内容的更多信息，请访问：https://www.iso.org/management-system-standards.html。

A.4 组织环境

A.4.1 理解组织及其环境

本条的目的是协助组织对可能影响其合规管理体系的重要事项确立高层次（例如：战略性）的理解。所获得的知识将用于指导合规管理体系的策划、实施、运行和改进。

这是评审组织所有可获得信息的过程，这些信息包括：该组织做什么、在哪里做、如何以及为什么做。外部以及关键因素将基于它们对组织在合规义务方面产生的影响被予以评估。

最明确的合规义务来源于组织运行的法律和监管环境，而义务或风险也可能来源于本文件中提及的其他因素。组织还宜结合可能产生影响的相关未来趋势。

A.4.2 理解相关方的需要和期望

组织宜对可能影响合规管理体系、受合规管理体系影响或自认为受合规管理体系影响的人或组织的需要和期望确立理解。

有些需要和期望是强制性的，因为它们已被纳入正式要求，如法律、法规、许可、执照以及政府或法院措施。此外还有可能有其他未包含的正式要求。

---

① 2021 发布的“ISO/IEC 导则，第 1 部分，2021，《ISO 综合补充件 ISO 专用程序》”中已经将“高层结构”修改为“协调结构”。

当明确指出相关方的其他需要和期望,并且组织决定将通过签订协议或合同的形式自愿采纳的情况下,这些需要和期望就会成为义务。一旦组织决定采纳,这些需要和期望就会成为合规义务。

外部相关方的示例有:

——政府和政府机构;

——监管机构;

——客户;

——承包商;

——供应商;

——第三方中介机构;

——所有者、股东、投资者;

——非政府组织;

——社会和社区团体;

——业务伙伴。

内部相关方的示例有:

——治理机构;

——管理层;

——员工;

——内部职能,诸如风险管理、内部控制、内部审核、人力资源等。

A.4.3 确定合规管理体系的范围

确定合规管理体系的范围就是组织确立其合规管理体系所适用的物理边界和组织边界。在这个过程中,组织选择在整个组织、组织内特定单元或特定职能内部实施合规管理体系时,具有自由度和灵活性。

通常情况下,合规管理体系会在整个组织中实施,如果组织由多个组织组成,合规管理体系会在所有组织中实施,这样做的目的是避免在道德操守和合规方面的双重标准。

合规管理体系的范围宜合理且与组织相匹配,宜考虑组织所面临的合规风险的性质和程度。

确立合规管理体系的范围和确定组织将采纳哪些需求时,宜结合对组织环境的理解和有关的相关方的需求。

A.4.4 合规管理体系

合规管理体系是一个框架，该框架是基本结构、方针、过程和程序的有机组合，其目的是实现预期的合规结果，并发挥作用以预防、发现和响应不合规。

通常，合规管理体系框架具有结构性特征：在必要的基础上构建这个体系。该体系需要通过方针、过程和程序的实施来使其运行，且对其进行维护和持续改进。

合规管理体系包含诸多要件。其中某些要件是为满足预期行为而设计，某些要件用于防止非预期行为而设计，而某些要件用于监视组织的合规绩效或在发生不合规时提出警告。

合规管理体系无法完全避免错误的发生，但有相应的过程确保对错误做出适当的反应，包括对过程、体系和受影响方的补救。

合规管理体系宜以良好治理、匹配性、诚信、透明、问责制和可持续性等原则为基础。

合规管理体系宜作为文件化信息提供。

A.4.5 合规义务

组织宜将合规义务作为建立、开发、实施、评价、维护和改进其合规管理体系的基础。

组织强制遵守的要求能包括：

——法律法规；

——许可、执照或其他形式的授权；

——监管机构发布的命令、条例或指南；

——法院判决或行政决定；

——条约、公约和协议。

组织自愿选择遵守的要求能包括：

——与社会团体或非政府组织签订的协议；

——与公共权力机构和客户签订的协议；

——组织的要求，如方针和程序；

——自愿的原则或规程；

——自愿性标志或环境承诺；

——与组织签署合同产生的义务；

——相关组织的和产业的标准。

组织宜按部门、职能和不同类型的组织性活动来识别合规义务，以便确定谁受到这些合规义务的影响。

获取关于法律和其他合规义务变更信息的过程能包括：

——列入相关监管部门收件人名单；

——成为专业团体的会员；

——订阅相关信息服务；

——参加行业论坛和研讨会；

——监视监管部门网站；

——与监管部门会晤；

——与法律顾问洽商；

——监视合规义务来源（如监管声明和法院判决）。

组织宜采取基于风险的方法，即组织宜首先识别出与业务相关的最重要的合规义务，然后关注所有其他合规义务（帕累托原则）。

适宜时，组织宜确立并维护一个单独文件（如登记册或日志），列出其所有合规义务，并确立定期更新该文件的过程。

除列出合规义务外，该文件还宜包括但不限于：

——合规义务的影响；

——合规义务的管理；

——与合规义务相关的控制；

——风险评估。

A.4.6　合规风险评估

合规风险评估构成了合规管理体系实施的基础，也是分配适当和充足的资源和过程，以便对已识别的合规风险进行管理的基础。

合规风险能够以不遵守组织的合规方针与义务的后果和不合规发生的可能性来表征。

合规风险包括固有合规风险和剩余合规风险。固有合规风险是指组织在未采取任何相应合规风险处理措施的非受控状态下所面临的全部合规风险，剩余合规风险是指组织现有的合规风险处理措施无法有效控制的合规风险。

组织宜结合不合规的根本原因、来源、后果及其发生的可能性，来分析合规风险。后果可能包括，例如个人和环境伤害、经济损失、名誉损失、行政管理变更以及民事和刑事责任。

合规风险识别包括合规风险来源的识别和合规风险情况的界定。组织宜根据部门职责、岗位职责和不同类型的组织活动，识别各部门、职能和不同类型的组织活动中的合规风险源。组织宜定期识别合规风险源，并界定每个合规风险源对应的合规风险水平与合规方针中设定的合规风险水平进行比较。

发生下列情形时，宜对合规风险进行周期性再评估：

——新的或变化的活动、产品或服务；

——组织结构或战略变化；

——重大的外部变化，如金融经济环境、市场条件、债务和客户关系；

——合规义务变更；

——并购；

——不合规（即使是单一的不合规事件也能构成情况的实质变化）和近乎不合规。

合规风险评估的详细程度和水平取决于组织的风险情况、环境、规模和目标，并能随着具体的细分领域（如：环境、财务、社会）变化。

基于风险方法的合规管理并不意味着在合规风险较低的情况下组织就接受不合规。它有助于组织集中主要注意力和资源优先处理更高级别风险，最终覆盖所有合规风险。所有已识别的合规风险/情况都会得到监视和处理。

在进行风险评估（相关指导见 ISO 31000）时，宜注意适当的技术（见 IEC 31010）。

A.5 领导作用

A.5.1 领导作用和承诺

A.5.1.1 治理机构和最高管理者

有效的合规要求治理机构和最高管理者的积极承诺，并贯穿于整个组织。

对于合规管理体系而言，治理机构和最高管理者清楚、明确地证实其对实现合规管理体系目标的承诺是至关重要的。

不合规能对业务造成负面影响，如声誉受损、丧失经营许可、丧失机会和巨大成本。因此，治理机构和最高管理者宜认识到有效合规管理的战略重要性。

本文件列出了诸多领导层能证实其承诺的方式。最根本的方式是通过积极和显而易见的支持来建立和维护合规管理体系。

承诺的水平标示为下列事项的实现程度：

——治理机构和所有管理层通过自己的行动和决定，积极证实他们承诺建立、开发、实施、评价、维护和改进的是一个有效且及时响应的合规管理体系；

——合规方针由治理机构正式批准；

——最高管理者对确保组织充分实现关于合规的承诺承担责任；

——所有管理层一致向人员传达一个清晰的信息（通过文字和措施证实）：组织会履行它的合规义务；

——以清晰并令人信服的声明向所有人员和有关的相关方广泛沟通关于合规的承诺，并有措施支持；

——合规团队的员工具有体现有效合规的重要性的适当能力、身份权限和独立性，而且可以直接接触治理机构；

——通过对所有人员和有关的相关方开展意识提升活动和培训，为建立、开发、实施、评价、维护和改进强劲的合规文化提供适当的资源；

——方针、过程和程序不仅反映法律要求，还反映自愿性准则和组织的核心价值观；

——组织向其所有管理层级分配合规责任并要求他们负责；

——定期评审合规管理体系（建议至少每年一次）；

——组织的合规绩效持续改进；

——及时采取纠正措施；

——治理机构和最高管理者遵守组织的合规管理体系。

A.5.1.2　合规文化

支持开发合规文化的因素包括：

——一系列已发布的清晰的价值观；

——管理层积极并显而易见地实施和遵守价值观；

——不论职位，对不合规的一致性处理；

——在指导、辅导和领导中以身作则；

——对潜在的关键职能的人员进行适当的聘用前评估，包括尽职调查；

——在入职培训或新员工训练中强调合规和组织价值观；

——持续进行合规培训，包括更新面向所有人员和有关的相关方的培训；

——持续就合规问题进行沟通；

——绩效考核体系，结合对合规行为的评估，并将合规表现与绩效工资挂钩，以实现合规关键绩效措施和结果；

——对合规管理业绩和结果予以明确认可；

——对故意或因疏忽而违反合规义务的情况给予即时和适当的处分；

——在组织的战略和个人岗位之间建立清晰的联系，强调合规是实现组织结果所必不可少的；

——在内部和外部就合规进行公开和适当的沟通。

合规文化的形成体现于下列方面的实现程度：

——上述事项得以实施；

——相关方（特别是组织的人员）相信上述事项已实施；

——人员理解合规义务与自身活动和所在业务单元活动的相关性；

——组织所有适当层级都按照要求自主应对不合规并采取纠正措施；

——重视合规团队的岗位及其目标；

——人员有能力且受到鼓励向包括最高管理者和治理机构在内的适当的管理层提出合规疑虑。

组织宜：

a）衡量其合规文化；

b）寻求所有人员的意见，以确定他们是否感知到治理机构、最高管理者和中层管理者对合规的承诺；

c）根据组织合规文化指标的结果，确立行动计划。

A.5.1.3　合规治理

合规治理建立在以下基本原则基础上。

合规团队能直接接触治理机构和最高管理者。如有需要，他们能绕过组织中的其他人直接与一个或多个最有权采取行动的人沟通。这直接裨益治理机构和最高管理者，便于他们履行职责。这种接触宜是有计划和系统性的。例如，合规团队能直接向首席执行官报告和间接向审核委员会、主席或整个董事会报告。

合规团队宜是独立的，不与组织结构或其他要件冲突。他们可以自由行动、不受垂直管理者的干涉。

合规团队拥有权限。合规团队在权限上不是一个能被上级否决或被其修改报告或信息的初级部门。合规团队能根据需要指导其他员工。合规团队宜有“发言权”,以申明和提出合规疑虑。

合规团队有足够的资源来支持组织不受限制地执行合规管理体系的必要工作和职责,包括获得技术以使合规管理体系能全面和有效地支持组织实现其合规目标。

A.5.2 合规方针

合规方针确立了组织实现合规的首要原则和行动承诺。它设定了要求的职责和绩效水平,并设定了对行动进行评估的期望。该方针宜与组织活动产生的合规义务相适应。

合规方针宜由治理机构批准。

合规方针宜规定:

——与组织的规模、性质、复杂性及其环境有关的合规管理体系的应用和环境;

——合规与其他职能的结合程度,如与治理、风险、审核和法务;

——对内外部相关方的关系进行管理的原则。

合规方针不宜是一个独立的文件,宜得到其他文件的支持,包括运行方针和过程。

如有必要,宜将合规方针翻译成其他语言。

合规方针宜适合于组织因其范围和活动而产生的合规义务。

开发合规方针,宜结合:

a)具体的国际、区域或属地义务;

b)组织的战略、目标、文化和治理方法;

c)组织结构;

d)与不合规相关的风险的性质和等级;

e)采用的标准、准则、内部方针和程序;

f)行业标准。

合规方针可包括:

——使命宣言;

——总体方针声明;

——管理战略以及责任和资源的分配;

——标准合规程序；

——审核、尽职调查和合规。

A.5.3 岗位、职责和权限

A.5.3.1 治理机构和最高管理者

治理机构的积极参与和监督是有效合规管理体系不可或缺的组成部分。这有助于确保人员充分理解组织的合规方针、合规运行程序以及这些方针和程序如何应用于他们的工作，并确保他们有效地履行合规义务。

为使合规管理体系有效，治理机构和最高管理者需要以身作则，坚持并积极、明确地支持合规与合规管理体系。

许多组织视其规模也有合规管理的全面负责人，尽管该负责人可能有其他岗位或职能，例如现有的委员会、组织的单元或合规专家的外包要件。

最高管理者宜鼓励创造和支持合规的行为，而不宜容忍侵害合规的行为。

最高管理者宜确保：

——组织对合规的承诺与其价值观、目标和战略一致，以便适当地定位合规工作；

——鼓励所有员工承认实现其负责或负有责任的合规目标的重要性；

——创造一种鼓励报告不合规并使报告的员工不会受到报复的环境；

——将合规纳入更广泛的组织文化和文化变更举措中；

——识别不合规并即时采取行动予以纠正或处理；

——运行目标和指标不会影响合规行为。

最高管理者宜参考关键绩效指标和其他关键信息并按策划的时间间隔（例如：每季度或每月）评审合规管理体系的绩效，以确保合规管理体系实现其目标。

合规管理体系的有效性要求最高管理者通过制定标准和实施合理监督做出承诺。最高管理者宜了解合规管理体系的内容和运行，并宜确保组织拥有有效的合规管理体系所需的足够的过程。

A.5.3.2 合规团队

许多组织都由专门人员（例如：合规官）负责日常合规管理，有些组织还设有跨职能合规委员会来协调整个组织的合规工作。合规团队会与管理层一起合作。

并非所有的组织都创建独立的合规团队；一些组织将此职能分配至现有岗

位或职能外包。外包时,组织不宜将全部合规职能分配给第三方。即使组织将部分职能外包,也宜考虑维护组织对这些职能的权限并对其进行监督。

分配合规管理体系职责,宜考虑确保合规团队证实:

——诚信和对合规的承诺;

——有效的沟通和影响力;

——有能力接受建议和指导;

——具备设计、实施和维护合规管理体系的相关能力;

——具备面对测试和挑战的信心、业务知识和经验;

——以战略性、积极的方式对待合规;

——有足够的时间来满足合规岗位的需求。

合规团队宜拥有权限、地位和独立性。权限意味着合规团队被治理机构和最高管理者授予足够的权力。地位意味着其他人员很可能倾听和尊重他/她的意见。独立性意味着合规团队尽可能地不亲自参与可能暴露在合规风险之下的活动。

合规团队履行其岗位不宜存在利益冲突。

A.5.3.3　管理者

最高管理者的职责不宜被视为免除其他各级管理者的合规职责,因为所有管理者都在合规管理体系方面发挥作用。因此,明确设定他们各自的职责并列入其岗位描述之中很重要。

管理者的合规职责必然会根据权限的级别、影响力和其他因素而有所不同,如组织的性质和规模。然而,一些职责很可能在不同的组织中是通用的。

A.5.3.4　人员

所有人员都宜履行合规义务。

人员宜确保了解自己的合规职责并有效地执行这些职责。对此,人员将通过合规管理体系的要件获得支持,如培训、方针和程序以及行为准则。

人员宜积极主动地洞察不足与改进,以促进合规管理体系的绩效。

A.6　策划

A.6.1　风险与机会的应对措施

合规管理体系的策划是在战略层面上开展的,而运行策划则是针对运行层面的策划和控制开展的。

策划的目的是预测可能发生的情况和后果，因此它是预防性的。根据合规风险评估的结果，组织宜策划如何在不利影响发生之前应对它们，以及如何从支持合规管理体系有效性的有利条件或环境中获益。

策划还宜包括确定如何将被认为对合规管理体系必要或有益的行动融入业务活动和过程中。这种融入能通过目标设定、运行控制或其他具体条款（例如：资源规定、能力）实现。还宜策划评价合规管理体系有效性的措施。这包括监视、测量技术、内部审核或管理评审。

A.6.2　合规目标及其实现的策划

目标宜以一种可测量其结果的方式来明确。

合规目标举例：至少每年向相关人员提供合规培训。

宜确定实现目标所需的行动（即“什么”）、相关的时间表（即“何时”）和责任人（即“谁”）。宜根据要求定期监视、记录、评估和更新目标的状态和进度。

A.7　支持

A.7.1　资源

资源包括财务、人力和技术资源，以及获得外部咨询和专业技能的机会、组织基础设施、职业发展情况、技术和关于合规管理与法律义务的同时期参考材料。

A.7.2　能力

A.7.2.1　通则

术语“能力”指运用知识和技能实现预期结果的本领。能力需要知识、经验和技能，以便人员能以有效的方式履行其职能。组织宜为所有人员确定完成其任务所需的专业技能和知识，以便组织能向顾客提供其产品和服务。组织宜确立能力证据（例如：岗位描述、职位说明），以便担任该职位时进行考量。

宜采取措施（例如：培训）以便确保维持现有能力和根据需要获得新的能力。宜有足够的能力证明文件以及为维持或获得这些能力所采取的措施。

A.7.2.2　聘用过程

在聘用或提拔现有人员之前，组织宜进行尽职调查，包括推荐信或者背景调查。

A.7.2.3　培训

治理机构、管理者和负有合规义务的人员宜有能力有效履行其义务。有多种方式可获得能力，包括通过教育、培训或工作经验获得所需的技能和知识。

培训计划的目标是确保人员有能力以符合本组织合规文化和对合规的承诺的方式履行其岗位职责。

经过适当设计和执行的培训能为人员提供一个有效的方式以沟通之前未识别的合规风险。

教育和培训宜：

——在适当的情况下，基于对员工知识和能力差距的评估；

——有足够的灵活性，覆盖了一系列技术，以适应组织和人员的不同需要；

——由经验丰富和有资格的人员进行设计、开发和提供；

——适用时以当地语言提供；

——定期评估和评价其有效性。

如果不合规会造成严重后果，那么互动式培训是最好的培训形式。

组织宜对已发生不当行为的领域进行培训。

当出现下列情况时，宜考虑进行合规再培训：

——职位或职责的变化；

——内部方针、过程和程序的变更；

——组织结构的变化；

——合规义务的变更，特别是法律要求和相关方的需求的变化；

——活动、产品或服务的变化；

——产生于监视、审核、评审、投诉和不合规的问题，包括相关方反馈。

A.7.3 意识

意识涉及确保所有人员都能访问、利用并理解合规方针。

提高合规意识的方法包括但不限于：

——培训（面对面或在线）；

——与最高管理者沟通；

——易于参照执行和容易获得的参考资料；

——定期更新合规问题。

沟通对合规的承诺将：

——建立意识并鼓励人员接受会；

——鼓励员工提出有助于够改进会。

A.7.4 沟通

宜根据本组织的方针、采取面向所有相关方的务实的对外沟通方式。

相关方包括监管机构、顾客、承包商、供应商、投资者、应急服务机构、非政府组织和周遭人士。

组织宜分配适当的资源和具有相关知识的人以协调和促进与监管的互动。

沟通方式可包括网站和电子邮件、新闻稿、广告和定期通讯、年度（或其他定期）报告、非正式讨论、开放日、焦点小组、社区对话、参与社区活动和热线电话。这些方法能促进理解和接受组织对合规的承诺。

沟通宜坚持透明、适当、可信、响应、可接触和清晰的原则。

A.7.5 文件化信息

A.7.5.1 通则

文件化信息包括：

——组织的合规方针和程序；

——合规管理体系的目标、指标、结构和内容；

——合规岗位和职责的分配；

——相关合规义务的登记册；

——合规风险登记册，并根据合规风险评估过程确定相关措施的优先级；

——不合规、近乎不合规和调查的记录；

——年度合规计划；

——人员记录，包括但不限于培训记录；

——审核过程、审核时间表及相关审核记录。

文件化信息能包括与监管报告要求有关的事项。文件化信息可包括各类媒介（数字的和非数字的）。

A.7.5.2 文件化信息的创建和更新

宜更新文件化信息以反映内部和外部的变化，进而确保它们是现行和最新的。

A.7.5.3 文件化信息的控制

文件化信息能以获取法律建议为目的编制，因此能成为法定豁免权的行使对象。

A.8 运行

A.8.1 运行的策划和控制

一个精心设计的合规管理体系包括各项措施（例如：方针、过程、程序），使得合规文化既有内容又有效果。这些措施应对并旨在减少合规风险评估过程所识别的部分风险。

运行控制的一个基本要件是行为准则,其中规定了本组织对相关合规义务的全面承诺。行为准则宜适用于所有人员并使其能够获得和使用。宜将基于并源自行为准则的合规措施纳入本组织的日常运行,以培育合规文化。

在缺少与业务过程有关的运营控制可能导致偏离合规方针或违反合规义务的情况下,需要对运行进行控制。这些情况可能与所有业务情况、活动或过程(例如:生产、安装、服务、维护)或承包商、供应商或销售商有关。

控制的程度取决于几个因素,如所履行的职能的重要性或复杂性、不合规的潜在后果、相关的或可用的技术支持。

当运行控制失效时,则有必要采取措施来应对一切不期望的结果或影响。

如果组织活动中使用了第三方或外包过程,组织宜对其进行有效的尽职调查,以确保组织对合规的标准和承诺不会降低。第三方的一个例子是产品和服务的提供以及产品的分销。组织宜确保签订适当的服务水平协议(SLAs),以规定服务提供者的合规义务。

一个设计良好的外包过程宜考虑以下几点:

——启动和持续的尽职调查;

——实施适当的控制;

——进行持续的监视;

——对法律/合同协议的适当评审;

——考虑服务水平协议;

——使用基于本文件认证的第三方。

在与第三方订立合同时,组织宜实施控制,以确保其活动的采购、运行、业务和其他非财务方面得到适当管理。根据组织和交易的规模,组织实施的采购、运行、业务和其他非财务控制能降低合规风险。

A.8.2　确立控制和程序

组织需要有效的控制,以确保组织的合规义务得以履行,不合规得以防止、发现和纠正。控制的设计宜足够严格,以促进在特定的组织活动和运行环境中实现合规义务。在可能的情况下,这种控制宜嵌入到组织的正常过程之中。

控制包括:

——清晰、实用且易于遵守的文件化运行方针、过程、程序和工作指示；

——系统和例外报告；

——批准；

——分离不相容的岗位和职责；

——自动化过程；

——年度合规计划；

——人员绩效计划；

——合规评估和审核；

——证实的管理层承诺和模范行为，以及其他促进合规行为的措施；

——就员工的预期行为（标准、价值观、行为准则）进行积极、公开和频繁的沟通。

在开发支持合规管理的程序时，宜考虑：

——将合规义务纳入程序，包括计算机系统、表格、报告系统、合同和其他法律文件；

——与组织中其他评审和控制职能的一致性；

——持续监视和测量；

——评估和报告（包括管理监督），以确保雇员遵守程序；

——识别、报告和上报针对不合规的情况与不合规的风险的具体安排。

A.8.3 提出疑虑

适宜时，宜上报至最高管理层和治理机构，包括相关委员会。

即使当地法规未作要求，组织也宜考虑开发匿名或保密的举报人机制，以便组织员工和代理方能报告不合规或寻求关于不合规的指导，而不必担心遭到报复。

有关举报管理体系的更多指导，见 ISO 37002。

A.8.4 调查过程

有效的合规管理体系的一个特点是具有功能良好的机制，以便及时、彻底地调查对本组织、其人员或有关第三方不当行为地任何指控或怀疑。这包括组织地响应文件、采取地一切处分或补救措施，以及结合经验教训对合规管理体系地修订。

有效地调查机制能确认不当行为地根源、合规管理体系地漏洞和责任缺失的原因，包括管理者、最高管理者和治理机构之间的责任缺失。缜密的根源分析涉及不合规的程度和普遍性，牵涉的人员的数量和水平，以及严重性、持续时间和频率。

组织宜确保调查是公正和独立的，适当时，组织宜考虑创建独立的委员会来监督调查，并保证调查的完整性和独立性。

组织宜确立关于调查的报告机制，包括报告调查结果的级别。

注：法律有时要求组织报告不合规。在这种情况下，监管机构根据适用的法规或其他商定的方式被告知。

即使法律不要求组织报告不合规，组织也能考虑主动向监管机构披露不合规，以减轻不合规的后果。

A.9 绩效评价

A.9.1 监视、测量、分析和评价

A.9.1.1 通则

监视是为了评估合规管理体系的有效性和组织的合规绩效而收集信息的过程。

合规管理体系的监视通常包括：

——培训的有效性；

——控制的有效性（例如通过抽样测试的结果）；

——有效分配履行合规义务的职责；

——合规义务的时效性；

——解决先前识别的合规缺陷的有效性；

——未按计划进行内部合规检查的情况；

——针对合规风险对业务战略进行评审，以便适当更新。

合规绩效监视通常包括：

——不合规和“近乎不合规”（即未造成负面影响的事件）；

——未履行合规义务的情况；

——未实现目标的情况；

——合规文化现状；

——确立领先的和滞后的指标。

A.9.1.2 合规绩效的反馈来源

来源包括：

——人员(例如:通过举报工具、求助热线、反馈、意见箱);

——顾客(例如:通过投诉处理系统);

——第三方;

——供应商;

——承包商;

——监管机构;

——过程控制日志和活动记录(包括电子版和纸质版)。

合规绩效反馈包括:

——合规问题;

——不合规和合规疑虑;

——新出现的合规问题;

——持续的监管和组织的变更;

——对合规有效性和绩效的评论。

收集信息的方法多种多样。下面列出的每种方法都与其情况相关,宜注意选择适合组织规模、范围、性质和复杂性的工具。

信息收集包括:

——出现或识别出不合规的特别报告;

——通过热线、投诉和其他反馈渠道(包括举报)获得的信息;

——非正式讨论、研讨会和分组座谈会;

——抽样和诚信试验,如神秘购物;

——感知调查的结果;

——直接观察、正式访谈、设施巡察和检查;

——审核和评审;

——相关方质询、培训需要和培训期间的反馈(特别是员工的反馈)。

宜开发信息的分类、存储和检索系统。

信息管理系统宜同时收集问题和投诉,并允许对与合规有关的问题和投诉进行分类和分析。分析宜结合系统性和重复性的问题,以便纠正或改进,因为这些可能会给组织带来更难识别且重大的合规风险。

信息分类类目包括:

——来源;

——部门；

——不合规描述；

——义务类别；

——指标；

——严重性；

——实际或潜在影响。

A.9.1.3　指标的制定

这一过程宜体现合规风险的评估结果，以确保各指标与组织合规风险特征具有相关性。合规绩效是什么和如何测量的问题在某些方面可能具有挑战性，但仍是证实合规管理体系有效性的重要部分。此外，所需的指标将随着组织的成熟程度，实施新的和修订的方案的时间和程度而变化。

指标包括：

——经过有效培训的员工比例；

——监管机构介入的频率；

——反馈机制的使用（包括用户对那些机制价值的评论）。

反应性指标包括：

——按类型、区域和频率报告的已识别的问题和不合规；

——不合规的后果，包括对经济补偿、罚款和其他处罚、补救成本、声誉或员工时间成本影响的估价；

——报告和采取纠正措施所花费的时间。

预测性指标包括：

——以随着时间推移目标的潜在损失/收益（收入、健康和安全、声誉等）测量的不合规的风险；

——不合规趋势（基于过去趋势的预期合规率）。

A.9.1.4　合规报告

尽管报告系统性和反复出现的问题非常重要，但是如果一次性不合规是重大或故意为之的，也能够予以同等重视。即使一个小缺陷，也能表明当前过程和合规管理体系存在严重不足。如果不及时报告，则可能造成人们认为缺陷不重要并可能导致此类缺陷成为系统性问题。

合规报告宜包括：

——组织按要求向任何监管机构通报的任何事项；

——合规义务变更及其对组织的影响，以及为了履行新义务，拟采取的措施方案；

——对合规绩效的测量，包括不合规和持续改进；

——可能的不合规的数量和详细内容，以及随后对它们的分析；

——采取的纠正措施；

——合规管理体系的有效性、业绩和趋势的信息；

——与监管机构的接触和关系进展；

——审核和监视活动的结果；

——监视行动计划的完整执行，特别是那些源自审核报告或监管要求的行动计划，或两者兼而有之。

合规方针宜推进即时报告超出常规报告时间表范围的重大事件。

A.9.1.5　记录保存

记录保存宜包括对合规问题和声称的不合规以及为解决它们而采取的步骤的记录和分类。

记录宜以确保清晰、容易辨认和检索的方式保存。

记录宜受到保护，以免于被增加、删除、修改、未经授权使用或隐藏。

组织的合规管理体系记录包括：

——合规绩效信息，包括合规报告；

——不合规及纠正措施的详细内容；

——对合规管理体系和采取的措施的评审和审核的结果。

A.9.2　内部审核

审核职能，无论其为内部还是外部的，都宜免于利益冲突并保持独立性，以履行其岗位职责。

关于如何对管理体系进行审核的信息见 ISO 19011。

A.9.3　管理评审

管理评审还宜包括以下方面的建议：

——合规方针以及与它相关的目标、体系、结构和人员所需的变化；

——合规过程的变更，以确保与运行实践和体系有效整合；

——需监视的未来潜在不合规的领域；

——与不合规相关的纠正措施；

——当前合规体系和长期持续改进的目标之间的差距或不足；

——对组织内的示范性合规行为的认可。

宜向治理机构提供管理评审中形成文件的结果和全部建议的副本。

A.10 改进

A.10.1 持续改进

合规管理体系的有效性的特点是它具有持续改进和发展的能力。组织的内部、外部环境以及业务随着时间的推移而变化，其顾客的性质和适用的合规义务也随之变化。

宜通过多种方法对合规管理体系的充分性和有效性进行持续和定期评估，例如评审或内部审核。

组织宜确立措施以评审其合规管理体系，并确保其保持最新状态且适合于其目标。在确定支持持续改进的行动的程度和时间尺度时，组织宜结合其环境、经济因素和其他相关情况。

一些组织对员工进行调查，以衡量合规文化，并评价控制的强度。持续改进的进一步信息来源可以是顾客调查的结果、提出疑虑、定期的监视、定期的审核或管理评审。

组织宜结合此类评估的结果和输出，以确定是否需要或有机会变更合规管理体系。

为了有助于确保保持合规管理体系的完整性及有效性，管理体系各个要件的变更宜体现此类变更对整个管理体系有效性的依赖和影响。当对合规管理体系作出变更时，组织宜考虑这些变更对合规管理体系、运行、资源可用性、合规风险评估、组织的合规义务及其持续改进过程的影响。

A.10.2 不符合与纠正措施

未能预防或检测到一次性不合规，并不一定意味着合规管理体系在预防和检测不合规时缺乏有效性。

分析不符合或不合规的信息能用于：

——评估产品和服务性能；

——改进或重新设计产品和服务；

——变更组织惯例和程序；

——再培训员工；
——重新评估告知相关方的需要；
——对潜在不合规做出早期预警；
——重新设计或评审控制；
——加强通知和上报步骤（内部和外部）；
——沟通有关不合规的事实和组织对不合规的立场。

组织宜确认导致不遵守方针或程序或两者皆不遵守之行为发生的根本原因，并根据所吸取的经验教训更新方针和程序。

附录 NA （资料性）补充使用指南

NA.1 合规义务

NA.1.1 概述

4.5 提及的合规义务在 A.4.5 进行了列举。在我国语境下，有些合规义务需要给予补充和提示，例如在我国，除法律法规外，强制性遵守的要求还包括强制性标准（见 NA.1.4）、检察决定（见 NA.1.3）；而有些合规义务则需要做进一步的解释、细化和区分，例如“法律法规”在我国司法管辖区体现为不同形式（见 NA.1.2）；“法院判决”在我国司法管辖区并不具有判例法法域的“遵循先例”的效力，而最高人民法院的指导性案例和司法解释则对法律在司法运用中提供了非常重要的规范，需要进一步解释、细化和区分（见 NA.1.3）；而组织签署合同所产生的义务既可以成为契约性合规义务，也可通过合同援引外国具有域外效力的法律成为组织宜遵循的合规义务的一部分（见 NA.1.5）。

NA.1.2 法律法规

A.4.5 中提及的“法律法规”在我国司法管辖区内主要体现为如下形式：现行有效的法律、行政法规、地方性法规、自治条例和单行条例。其中，法律有广义、狭义两种理解。广义上，法律泛指上述一切具有法律效力的规范性文件；狭义上，仅指全国人大及其常委会制定的规范性文件。在与法规等一起提及时，指狭义上的法律。综上，法律法规一般是指立法部门和执法部门（包括行政和监管部门）制定的法律规范性文件。

NA.1.3 法院判决、检察决定、指导性案例和司法解释

A.4.5 中提及的“法院判决”在我国语境下需要做出补充解释和说明。在

我国,法院的判决只对其涉及的案件当事人具有约束力,对于其他相同或类似的案件没有约束力,仅具有参考价值。在法律法规没有对某个案件涉及的问题做出规定的情况下,法院的判决对于相关方了解司法部门所采取的强制性要求具有很强的现实指导意义。另外,除了法院判决外,我国的检察院会做出检察决定。检察决定在我国也构成强制遵守的合规义务。

在我国法域内,最高人民法院、最高人民检察院会颁布指导性案例、司法解释,这些会构成组织强制遵守的合规义务。最高人民法院颁布的指导性案例虽不具备强制约束力,但会成为法院对某些相同或类似案件进行判决的依据。组织为了解相关法律法规在具体案件适用的标准和边界,也要研究最高人民法院颁布的指导性案例。司法解释是最高人民法院、最高人民检察院为解决审判、检察工作中的"具体应用法律的问题"而依法制定的规范性文件,对司法主体与执法主体具有普遍的约束力,效力所及的任何组织和个人都需要遵守。根据2019年修订的《最高人民检察院司法解释工作规定》(高检发办字〔2019〕55号),司法解释采用解释、规则、规定、批复、决定等形式。根据2021年最高人民法院颁布的《关于司法解释工作的规定》(法发〔2021〕20号),司法解释的形式分为解释、规定、规则、批复和决定五种。

NA.1.4 强制性标准

强制性标准在我国也构成组织强制遵守的合规义务。强制性标准,一经发布、必须执行,如GB 18384—2020、GB 40554.1—2021、GB 18599—2020等。

NA.1.5 合同安排所产生的义务

根据A.4.5,组织自愿选择遵守的要求包括"组织的合同安排产生的义务"。这是一种基于契约形成的"合规义务",这种合规义务来自组织的合作伙伴通过合同条款提出的合规方面的要求。组织一旦选择与这样的合作伙伴进行交易,该组织就要遵守与这个合作伙伴订立的合同所产生的合规义务。合同安排所产生的义务有两种情形,第一种情形是合同条款中直接列明的各项义务;第二种情形是合同条款中纳入法律、法规、强制性标准等强制性要求,这些要求则成为合规义务。

需要注意的是,我国组织在签署国际业务合同时,宜谨慎识别和控制因纳入外国法律、法规(包括技术法规)所带来的合规义务与合规风险。这些外国纳入外国法律、法规(包括技术法规)可能与我国法律法规某些强制性规定相违背。

一旦签署含有这样条款的合同，我国组织就需要考虑这些条款所援引和纳入的具有域外效力的外国法律以及基于我国法律法规产生的合规义务与合规风险。

NA.2 合规文化

NA.2.1 合规文化的价值

合规文化通常由贯穿于整个组织的价值观、道德规范、信仰和行为构成，与组织结构和控制系统相互作用，产生有利于实现组织的使命、远景和合规目标的一系列行为规范。合规文化反映了组织的治理机构、最高管理者、各级管理层、员工和其他相关方应对合规风险的意识和态度，是合规管理体系不可或缺的重要组成部分。

合规文化的价值在于：

——提供原则性指引，应对合规风险：在指定合规管理体系应对合规风险的同时，组织宣贯自己的价值观、道德规范和信仰，并据此建立原则性指引，以员工手册、行为准则或其他形式呈现出来，使得组织内部外部人员在具体规定不清、不全没有具体规定或灰色地带的情况下，根据原则性指引，开展活动，及时应对合规风险；

——增强主动合规：良好的合规文化可以正面影响人的行为，提升认同感和主动合规意识；有助于组织/各层级及时发现不合规行为并自主采取补救措施；

——提升合规管理有效性，促进实质性合规：组织将通过支持合规文化发展的因素在合规方针中体现，及与合规管理体系的其他要件共同作用，使得合规文化渗透到组织的各个层级和领域，实现预期合规结果。

NA.2.2 合规文化的建立、维护、推广和实施

建立、维护、推广和实施良好合规文化宜考虑以下方面：

——最高层定调并以身作则；

——管理层推动且言行一致；

——团队内良好的合规氛围；

——同事间、相关方正面影响。

组织宜依赖于最高层和管理层运用价值观、道德规范和信仰等塑造合规文化，并以身作则积极推行；宜形成鼓励合规、不容忍不合规的团队氛围，以及对不合规行为进行一致性处理；鼓励和推动同事以及与相关方间合规价值观的传递和影响。

合规文化宜通过合规管理体系的实施反映出来，组织才能有效应对合规风险，降低不合规发生的可能性，实现合规目标。

NA.3 数字化与合规管理

NA.3.1 概述

宜从组织及其环境（见A.4.1）和组织相关方的需要和期望（见A.4.2）的角度去理解数字化与合规管理。

NA.3.2 理解组织及其环境的数字化变革

随着数字技术的应用，传统的业务模式和场景正经历数字化转型，涉及交易的签约、交付和支付完全或很大程度上通过数字化方式完成。消费互联网和产业互联网形成了大型的交易平台。随着交易方式的电子化和数字化，新的交易规范（包括法律和法规以及商业惯例）随之形成，通过立法或其他形式被采纳并运用于经济活动中，例如《中华人民共和国民法典》在合同编里增加了有关电子合同的法律规定，以适应数字经济的发展。数字经济的业务模式和规范的产生，势必产生新的合规义务和合规风险（见A.4.5），例如美国、欧盟和我国关于数据的法律法规以及各种规范指引，包括平台经济的反垄断指引、数据出境安全评估指南等。

组织宜基于其数字化的业务模式识别合规义务，对合规风险进行评估（见A.4.6）并策划如何应对合规风险。组织宜重视数字经济下的合规义务。

NA.3.3 在合规管理体系中应用数字技术

组织在建立、开发、实施、评价、维护和改进合规管理体系时，宜合理应用数字技术，提升合规管理体系的有效性。

组织宜对应用数字技术形成的管理工具进行测试、优化和不断升级，以提高这些工具的准确性和适用性，并将其与组织的数字化业务过程相融合。

在合规管理体系中应用数字技术的基础是获得完整准确的数据。在合规风险评估（见A.4.6）、合规管理体系运行（见A.8）、合规培训（见A.7.2.3），合规绩效评价（见A.9）以及合规管理体系的持续改进（见A.10）等方面需要组织对相关数据和信息进行收集、分析，并运用于对组织的合规管理。

数字技术在合规管理体系中的应用可包括但不限于以下方面：

——合规义务和相关案件数据库；

——合规风险数据库（包括组织对以往违规行为的总结报告）；

——合规培训系统（包括线上课件、自我考试等过程）；

——合同管理和财务系统；

——信息和数据搜索与分析工具（例如对组织外部合规相关领域立法和执法趋势的跟踪和分析、对组织内部过往违规事件进行行为模式及发生原因的分析）；

——数据分析和示险看板（例如合同履约率的数据分析和示险看板产品）。

NA.4 管理体系一体化融合

NA.4.1 概述

组织建立合规管理体系往往涉及与既有体系的融合，可涉及合规管理基础工具的融合，即法律、内控、风险管理等，也可涉及管理体系间的一体化融合，即质量管理体系、环境管理体系、职业健康安全管理体系、能源管理体系、信息安全管理体系、资产管理体系、反贿赂管理体系等。

合规管理体系与相关体系的一体化融合，并非简单的体系、规则等要求叠加，宜将合规管理与相关管理体系的核心要求、方法与标准相结合。一体化融合宜借助既有组织结构、职责、制度、过程与信息化等有效要件，尽量避免诸多要件的重复和多体系独立运行导致的职责交叉、管理低效、管控不利的风险。

NA.4.2 融合的范围、方法与路径

一体化融合的范围可涉及治理原则、组织结构与职责、风险识别方法、制度与过程、运行与保障、评价、监督、持续改善和信息化等。一体化融合的方法宜采取制度对标，即识别所需融合的各个管理体系标准与规则，以融合后的要求为基准对组织开展评价、对标梳理，形成统一的治理要求和体系文件并确保其嵌入组织管理职责、制度及内部业务过程。

组织宜根据自身的治理水平、运行状况、业务特点及行业趋势等，开展内外部评价及一体化融合。确定纳入融合范围的管理模块及管理体系，制定一体化融合的实施计划。

一体化融合的路径一般包括以下方面。

a）构建一体化管理体系要求

组织宜结合自身管理实践，针对融合需求，收集、整理、汇总各项标准与规则，制定一体化管理体系的原则、目标，以便实施、评价一体化融合工作时有据可依。

b）实施制度对标

组织宜依据一体化管理体系要求开展制度对标，对内部职能、过程及制度进行对标梳理，以确保融合的管理体系能够全面、准确落实组织的治理体系与日常经营管理中。

c）形成一体化管理体系文件

体系文件一般包括三个层次，第一层次为纲领性文件（如管理手册），第二层为规章制度（如各层级管理制度、办法），第三层为操作规范（如作业指导书）。组织宜根据以下原则形成一体化管理体系文件，即不同标准中相同的要求进行合并，相近的要求进行融合，差异化要求保持独立，并重点关注融合后体系文件内容是否满足一体化管理体系要求。

d）运行一体化管理体系

在运行一体化管理体系过程中，组织宜关注体系运行的有效性、各过程、职能的衔接。宜借助合规数字化运行、监督一体化管理体系并实时反映体系运行情况，确保满足组织预期的目标。

本文件仅为发挥合规管理工具的先进性、最大限度避免体系交叉重叠带来的弊端和风险隐患，并就推进合规管理体系与相关管理体系一体化融合提出一般性原则和实施路径，组织宜根据自身治理情况、行业属性等内外部环境，开展融合工作。融合工作中宜注重合规管理标准、要件和要求的统领性。

附录四：涉案企业合规整改文件模板

涉案企业合规整改申请书

申请人：单位名称，统一社会信用代码，法定代表人，住所，联系电话。

申请事项：申请在×××人民检察院审查的×××涉嫌×××罪一案中，对我公司适用涉案企业合规和第三方监督评估机制。

事实与理由：

××××年××月××日，××人民检察院给我公司下达《适用涉案企业合规试点及第三方监督评估机制听取意见函》《涉案企业合规告知书》，告知申请人，×××涉嫌×××罪一案在人民检察院审查过程中，可自愿申请进行企业合规整改，争取宽缓处理。申请人根据自身情况特提出涉案企业合规申请，具体情况如下：

一、公司基本概况

1. 企业简介：简述企业的基本信息、投资人结构、公司治理结构、内部组织架构、发展历程、主营业务、上下游供应商客户关系等。

2. 企业发展核心竞争力简介：主要包括公司的荣誉、商誉、行业地位，拥有的专利、商标以及未来发展前景。

3. 社会责任履行情况：主要包括近三年的纳税情况、提供就业岗位情况。

二、涉嫌犯罪经过及成因分析

1. 对涉嫌犯罪的动因、目的等主观动机进行剖析，对犯罪的行为、到案过程进行客观陈述等。

2. 对到案后配合司法机关调查的主动性、认罪认罚的态度、自首、立功等情况进行陈述。

3. 对导致犯罪的企业治理缺陷进行分析。

三、企业合规的必要性和可行性

1. 企业及管理层的主观合规意愿。

2. 企业开展合规整改的制度基础、员工素质、资源配备等。

综上，为贯彻落实党中央对民营企业“严管厚爱”的政策措施，防止申请人再次走上违法犯罪的道路，体现我国《刑法》“刑事惩罚与教育感化”并重的原则，考虑到申请人还能为社会、为所在地区经济作出一定贡献，根据最高人民检察院及其他有关部门发布的有关刑事涉案企业相关合规整改政策的有关规定，特向贵院申请合规整改及第三方监督评估机制，以弥补企业在经营管理过程中的不足之处，请求给予申请人公司及涉案人员宽缓处理。

此致

×××人民检察院

申请人：（印章）

法定代表人：（签字）

年　　月　　日

附件：

1. 公司营业执照复印件；

2. 公司固定资产投资证明；

3. 公司近三年完税凭证；

4. 劳动用工职工花名册（可附劳动合同、社保缴纳人员清单）；

5. 企业信息信息。

涉案企业合规整改承诺书

本单位或本单位人员因涉嫌×××罪自愿接受×××人民检察院启动合规考察，同时承诺：

一、积极认罪认罚、退赔退赃。

二、严格遵守规定。接受第三方监管人考察与检察机关的监督。

三、按照检察机关与第三方监管人要求按期提交合规计划。

四、承诺合规计划不存在虚假记载、重大遗漏,严格按照合规计划整改,确保合规整改获得监管部门验收。

五、承诺本单位无危害国家安全、公共安全以及其他严重危害他人人身、财产安全的情况。

六、承诺考察期内不会实施新的犯罪及其他违反合规考察承诺的行为。

七、若考察期内无法通过第三方监管人的验收,愿意再次进行整改。

八、根据相关规定支付第三方监管人的费用。

本件一式四份,检察机关、第三方监管人、企业、合规团队各一份。

承诺人:

年　　月　　日

涉案企业合规整改计划

(以张家港市 L 公司污染环境案为例)

一、企业基本情况

包括企业基本信息,如企业类型、成立时间、经营范围、员工情况等,投资人结构,内部组织架构,发展历程,主营业务,上下游供应商客户关系,重大资产负债情况,行业地位,在本区域经济社会发展中的表现,企业拥有的知识产权情况,纳税情况,吸引劳动就业情况,未来发展前景判断……

(如:张家港市 L 公司成立于××××年××月××日;公司类型:有限责任公司;公司经营范围:不锈钢产品的生产、研发、销售;公司注册资本金:人民币×元。本公司为江苏省省级高科技民营企业,主要负责机械不锈钢产品、机械配件制造、加工、销售;化工设备及配件、金属压力容器及配件设计、制造、加工、销售等领域,拥有专利 20 余件,部分产品突破国外垄断,在国内相关技术领域具有重要地位。公司目前人员 90 余人,具有诸多高新技术人才,具有较强的科研力量,年均纳税 400 余万元,纳税贡献较大。)

二、企业涉案的成因分析

对为何涉及犯罪的动因、目的等主观动机进行剖析,对犯罪行为、犯罪后果、到案过程进行客观陈述;对到案后配合司法机关调查的主动性、对认罪认罚的态度、对自首、立功的表现等进行陈述;对企业走向犯罪道路的主管、客观原因进行分析,尤其注意分析企业内部管理、合规风险识别等方面存在的缺陷……

(2018 年下半年,我公司在未取得生态环境部门环境评价的情况下建设酸洗池,并私设暗管,将含有镍、铬等重金属的酸洗废水未经处理排放至生活污水管,造成严重环境污染。经检测,我公司排放井内积存水样中总镍浓度为 29.4mg/L、总铬浓度为 29.2mg/L,分别超过《污水综合排放标准》的 29.4 倍和 19.5 倍,构成污染环境罪。

2020 年 6 月,我公司主要责任人张某甲、张某乙、陆某某主动向张家港市公安局投案,如实供述犯罪事实,资源认罪认罚。2020 年 10 月,检察机关在审查我公司犯污染环境罪时,向我公司送达《企业刑事合规告知书》,我公司第一时间提交书面合规承诺以及行业地位、科研力量、纳税贡献、承担社会责任等证明材料。

我公司对自身经营行为和内部管理活动进行深刻反思,涉嫌犯罪原因系我公司环保法律意识淡薄,过分追求经济利益,逃避环保部门监管。我公司决心将针对公司内部治理结构、制度制定、风险识别、合规审查、风险应对、责任追究、考核评价、合规培训、企业文化等方面存在的问题进行合规整改。)

三、制定合规计划遵循的原则

(一)全面性原则

强调合规计划与涉及案件的整体关联性,强调合规计划内容的全面性。

(如:我们认识到企业内部经营管理牵一发而动全身,虽是在生态环境保护环节发生的刑事犯罪行为,但我们将全面审查企业经营的各个环节,尤其是基础管理、生产等重点环节,我们将严肃严格进行合规整改,防止片面合规、形式合规。)

(二)针对性原则

强调在企业合规建设过程中突出重点,不同企业涉及的刑事风险不尽相同,企业在合规整改过程中需要对其出现的具体犯罪进行针对性、差异化分析。

(如:针对本公司涉嫌的污染环境刑事犯罪问题,我们将专项对环境保护进行深入的合规风险排查，对涉及的合规风险进行全面梳理，积极采取措施，保障企业合规经营。）

（三）可行性原则

强调经济、技术、法律等方面的可行性。

（如：我们将本着实事求是、客观实际的原则，追求合规体系建设的经济性、可行性，不片面追求做假文章、面子工程。本次合规整改将与企业的规模、能力、效益相适应。将合规建设视为企业长远发展的生命线，在不同发展阶段，不断优化和提档升级，让合规始终与企业发展相适应。）

（四）有效性原则

强调合规计划应当与犯罪因素相对应，强调合规整改效益的可量化、可考察性。

（如：我们将合规计划的有效性运行作为合规整改的方针，将每一项整改计划落实到位，让合规计划产生实际效果，满足检察机关、第三方组织的对合规整改的要求。）

四、企业合规建设方案

（一）合规管理规范

合规管理规范包括合规章程和制度。企业应当根据自身经营、行业特点和环境差别，结合涉嫌的具体罪名，由企业权力机构制定以具体领域合规为目的的合规章程、行为准则、专项管理办法等管理类制度，并定期更新上述文件，将外部的法律法规变化和监管动态及时纳入其中。

（二）合规组织体系

涉案企业应当设立合规管理部门，包括因企制宜设置合规管理的岗位、部门或者兼职岗位、兼职部门，负责组织、协调和推动合规管理体系的建设和运行。企业负责人应当参与合规管理机构。合规管理部门应根据合规章程和合规制度负责本企业合规整改的具体实施。

（三）合规组织保障

企业实际控制人应作出合规支持承诺，给予合规管理部门或合规人员足够的支持，必要时，由企业实际控制人担任合规管理部门负责人或合规人员，保障合规整改机制运行。

（四）合规风险预防机制

企业应分析研判涉案的犯罪原因，并制定和完善针对性、预防性的管理制度，确保管理制度在企业内贯彻落实，形成合规企业文化。如根据合规制度对企业经营进行管理，将合规审查作为企业经营的首要决策程序，未经合规审查，不开展相关生产经营活动；根据业务的规模初步诊断风险，并定期或不定期对企业开展合规审查工作进行实施监察，同时可形成相关书面报告，并呈交企业权力机构，以确保合规制度真实实施。

（五）合规风险识别机制

企业应当组织管理人员或者内部有关机构，必要时可以委托外部专业机构参与或者协助，以涉嫌犯罪的具体罪名为着力点，对企业隐藏的合规风险展开全面风险识别，编制合规风险清单，构建企业合规风险识别框架，提出合规管理体系建设的重点和基本措施。

（六）合规风险处置机制

企业应当建立举报、问责与惩戒制度，明确相关措施，并对企业的制度漏洞和管理缺陷采取必要的修复措施，以改进和完善原有的合规体系。如根据自身经营规模设立不合规线索提供方式，及时发现生产经营活动中出现的不合规情况，并根据线索情况，决定启动对应的调查机制；企业应根据已发生的合规风险具体情况，作出具体应对方案。针对特定的不合规风险，应制定专项应对措施，将不合规结果给企业带来的损失降至最低，并将合规风险的产生、识别、排查、应对的全面情况向企业权力机构书面汇报。

（七）合规培训与合规文化

合规培训是提高员工合规意识的重要手段、是企业进行管理的有效方式，是企业合规管理体系的重要组成部分，是企业合规文化建设不可或缺的一环。企业应当根据经营情况建立合规培训制度，对培训的周期、次数、人员等进行具体规定，将合规培训与薪资增减、职位晋升、评优评先等进行挂钩。

五、合规整改期限

结合企业涉案的类型、案件进展、司法时限、企业经营规模、业务分布、人员素质水平提出合理的合规整改期限，提出分步分项的工作计划，提出向第三方组织、检察机关报告合规整改进展的机制。

六、合规目标

根据企业涉及的罪名情况，制定企业合规整改的目标，目标应当可量化，可考察。

李　华

盈科律师事务所创始合伙人、盈科全国业务指导委员会主任。

李华律师作为盈科全国业务指导委员会主任，负责盈科体系内的专业化建设，带领盈科律师，构建出完整的专业化法律服务体系，包括研究院、专业委员会及综合性法律中心，推动盈科律师专业化的法律服务，以适应法律服务市场不断细分的需要。在此基础上，通过集成各专业委员会纵深化的法律服务能力为客户提供综合性的法律服务。

曾荣获全国律师行业优秀党员律师、北京市优秀律师、朝阳区优秀律师、朝阳区首届优秀女律师、朝阳区优秀党员的荣誉称号，钱伯斯《大中华区指南2023》TMT：数据保护隐私领域上榜律师。

代现峰

中共党员，中共北京市盈科律师事务所委员会统战委员，盈科北京高级合伙人律师、监事会副主任、刑事合规研究中心执行主任、中国交通运输协会法律工作委员会第一届理事会副会长兼秘书长、《法治日报》律师专家库成员、中国出租汽车暨汽车租赁协会专家库成员、海南大学中欧比较法研究中心研究员、北方工业大学客座教授、鲁东大学盈科法学院客座教授。